Afro-descendência
em *Cadernos Negros*
e *Jornal do MNU*

Coleção Cultura Negra e Identidades

Série PPCor

Florentina da Silva Souza

Afro-descendência
em *Cadernos Negros*
e *Jornal do MNU*

1ª edição
1ª reimpressão

Copyright © 2005 by Florentina da Silva Souza

Coordenação do PPCor: *Pablo Gentili, Renato Emerson dos Santos, Raquel César, Renato Ferreira e Osmundo Pinho*
Coordenação do Laboratório de Políticas Públicas: *Emir Sader*
Coordenadora da coleção Cultura Negra e Identidades: *Nilma Lino Gomes*
Conselho Editorial: *Marta Araujo* (Universidade de Coimbra); *Petronilha Beatriz Gonçalves e Silva* (UFSCAR); *Renato Emerson dos Santos* (UERJ); *Maria Nazareth Soares Fonseca* (PUC-MINAS); *Kabengele Munanga* (USP).

Projeto gráfico da capa: *Jairo Alvarenga Fonseca*
Editoração eletrônica: *Waldênia Alvarenga Santos Ataíde*
Revisão: *Rodrigo Pires Paula*

2006

Todos os direitos reservados pela Autêntica Editora. Nenhuma parte desta publicação poderá ser reproduzida, seja por meios mecânicos, eletrônicos, seja via cópia xerográfica sem a autorização prévia da editora.

Autêntica Editora
Belo Horizonte
Rua Aimorés, 981, 8º andar – Funcionários
30140-071 – Belo Horizonte – MG
Tel: (55 31) 3222 6819 – TELEVENDAS: 0800 2831322
www.autenticaeditora.com.br
e-mail: autentica@autenticaeditora.com.br

São Paulo
Rua Visconde de Ouro Preto, 227 – Consolação
01.303.600 – São Paulo/SP – Tel.: (55 11) 3151 2272

	Souza, Florentina da Silva
S729a	Afro-descendência em Cadernos Negros e Jornal do MNU/ Florentina da Silva Souza. – 1 ed., 1 reimp. – Belo Horizonte: Autêntica, 2006.
	272p. (Cultura negra e identidades)
	ISBN 85-7526-168-1
	1.Cultura afro-brasileira. I.Título. II.Série.

CDU 39(81=6)

Para meus pais, Manoel e Deonice,
pelo muito que fizeram e fazem.

Para Adilton, Hamilton, Romilson, Romilton e Luã,
pela alegre convivência e pela carinhosa ajuda
nos bons e maus momentos.Para Florita, Bia,Gabriel e
Bruno que chegaram depois.

AGRADECIMENTOS

O presente livro resulta da minha tese de doutorado defendida na Universidade Federal de Minas Gerais, no ano de 2000. O espaço de tempo compreendido entre a defesa e a publicação, talvez, exigisse uma versão revista e ampliada. Decido, entretanto, publicar com alguns cortes e algumas revisões apenas, mantendo o texto que produzi àquela altura, acreditando que os acréscimos podem e provavelmente já estão sendo realizados em outros textos que tenho escrito.

É impossível listar o nome de todos a quem eu devo agradecer pela contribuição para que conseguisse transformar meu projeto em tese e em livro. Ciente disto, escolhi alguns nomes que foram tão importantes quanto muitos dos que estão em outra lista: Profa. Dra. Eneida Maria de Souza, pela competente orientação, pelas várias leituras e sugestões e, principalmente, pela amizade; Profa. Dra. Eneida Leal Cunha, pelo incentivo, leituras e, sobretudo, paciência. Prof. David Murray, pela valiosa orientação e pela carinhosa acolhida; os colegas Bruno, Cândida e José Eduardo, pela valiosa amizade e companheirismo; Fernando, pela tranqüila colaboração artística; Nazareth Mota, pela paciente e cuidadosa revisão, meus pais, Manoel e Deonice, pelo amor, carinho e incentivo constantes; Nilo Rosa, companheiro de muitas viagens, pelo muito que partilhamos. Agradeço também aos escritores e, principalmente, aos organizadores dos *Cadernos Negros* e do *Jornal do MNU*, sem o trabalho e empenho deles, não teríamos o registro de vozes afro-brasileiras que pensaram, discutiram e fizeram intervenções no prestigiado campo da produção escrita, rasurando e suplementando os discursos canônicos que, durante anos, apresentaram unicamente a sua versão da história da literatura e da cultura no Brasil. Agradeço ainda à CAPES, pela bolsa, durante todo o período do curso.

Sumário

Introdução.. 11

Parte I – Uma textualidade afro-brasileira................... 29

As vozes e seu tempo... 31

Texto, cor e histórias... 51

Linhagens... 71

Parte II – A áspera arte.. 93

Os *Cadernos Negros*... 95

Os prefácios-manifestos.. 105

Diálogos com a tradição.. 113

A cor e a pele... 127

Momentos de celebração.. 145

Trânsitos da diáspora:
Bahia [(África-Europa) e América]...................................... 159

De rosários e de contas.. 167

Terreiro que fez batuque e dança a guerra........................... 185

Parte III – A palavra crítica.. 199

Nêgo: palavras da Bahia... 201

Cultura e indústria cultural.. 213

O *Jornal Nacional do Movimento Negro Unificado:*
política e discussão identitária... 221

Deslocando o silêncio.. 253

Referências bibliográficas... 257

INTRODUÇÃO

O esboço de um projeto de estudo dos discursos produzidos por autores negros no Brasil começou a ser gerado quando da eclosão, na mídia e nos meios institucionais, de debates relativos às comemorações do centenário da abolição. Passei a colecionar folhetos, artigos e ensaios sobre o tema do negro no Brasil e a observar diferentes aspectos de seus enunciados. Quando surgiram as condições para fazer o doutorado, o projeto já estava mais ou menos delineado e intentava analisar revistas e jornais negros que circularam na década de oitenta. A formalização do projeto levou-me a reduzir o *corpus* de análise a dois periódicos publicados durante as últimas décadas do século passado, os *Cadernos Negros* e o *Jornal do Movimento Negro Unificado (Jornal do MNU)*.

Esses periódicos, que constituem o foco desta investigação, ao lado de outros como *Maioria Falante* e *Jornegro,* ilustram, de modo exemplar, as estratégias empreendidas pelos negros brasileiros para produzir e divulgar um discurso identitário que almeja interferir na estrutura e no exercício do poder político-cultural. Eles documentam o discurso de uma geração de escritores negros, nascidos, em sua maioria, por volta dos anos de 1950 e composta de estudantes que militaram ou eram próximos aos partidos e aos movimentos de esquerda e de entidades negras, no fim da década de setenta. Desde então, os escritores organizam-se com o objetivo de tornarem audíveis suas vozes de crítica e de protesto, contra os modelos de representação e de tessitura das relações raciais no Brasil. Os textos, literários ou não, são compostos de fragmentos da vivência e das contradições decorrentes da ambivalência de ser, simultaneamente, participante e excluído, pertencente e não ao país. Além disso, reafirmam a diferença étnico-cultural e apostam na possibilidade de o discurso identitário afro-brasileiro gerar tensões que contribuam para a emancipação do grupo étnico.

A pesquisa que resultou neste livro tem por objetivo examinar o processo de invenção de um discurso de representação e de produção de identidades afro-brasileiras proposto pelas duas citadas publicações alternativas ligadas ao movimento negro no Brasil. Os *Cadernos Negros* divulgam contos e poemas de temática variada, majoritariamente relacionada à vida, tradição e cultura dos afro-descendentes no Brasil. O *Jornal do MNU* apresenta um conjunto de textos ligados à discussão das formas e possibilidades de atuação política de negros e mestiços na vida pública, nas entidades negras e nos partidos políticos.

Os textos do periódico literário inovam na proposição de imagens que desestabilizam os estereótipos negativos dos afro-descendentes e na explicitação do desejo de emancipá-los, por meio da concretização de mudanças na ordem das representações e dos lugares sociais, um tema quase ausente na produção literária brasileira instituída. Inovam, ainda, na formação de um público leitor, majoritariamente afro-brasileiro, que é estimulado a refletir sobre seus lugares e papéis na vida do país. Como toda produção engendrada na pressão do embate político e cultural com as tradições instituídas, os textos dos *Cadernos Negros* apresentam-se regidos por uma lógica que privilegia a comunicabilidade, em detrimento de uma lógica da experimentação. No intuito de ampliar o universo de leitores e simpatizantes, os escritores e os responsáveis pela edição usam, preferencialmente, uma linguagem despojada de rebuscamento, que faz da repetição de imagens e de propostas um recurso de grande eficácia.

As publicações foram escolhidas como objeto de estudo, tendo em vista, inicialmente, o seu longo período de circulação continuada, aliado ao fato de contarem com a participação de escritores de várias cidades brasileiras e, ainda, por circularem em vários estados. Por outro lado, como documentos verbais, ambos os periódicos viabilizam a criação de um espaço público para a expressão de um grupo excluído, silenciado e tornado invisível nos setores privilegiados da sociedade brasileira e propõem-se a contribuir para o despertar da "consciência crítica" de um grande número de afro-descendentes, nem sempre atentos às ambigüidades perversas do cordial racismo brasileiro. Os autores assumem, assim, uma função pedagógica e a missão político-cultural de alertar e unir os leitores para avaliação do lugar étnico de onde falam os grupos que constroem ou reelaboram os discursos nacionais – função que não poderá ficar imune a alguma perspectiva emancipatória herdada do iluminismo, acredito. Junte-se aos aspectos destacados o fato de o *Jornal do MNU* ser "herdeiro" de uma escrita de reivindicação, que se filia a uma tradição da Imprensa Negra a qual, desde o início do século XX, empenha-se em discutir os mecanismos de inserção do negro na vida do país. Como afro-brasileiros, os escritores propõem-se a falar de seu lugar étnico-cultural e, a partir dele, sugerem modelos de análise da cultura africana e das relações raciais no Brasil. Enquanto periódico literário, os *CN* filiam-se a uma tradição de literatura, cujas preocupações mais explícitas residem na discussão de uma tema considerado "incômodo" ou tabu para os vários setores letrados dessa sociedade, historicamente interessada em escamotear suas heranças culturais mestiças. Retomam também uma outra tradição de escrita política, persuasiva e interessada na arregimentação de consciências e ações em prol de intervenções corretivas no quadro social e político do Brasil.

As produções textuais em foco começam a ser publicadas em 1978 e 1981, praticamente no período definido por Silviano Santiago como "o momento histórico de transição do século XX para o seu 'fim'". Compõem, assim, o período que, de acordo com o escritor citado, "se define pelo luto dos que saem, apoiados pelos companheiros de luta e pela lembrança dos fatos políticos recentes, e, ao mesmo tempo, pela audácia da nova geração que entra arrombando a porta como impotentes e desmemoriados radicais da atualidade".[1] Situam-se, inicialmente, os textos, em um momento em que as discussões identitárias se voltam para a necessidade de fincar raízes e estabelecer fronteiras rigorosas; no entanto, os diálogos e trocas que o

---

[1] SANTIAGO, 1998. p.11-12.

movimento negro estabelecerá com os partidos de esquerda e com o marxismo, e as influências do pensamento contemporâneo propiciarão, a partir da década de 90, uma compreensão da identidade como categoria móvel, dual, construída no interior da vida cultural. Sintomático dessa compreensão é o acréscimo do subtítulo "Contos/poemas afro-brasileiros" aos exemplares dos *CN*, a partir de 1995.

Os periódicos compõem, ainda, o que denomino, neste trabalho, de "movimento negro" no Brasil, expressão que não se refere especificamente a uma entidade ou grupo, mas que, segundo explicação do *Jornal do MNU*, compreende

> [...] o conjunto de iniciativas de resistência e de produção cultural e de ação política explícita de combate ao racismo que se manifesta por via de uma multiplicidade de organização em diferentes instâncias de atuação, com diferentes linguagens, por via de uma multiplicidade de organização espalhadas pelo país.
>
> Trata-se, de fato, de um mosaico que tenta sustentar sua identidade no propósito comum de posicionar-se contra o racismo.[2]

Diversificado, necessário e produtivo para a construção de identidades, os movimentos negros no Brasil têm-se mobilizado para a realização de rituais de afirmação como celebração de datas, resgate de acontecimentos históricos, releitura e organização de arquivos que contestam a pretendida homogeneidade das histórias registradas e resgatadas pela memória cultural instituída, a promoção de atos públicos de protesto e de denúncia com vistas a interferir na base de construção da memória, na disposição de forças políticas da sociedade e a intervir no desenho da auto-imagem do afro-brasileiro. Como produções da margem e da diferença, os textos literários em apreço tendem a ser desvalorizados pelas leituras empreendidas, a partir de uma tradição estética e erudita ocidental, por aqueles olhos e instrumentos de análise forjados no contexto político, estético e cultural da alta modernidade, que selecionou as formas e temas do "bom gosto" e do "bom tom".

---

[2] Documento do Primeiro Encontro Nacional de Entidades Negras, *apud Jornal do MNU*, n. 18. p. 6.

É dado inconteste que as formas, técnicas e temas, autores e textos indicados como melhores/piores dependem das opções de gosto e critérios estabelecidos pela citada tradição estética à qual se atribui a função de eleger incluídos e excluídos do cânone. As duas últimas décadas do século XX têm insistentemente proposto alterações e "correções" ao sistema de representação e valor instituídos, sugerindo a participação da alteridade na construção desses valores/representações e recusando as propostas de um cânone único e universal. As sugestões reivindicatórias dissonantemente efetivadas pelos grupos minoritários encontram resistências por parte da crítica institucional que, muitas vezes, não consegue entender a pertinência dessas demandas – resistências que podem ser explicadas por vários fatores.

Primeiramente, vale destacar que a formação intelectual e profissional dos membros do universo letrado pautou-se sob rigorosa seleção de autores, temas, experiências que privilegiam o componente elevado, sublime e atemporal e as grandes paixões e questões da humanidade. A vida cotidiana, seus problemas e dificuldades, o homem e a linguagem comuns, o popular, em contrapartida, foram, nesse contexto, analisados como o componente inferior, o baixo – representantes do desprestigiado e carentes de qualidade estética. Concomitantemente, a contestação do *status quo*, do cânone e seus valores sedimentados e ratificados por instituições e práticas acadêmicas também contribui para a rejeição das práticas discursivas reivindicatórias. Assim, a utilização de temas circunscritos à esfera do baixo, não-poético e efêmero, juntamente com a falta de investimentos na experimentação e sofisticação da linguagem, põem essas práticas textuais no limbo das reflexões acadêmicas.

A inscrição dessa investigação em uma linha de pesquisa que propõe o registro e análise de momentos diversos da História e da Memória Cultural e dialoga com os Estudos Culturais, a Literatura Comparada, a História, a Antropologia e a Sociologia, propicia que tais textos sejam analisados sob outra perspectiva. A História, nas suas versões mais contemporâneas, tem procurado evidenciar o ponto de vista dos grupos marginalizados e suas participações na vida e nos fatos sociais. Este trabalho contribui para a ordenação de uma história e de uma memória dos empreendimentos desenvolvidos por um grupo minoritário nas relações de poder no Brasil, com vistas a alterar as políticas de representação e de organização de poder.

INTRODUÇÃO

15

Já os Estudos Culturais, aspirando "constituir 'um bloco históri-co'"[3] composto de vários grupos sociais, configura-se como uma intervenção crítica que promove a desierarquização dos objetos culturais e insiste na necessidade de reverterem-se conceitos e formas. Este caráter político da "pós-disciplina", para ainda ficar com Jameson, abre perspectivas para que grupos minoritários[4] possam representar-se nos vários domínios socioculturais. O valor dos objetos culturais e estéticos deverá ser conferido de acordo com os interesses, lugares e interpretações dos diversos receptores aos quais eles se destinam. O fato de os chamados grupos minoritários desejarem participar dos centros de significação e valor como legítimos selecionadores dos seus objetos culturais não implica, entretanto, a inexistência de critérios valorativos. Esses critérios sempre existirão, e apenas serão fundamentados em outras bases que não as ocidentais instituídas.

O trabalho de pesquisa iniciou-se com a busca dos primeiros números dos *CN* e do *Jornal,* já que eu só possuía os números publicados a partir de 1988. Comecei a procurar, junto aos arquivos das entidades e aos de membros do movimento negro, os números mais antigos dos periódicos, pois as bibliotecas e arquivos públicos não dispõem desse material. De posse de aproximadamente vinte números de cada periódico, estabeleci como meta inicial a identificação e posterior análise das principais idéias e objetivos dos textos, com o fim de descobrir/construir uma sintaxe de leitura dos mesmos e, principalmente, acompanhar, mapear e avaliar o processo de elaboração de um perfil identitário afro-brasileiro. Foram selecionados os temas e os autores recorrentes, as propostas mais enfatizadas e os escritores mais citados para entender os mecanismos teóricos e metodológicos utilizados pelos editores e escritores para construírem as bases de sustentação dos seus discursos. À medida que ia me detendo na leitura, constatava que os discursos assumiam um tom político-pedagógico, o qual enfatizava a necessidade de ser produzido e divulgado um discurso emancipatório, a partir da invenção de uma memória cultural afro-brasileira –

---

[3] JAMESON, 1994. p. 11.

[4] A expressão "grupo minoritário" é utilizada no presente trabalho tendo em vista, sempre, a qualidade da participação do grupo na economia das relações de poder e, nunca, o aspecto quantitativo.

objetivo insistentemente reiterado nos textos editoriais do *Jornal* e nos prefácios e introduções dos *CN*.

De início, soube que Correia Leite, Oswaldo Camargo, Myriam Ferrara, para citar alguns, já haviam tentado, antes, fixar lugares e personagens da memória de uma produção textual afro-brasileira. Eles registram a importância da Imprensa Negra[5] no panorama cultural de São Paulo e Rio de Janeiro, e, mais especificamente, os empreendimentos efetivados pelos afro-descendentes para inserir seus discursos no universo sociocultural brasileiro durante todo o século XX.

No percurso percebi, ainda, que os debates e as propostas apresentados pelos grupos negros de Salvador constituíam uma faceta do movimento geral de estudantes e trabalhadores negros de diversos estados do Brasil, como São Paulo, Rio de Janeiro, Minas e Rio Grande do Sul, nomeadamente nas capitais. Tais indivíduos encontravam-se congregados em entidades diversas, empenhadas na construção de auto-imagem e auto-estima positivas dos afro-descendentes, e também no resgate de uma tradição cultural e uma história que fundamentassem essa construção. Os participantes liam textos de sua própria autoria, discutiam textos de autores brasileiros, traduziam e reproduziam ensaios e poemas de autores estrangeiros, principalmente afro-descendentes, que se reportassem aos movimentos culturais e políticos dos negros na diáspora e na África.

Lidos os poemas, contos e crônicas dos *CN* do número 1 ao número 19, procurei acompanhar os diálogos que estabeleciam entre si, assim como as modificações que o periódico e os textos foram sofrendo com o passar dos anos. Foram selecionados, entre os temas recorrentes, aqueles que me pareceram mais significativos: a necessidade de compor contra-narrativas da história do negro no Brasil; a cunhagem de outros significados para o termo negro e afins; o estabelecimento de vínculo com tradições de origem africana e com outras tradições de afro-descendentes da chamada diáspora negra; a discussão dos quadros de identidade cultural forjados para o país e a inserção do negro, neste quadro, enquanto afro-brasileiro. Esses te-

---

[5] Nome dado ao conjunto de periódicos produzidos e publicados por escritores negros e mestiços desde 1915, aproximadamente, até o fechamento da Frente Negra, em 1937.

mas são discutidos e analisados, no presente trabalho, em uma perspectiva histórico-cultural que extrapola a apreciação literária, uma vez que os textos sugerem possibilidades de leitura que ultrapassam os vetores de uma análise deste teor.

Entretanto, outras dificuldades de maior complexidade delinearam-se no decorrer da pesquisa: a resistência provocada pela minha formação acadêmica, pois que, para legitimar minha investigação, sentia, por vezes, a necessidade de escolher ou tentar situar os textos literários no universo de certos valores estéticos, ditos universais, o que, a princípio, trouxe-me algumas dificuldades. Ressalto, entretanto, que não fez parte dos meus propósitos comparar os textos dos *CN* com a literatura canônica, haja vista que a ausência desses textos das seleções e antologias institucionalizadas já evidencia que essa produção se pauta por critérios de eficácia e valor distintos daqueles estabelecidos pelas instâncias de legitimação do literário.

Porém, se, no início, o material trouxe-me dificuldades contornáveis, seu desenrolar fez-me defrontar com impasses graves e conceituais: vi-me diante de várias ordens de dilemas que a finalização do trabalho não logrou superar, nem o poderia.

A ausência de designativo em expressões como literatura, tradição, cultura, identidade e entre outras, incontornavelmente, implica um enunciado e uma enunciação brancos – uma literatura, uma tradição ou uma cultura, ocidental, masculina, de vocação universalizante. De tal modo que, diante de qualquer proposta de desvio desses significados, o sujeito da enunciação, para evitar ambigüidades, é forçado a informar seguidamente a ordem do desvio semântico, gerando no texto uma redundância vocabular que infringe as normas do bom estilo. (No caso do presente trabalho, vejo-me diante da impossibilidade de fugir à aludida coação da língua para repetir constantemente o adjetivo "negro" a fim de precisar de que textos, de quais culturas e de onde falo.)

O outro dilema é de ordem estilística e também contraria as normas da praxe acadêmica, estando relacionado à impossibilidade de colocar-me no lugar distanciado de pesquisador objetivo. Neste texto, por vários momentos evidenciados na minha linguagem, não obstante as amarras da formação acadêmica, sujeito e objeto de discurso se confundem e ocupam o mesmo lugar, tornando-se os dois "uma só carne". Se, no início da pesquisa, a terceira pessoa verbal aparecia de modo automático, hoje, constato a dubiedade de minha posição: pesquisador e também objeto da pesquisa na alternância, involuntária, muitas vezes incontrolável, da primeira e terceira pessoas.

Mas existe ainda uma outra dificuldade anteposta ao meu trabalho: os textos dos *CN* selecionados para análise são rotulados, pela tradição acadêmica, como textos paraliterários, ou pouco literários, e acabam por obter legitimação em outros meios que não os institucionais. Os vínculos evidentes com o campo dos Estudos Culturais habilita esta pesquisa a inserir-se nos estudos comparatistas e dialogar com estudiosos interessados em questões extraliterárias, como identidade cultural, hibridização, diferença, alteridade, raça e racismo, *black studies*, relações de poder. Como se pode observar, transito, e o mesmo fazem os textos, por entre um vasto campo de polêmicas discussões teóricas e diferenciadas práticas críticas.

Stuart Hall[6] destaca, embora criticamente, que o pós-modernismo tem uma profunda e ambivalente fascinação pela diferença – diferença sexual, cultural, racial e, acima de tudo, pela diferença étnica. Essa atitude coloca o tema da diferença entre os mais discutidos e mais presentes em encontros, seminários e outros eventos acadêmicos. No entanto, no artigo "What is this 'black' in black popular culture?", Hall enfatiza que, não obstante a fascinação ter seus efeitos positivos, a visibilidade que, especificamente, os negros começam a desfrutar nos estudos contemporâneos é "cuidadosamente regulada e segregada",[7] chamando a atenção para as ambivalências do mecanismo de abertura para a diferença – tema que, por mais de uma vez, foi discutido pelo *Jornal do MNU*, interessado em analisar a qualidade da inserção do afro-descendente e da cultura negra no mercado de bens simbólicos e na indústria cultural no Brasil. Mobiliza-me, na análise dos textos, a possibilidade de entender o modo como seus autores constroem imagens que se contrapõem e redesenham

---

[6] Escritor afro-caribenho, residente na Inglaterra e um dos fundadores do chamado Centro de Estudos Culturais de Birmingham, considerado um dos importantes estudiosos da área dos *black studies* na Inglaterra, sendo atualmente professor da Open University, Londres.

[7] HALL, *op. cit.* In: MORLEY & CHEN (Eds.) 1996. p. 468.

INTRODUÇÃO

as imagens instituídas e a sua potencialidade para alterar o funcionamento das malhas do sistema de exclusão-inclusão, visibilidade-invisibilidade dos afro-descendentes na chamada cultura brasileira.

Como afro-brasileira[8], interessa-me contribuir para a configuração de *lieux de mémoire,* na expressão de Pierre Nora, lugares estes criados por um jogo de memória e história, lembrança e esquecimento, movido por uma vontade de impedir o esquecimento dos fatos a serem fixados como "momentos de celebração", atualizáveis e prontos a terem seus sentidos infinitamente reciclados.[9] A construção desse arquivo de celebração mostra-se importante e produtiva para a definição do que é este "afro" da expressão afro-brasileira, adaptando a questão proposta por Hall[10] –difícil tarefa que vem sendo empreendida por atores sociais populares e pelos movimentos sociais empenhados na preservação e atualização de tradições como as do candomblé, da umbanda, os quais reivindicam um papel social para os negros que transcenda os limites concedidos nas atividades esportivas ou musicais.

Esse "afro", na minha e em outras configurações identitárias "afro-brasileiras", indica a necessidade incontornável de conviver e de circular num espaço diversificado e de trânsito entre culturas diversas. Esse espaço nos coloca, sempre, na obrigação de aprender e manejar uma cultura eurocêntrica, pretensamente universal e absoluta, que nos representa de modo depreciativo.

A escola, nos seus diferentes graus, me pôs em contato com imagens de inferioridade e exterioridade que eu procurava contestar por meio das tentativas de incorporação de um código de valores ocidentais e pelo empenho para manejar "devidamente" esse código.

---

[8] A designação "afro-brasileiro" por mim utilizada visa ressaltar duas ordens de ligações culturais simbólicas: as mantidas e as restabelecidas com a África e com os africanos e seus descendentes, hoje habitando em várias partes do mundo; e uma outra que ressalta as marcas e as configurações assumidas, no contexto histórico-cultural brasileiro, pela rede de conexões e trocas negociadas entre o continente africano o os países da chamada diáspora negra. Já o termo "afro-descendente" comparece no texto com o intuito de pôr em evidência os vínculos com o continente africano, seus descendentes e suas tradições culturais que não se perderam na diáspora .

[9] NORA. In: FABRE & O'MEALLY (Eds.), 1994. p. 284.

[10] HALL. What's this "black" in black popular culture? *op. cit.*

Por uns tempos, privilegiei, na minha formação e estudos, o lado "não-afro" da minha identidade; a escola, a universidade, a profissão eram espaços em que lidava majoritariamente com temas e questões relativos aos interesses do "mundo branco".

Hoje, minha fala e meu olhar expõem um vínculo inegável com a tradição ocidental em que fui formada, mas igualmente traduzem uma ligação inconteste com as tradições, formas de ver e de ser que ecoam uma outra tradição cultural, recalcada, mas que também moldou minhas histórias e aquelas que eu contaria como fruto das experiências pessoais.

A escolha de uma produção textual que se define como "negra", como objeto de estudo, evidencia a opção por lidar mais detidamente com uma outra parte da minha formação identitária, *o afro*, marcado pela cor da pele e pela necessidade de tornar patente a impossibilidade da transparência. Explicita o desejo de fixar o lugar de onde falo e de assegurar o espaço para a opacidade deste "afro" no meu discurso. A seleção da bibliografia e das idéias discutidas no decorrer deste trabalho está diretamente ligada aos caminhos que percorri entre 1996 e 2000. Os textos de Sociologia, História, Antropologia, Estudos Culturais, Estudos Pós-coloniais e *Black Studies* se entrecruzam com debates, reflexões, aulas, seminários, leituras, discursos vários, dos quais me apropriei, atribuindo-lhes valores diferenciados – uma apropriação que faz adaptações, realça o que se configura pertinente para o estudo dos periódicos, explorando as possibilidades de remoldar e trair ou abandonar idéias e conceitos que não se enquadrem nas *nuances* por mim escolhidas.

A bolsa sanduíche da CAPES propiciou-me um período de estudos na Universidade de Nottingham, durante o qual tive a oportunidade de um contato mais próximo com textos de autores preocupados com a inserção dos afro-descendentes na cultura britânica. A leitura de textos de Stuart Hall, Kobena Mercer, Paul Gilroy suscitou questões e reflexões sobre as possibilidade de analisar imagens dos afro-descendentes apresentadas por textos culturais variados, com vistas a perceber as similaridades e diferenças que extrapolam os limites de filiações nacionais – apesar das inegáveis diferenças existentes entre as sociedades brasileira e britânica no tocante às representações e papéis de atuação do negro.

A hibridização, no sentido de mestiçagem, é comum ao vocabulário dos intérpretes da cultura brasileira, desde o século XIX. Entretanto, antes da proliferação dos chamados estudos pós-coloniais, ela foi por muito tempo lida e compreendida como a deterioração de uma cultura superior no contato com culturas consideradas "inferiores", que não conseguem atingir a perfeição da primeira. O século XIX apontou a hibridização como responsável pelo atraso de povos colonizados e relacionou o conceito à biologia, que apontava para a infertilidade e a degenerescência congênita do híbrido. Assim, por muito tempo, o conceito foi considerado inadequado, no sentido de "politicamente correto", para o uso nos estudos da cultura no Brasil. Nos recentes anos 90, Homi Bhabha, no entanto, caracteriza a hibridização como "intervenção do colonizado no exercício da autoridade colonial, uma reversão dos efeitos de desapropriação colonial", uma atuação produtiva do subordinado que, incluindo no discurso do colonizador os conhecimentos negados, "rompe suas bases de autoridade e as suas regras de reconhecimento"[11]. O autor enfatiza a produtividade do conceito para a análise das intervenções ativas das culturas dominadas no processo de configuração da cultura imposta. O híbrido é sempre aquele que encontrou resultado positivo na busca de uma brecha, uma possibilidade de desestabilizar a tela do mesmo e do seu duplo[12].

Os elementos da cultura desqualificada rompem as bases da autoridade do discurso colonial, abalando suas regras de reconhecimento e de exercício de poder. Assim, longe de ser vista como negativa, a hibridização além de apontar a inexistência de pureza cultural, é encarada como positiva, na medida que atesta uma atuação produtiva da cultura tida por minoritária e evidencia também uma "fragilidade" da cultura hegemônica[13] que se deseja mostrar como impermeável às influências das demais culturas. Considero a cultura afro-brasileira

---

[11] BHABHA, 1998. p. 162-163.

[12] BHABHA, 1998. p. 150-176.

[13] As expressões hegemônica/o e hegemonia são utilizadas neste texto na perspectiva de leituras de Gramsci que entendem os grupos hegemônicos como aqueles que, além de definirem os discursos e situações significativos e supérfluos, controlam ações, produzem imagens, divulgam-nas e constroem os sistemas de representação e o corpo de valores que reafirmam ou reproduzem seus lugares de enunciação.

híbrida, construída como intervenção simultaneamente sofrida e praticada pelas culturas africanas, européias e indígenas. Semelhante e diferente das culturas africanas e da cultura européia, a cultura afro-brasileira não é nem só africana, nem mímica da européia, mas híbrida, pois é formada nos cruzamentos dos contatos forçados e, às vezes, até desejados.

Estou ainda considerando a cultura africana da diáspora no Brasil como uma cultura duplamente híbrida. Primordialmente híbrida, porque resultante do contato e da interação de povos africanos de etnias diversas que foram obrigados a criar, como forma de resistência cultural, uma memória comum; híbrida ainda porque forçada a relacionar-se com povos europeus e ameríndios e a fazer uso de seus comportamentos e costumes para desenhar a sua identidade e garantir a sua sobrevivência. Os africanos e afro-descendentes construíram sua memória através da negociação com as várias culturas citadas, negociação cujos reflexos observam-se na hibridização de rituais religiosos, práticas cotidianas e populares. Parafraseando mais uma vez Hall, "este afro" na cultura afro-brasileira é resultante dessa dupla hibridização e não aponta para qualquer possibilidade de "pureza". Acrescenta-se também que os estudos culturais advertem que todas as identidades são resultantes de ligações sincronizadas de diversas fronteiras culturais, de confluência de diversas tradições, de estratégias de codificação e transcodificação de sentidos e poderes. Stuart H all, bell hooks [*sic*.], Cornel West, escritores afro-descendentes, de modo diferenciado demonstram a importância das alterações no sistema de representação para a reconfiguração da auto-imagem do negro na diáspora. Eles sustentam que um dos principais objetivos dos estudos e movimentos negros nos dias atuais tem-se deslocado para a articulação da "complexidade e diversidade das práticas negras no mundo moderno e pós-moderno". Tais práticas, segundo os autores, devem ser articuladas de modo a favorecer a atuação e intervenção dos afro-descendentes da diáspora nos campos de poder das sociedades em que vivem.

Considerando os conceitos de *Black Atlantic* e de diáspora produtivos para a análise da configuração híbrida do discurso afro-brasileiro, recorro ao ensaio de Gilroy, em antologia de título sugestivo: *Pós-colonial em questão: céus comuns, horizontes divididos*, de

1996, em que o autor explica os diversos trânsitos e redes de intercâmbios forjados entre as culturas africanas e as culturas negras produzidas na diáspora[14]. O Atlântico negro assinala a existência de uma base desterritorializada e múltipla para as afinidades e aproximações existentes e construídas entre as populações negras na diáspora. O conceito enfatiza as viagens, os intercâmbios, as trocas e a circulação intensa através do Atlântico, nos quais foram/são negociadas mercadorias, tradições e influências que dão o tom e o perfil das identidades negras na diáspora, simultaneamente díspares e similares, jamais puras, sempre mutáveis e interconectadas.

Aproprio-me do conceito de Atlântico Negro, estendo-o até o Atlântico Sul onde também se efetivaram e ainda se efetivam intensos movimentos de intercâmbio entre os afro-descendentes do Brasil, Caribe, Estados Unidos, Europa e África, desafiando estreitezas de nacionalismos e estabelecendo uma rede de trocas entre cultura local e global.

A diáspora, ainda de acordo com Gilroy,[15] será compreendida não apenas como deslocamento geográfico, mas principalmente como uma circunstância de vida de parcela significativa da população do país, teoricamente vista como membro da nação e, entretanto, excluída e discriminada por uma sociedade que a vê como inumana ou não-cidadã devido à sua ascendência africana. Parte dessa população busca nos contatos com as culturas de origem africana motivações para a criação de suas bases culturais e de seus perfis identitários de auto-afirmação. O fato de articularem-se de modo desviante com a tradição européia hegemônica confere a esses grupos a possibilidade de criar caminhos culturais outros que não aqueles impostos pela cultura institucionalizada.

A circulação de textos e informações através do "Atlântico Negro" tem o Brasil como um dos seus portos desde o século XVI, quando, além de escravos, navios procedentes da África traziam material de culto, alimentos, tecidos, canções e notícias. No século XX, a circulação de idéias, notícias e textos de Du Bois, Garvey, Césaire, Fanon, Amílcar Cabral e outros pode ser vista como elemento incentivador da produção de textos e criação de associações nas

---

[14] GILROY, In: CURTI & CHAMBERS, 1996. p. 17-29.
[15] GILROY, 1995.

primeiras décadas desse século no Brasil. Por outro lado, nas décadas finais do século XX, intensifica-se o trânsito com a intensa circulação de músicas, moda, informações variadas e benefícios das tecnologias de comunicação. Se os afro-brasileiros receberam e continuam a receber influências e textos variados através dos meios cada vez mais diversificados, os mesmos meios de comunicação conduzem de volta, quase que simultaneamente, outros textos e outras notícias de quadros que comporão o circuito das trocas. A diáspora africana também cria seu circuito particular de comércios e intercâmbios e trocas efetivados pelo mar, pelo ar e por intermédio das possibilidades abertas pelos avanços tecnológicos. Viagens de idas e vindas, trocas, incompreensões e compreensões parciais das situações específicas de racismo e discriminação racial, das adaptações religiosas, dos encaminhamentos das lutas sociais, tudo isto compõe o comércio alternativo ou informal que até hoje se estabelece através do Atlântico Negro definido por Paul Gilroy no seu já citado *O Atlântico Negro: Modernidade e dupla consciência.*

Operando no interior de uma compreensão de cultura como processo de montagem multinacional constituído de práticas discursivas variadas que abrangem diversos setores da vida, e organizando bases bibliográficas que viabilizam o diálogo com os temas dos periódicos, esta pesquisa circula nos campos da História e Memória Cultural e dos Estudos Culturais. Tenho por meta contribuir para o registro e análise do processo de construção de um discurso identitário duplo, afro-brasileiro, e para o delineamento de uma concepção das formas culturais enquanto portadoras de valor e de poder.

Para construir as trilhas para a análise dos periódicos, dividi esse trabalho em três partes, na primeira, discuto a possibilidade de proposição de um conceito de literatura afro-brasileira ou uma "literatura negra" no Brasil, caracterizando o que denomino produção textual afro-brasileira. Examino as definições de literatura negra ou literatura afro-brasileira propostas pelos escritores do periódico e estabeleço um diálogo com os estudos sobre literatura negra desenvolvidos por autores como Zilá Bernd[16], Oswaldo Camargo[17] e Luiza Lobo[18]. Entendo

---

[16] BERND, 1987.

[17] CAMARGO, 1987.

[18] LOBO, 1987.

que os textos aqui analisados, autodenominados "produção textual negra", colocam-se como discursos interessados em interferir nos debates sobre identidade, representação e poder dentro do espaço cultural brasileiro, e, na minha leitura, sugiro que sejam lidos como suplemento ao discurso da fabular fusão das três raças tristes.

Considerando a construção de uma identidade negra como um dos temas mais freqüentes nessa produção textual, principalmente em seus momentos iniciais, ainda na primeira parte questiono a viabilidade de um conceito de identidade cultural afro-brasileira a partir das sugestões dos estudos contemporâneos que a compreendem como posicional, circunstancial, móvel, gerada pelas necessidades de congraçamento ou união estratégicos, pois, como destaca Eneida Souza, nos dias atuais, "torna-se difícil pensar em identidade como categoria estanque, ao se reconhecer que o indivíduo está cindido e fragmentado pela marca desse outro que o habita"[19]. Por outro lado, o caráter relacional da identidade ou do desejo de forjar identidades torna-se mais nítido no momento em que se entende a categoria como construída em um campo de relações que gera espaço de encontro do Mesmo com o Outro ou do próprio com o alheio.

As sociedades contemporâneas caracterizam-se pela tendência a traçar desenhos identitários a partir de um jogo intenso entre as diferenças; assim, são construídas identidades por meio da diversidade de transações sociais marcadas por experiências sociais variadas e pela ampliação de espaços e de trajetos de circulação dos indivíduos e dos bens simbólicos. O trânsito mais ou menos livre entre os diferentes universos, províncias e lugares sociais torna-se possível devido à natureza simbólica das construções sociais, do seu caráter multifacetado e da sua relativa estabilidade. Entretanto, Appadurai[20] destaca que, apesar da tendência à homogeneização marcante no mundo globalizado, as marcas culturais locais contestam e modificam continuamente os signos e símbolos recebidos, rescrevendo-os para que sejam recompostos os símbolos e representações identitárias locais. As pequenas localidades, a chamada periferia ou os grupos étnicos minoritários não recebem de modo passivo as informações e

---

[19] SOUZA, 1991. p.19.
[20] WILLIAMS & CHRISMAN (Eds.), 1993 p. 324-339.

os bens culturais que lhes são disponibilizados pelo mercado global. Cada comunidade procede significativos deslocamentos e re-interpretações dos bens culturais com os quais interage, deslocamentos que, aparentemente imperceptíveis, tornam-se evidentes, sempre, aos olhares mais atenciosos.

Insiro, ainda, os *CN* e o *Jornal do MNU* em uma linhagem textual, cuja emergência, segundo seus autores, pode ser situada nas primeiras décadas do último século, e constitui um circuito de publicação alternativo produzido por negros e mestiços e destinado a um público ledor do mesmo grupo étnico. Essa imprensa alternativa circulou no Brasil, principalmente em São Paulo, e tinha por objetivo promover atividades recreativas e culturais que viabilizassem a integração do negro na sociedade brasileira. Na descrição de Roger Bastide, constituem-se órgãos de educação, protesto e reivindicação de mobilidade social[21].

Os periódicos filiam-se a uma tendência, tímida e ainda pouco estudada, de tematizar as dificuldades encontradas pelos afro-descendentes para desfrutarem o direito à cidadania na sociedade brasileira.

O estabelecimento de uma linhagem no interior de uma específica "tradição" de imprensa não visa buscar momentos precisos de origem da tradição textual. Há algum tempo que as buscas dos lugares de essência ou pureza, os princípios honrosos foram desautorizados por pensadores como Nietzsche. Afinal, o segredo existente por detrás das coisas é "que elas são sem essência ou que sua essência foi construída peça por peça a partir de figuras que lhe eram estranhas"[22], dirá Foucault ao negar a solenidade da origem e propor que a genealogia seja entendida como um espreitar paciente dos acontecimentos despojados de qualquer ilusão idealista ou metafísica quanto à possibilidade de apreensão de uma origem. Buscar os marcos da proveniência inscritos nos corpos e não a origem é o que sugere o autor na insistência em desmistificar as continuidades construídas para viabilizar a tranqüilidade da evolução. Enfatizando o disperso e desordenado, os acidentes e desvios, a genealogia se volta para "os

---

[21] BASTIDE, 1973. p. 130-131.

[22] Como sugere Foucault na leitura que faz de Nietzsche. FOUCAULT, 1993. p. 18-37

erros, as falhas na apreciação, os maus cálculos que deram nascimento ao que existe e tem valor para nós".[23]

O olhar atento que proponho às "restritas", particulares e menos prestigiadas tradições negras, objetiva sugerir o entendimento de que é possível constituir um desenho da cultura brasileira que comporte o suplemento da diversidade étnica e cultural que a compõe e que tem sido desprezado pelos discursos forjadores das origens e identidades nacionais planas e homogêneas[24]. Esse olhar também me possibilita construir uma linhagem da textualidade afro-brasileira que elege seus marcos iniciais em escritores como Luís Gama, Lima Barreto, Lino Guedes e Solano Trindade.

Com a expectativa de apresentar uma outra vertente da história da cultura nacional, sugiro, nas duas últimas partes, a leitura dos "traços" que os discursos culturais dos *CN* e do *Jornal do MNU*, autodefinidos como negros, vêm, há algum tempo, inscrevendo na cultura brasileira. Os desenhos dessa escritura ficam registrados e a eles podem ser atribuídos sentidos vários, entre os quais o de uma tentativa, nem sempre bem sucedida, de debater e participar ativamente do desenho e da análise do quadro nacional. Escolhi, pois, os textos da Imprensa Negra como marcos posicionais, dispersos e heterogêneos dessa produção textual.

Em todos os momentos do trabalho, procuro estabelecer um diálogo entre os textos dos periódicos e os estudos sobre a cultura – daí o trânsito entre História, Sociologia, Antropologia e Literatura. Temas como identidade, tradição cultural, racismo e discriminação racial, diáspora africana, movimentos negros, desigualdades sociais, desemprego e marginalidade são abordados nos poemas e contos, artigos e entrevistas publicados nos periódicos e levam o trabalho a discuti-los na análise das versões apresentadas pelo periódicos e a compará-las com outras versões que circulam no campo das idéias contemporâneas.

---

[23] FOUCAULT, 1993. p. 21.
[24] BHABHA, 1998. p. 198-238.

PARTE I

UMA TEXTUALIDADE AFRO-BRASILEIRA

As vozes e seu tempo

Ninguém grita o tempo
todo
Ninguém.
O tempo todo não grito
nas manhãs descanso.
Calo...
Aguço os ouvidos.

Miriam Alves

Desde o início do século XX, são publicados no Brasil jornais e periódicos com a finalidade de organizar associativamente os negros; cada clube, grupo ou entidade negra cultural ou recreativa funda seu jornal para divulgar suas atividades e sugerir regras de comportamento aos associados e simpatizantes.

Influenciados pelo universo político-cultural do período e dele participantes, e, ainda, utilizando um processo alternativo de edição e distribuição de textos, muito em voga nas décadas de setenta e oitenta, os editores e autores dos *CN* e do *Jornal do MNU* filiam-se mais diretamente ao que denomino uma tradição textual alternativa, que há muito tempo faz uso desses expedientes com o objetivo de pôr em circulação textos, jornais e revistas produzidos por negros e mestiços em algumas cidades do país.

Nas décadas de setenta e oitenta do século XX, segmentos da sociedade tidos por "minoritários", tais como mulheres, negros, orientais, imigrantes, que há muito lutam por um espaço de expressão, conseguem dar visibilidade às suas reivindicações e auto-expressões no conjunto das discussões sobre cultura, arte, comunicação e identidade.

As posturas assumidas pela ciência, filosofia e arte contemporâneas, rejeitando paradigmas e conclusões absolutas ou identidades monolíticas, contribuem sensivelmente para que outras parcelas da sociedade disponham-se a olhar, com uma certa simpatia, para as reivindicações desses grupos. Como afirma Andreas Huyssen, ao analisar a década de setenta,

> [...] as artes plásticas, a literatura, o cinema e a crítica produzidos por mulheres e artistas de minorias, com sua recuperação de tradições enterradas e mutiladas, sua ênfase na exploração, em produções ou experiências estéticas, de formas de subjetividade baseadas em gênero ou raça e sua recusa a ater-se a padrões canonizados acrescentaram uma dimensão totalmente nova à crítica do alto modernismo e à emergência de formas alternativas de cultura.[1]

Vale esclarecer que, ao concordar com a assertiva de que as artes se tornaram veículos propulsores da expressão das minorias, não deixo de considerar que as lutas dessas minorias por espaço de expressão vêm sendo travadas em diversas esferas políticas e socioculturais, em vários outros momentos. No entanto, mesmo sem perder de vista a circulação de influências, cabe a ressalva de que o pensamento e o discurso acadêmico e a arte institucionalizada não atingem parcelas significativas dessas minorias citadas e, conseqüentemente, não poderiam influenciar intensamente suas produções. Acredito, no entanto, que o ato de caminhar na direção de um entendimento menos etnocêntrico no exame das expressões minoritárias viabilizou o alargamento dos espaços para que essas expressões se manifestassem e fossem, de certa forma, ouvidas.

Considero importante destacar dois aspectos do processo de disputa e conquista de um lugar proeminente, pelas chamadas minorias, na rede das relações de poder. Primeiramente, constata-se que, a partir das crescentes mudanças do quadro político-cultural, toma corpo

---

[1] *Apud* HOLLANDA, 1992b. p. 46.

mais definido uma reivindicação dessas minorias por espaço para atuação cultural e política. Em segundo lugar, passa a haver, em alguns setores do pensamento e da arte contemporâneos, uma disposição para ouvir, entender e apreciar tais vozes e suas respectivas formas de atuação.

No universo acadêmico, nas décadas de setenta e de oitenta, constatei a publicação de estudos diretamente ligados à história e/ou à cultura negra no Brasil,[2] os quais indicam a existência de um certo interesse e disposição de parte da intelectualidade brasileira para o estudo e revisão da história do negro no país.

Como ilustração das mais significativas desse interesse, destaco a realização, em 1986, do Seminário "A construção da cidadania", promovido pelo Departamento de Sociologia da Universidade de Brasília, de cuja programação constava a discussão do tema "Cidadania e questão étnica". Lélia Gonzalez, antropóloga e militante do movimento negro, foi a expositora do tema e, entre outras observações, destacou a necessidade de articular-se a cidadania negra com a questão da identidade, enfatizando a sua construção como um fator primordial para a organização dos grupos. A antropóloga discutiu o embranquecimento como imposição do meio social e educacional no país e o papel que as políticas educacionais exercem como promotoras do "processo de perda da identidade negra". Ressaltou, ainda, o processo de apropriação da cultura negra pela indústria cultural e as conseqüências, nem sempre benévolas, daí decorrentes.

---

[2] A título de exemplo, cito as seguintes publicações: *Os nagô e a morte,* de Juana Elbein dos Santos (1975); *Escravidão e racismo,* de Octavio Ianni e *O negro: de bom escravo a mau cidadão,* de Clóvis Moura (1977); *Palmares: a guerra dos escravos,* de Décio Freitas (1978); *Ser escravo no Brasil,* de Kátia Mattoso; e de Lélia Gonzales e Carlos Hasenbalg, *Lugar de negro* (1982); *A verdade seduzida,* de Muniz Sodré (1983); *Rebelião escrava no Brasil: a história do levante dos malês (1835),* de autoria de João Reis (1986); *Negritude e literatura na América Latina* de Zilá Bernd e *Retrato em branco e negro: jornais, escravos e cidadãos em São Paulo no final do século XIX,* de Lilia Moritz Schwarcz (1987); e *Poesia negra no modernismo brasileiro,* de Benedita Gouveia Damasceno; *O negro e o romantismo brasileiro* de Heloísa Toller Gomes e *Estrutura social, mobilidade e raça* de autoria, de Carlos Hasenbalg e Nelson Silva, os três de 1988.

As vozes e seu tempo

É sintomático que, aos 98 anos da Abolição, o país da democracia racial estivesse, em 1986, discutindo a relação entre cidadania e questão étnica, contemplando e analisando questões relacionadas a índios e negros. Descritos, durante o período colonial e todo o império como "peças" ou semoventes, quase animais, após a abolição, o africano e o afro-descendente no Brasil são considerados incompetentes para o trabalho, indivíduos de nível intelectual inferior ou, quando muito, cidadãos de segunda categoria. No cotidiano escravocrata, os membros do grupo étnico foram discriminados pelas normas de "repressão à vadiagem" constantes nas chamadas leis abolicionistas e, posteriormente, transformadas na Lei de Vadiagem, cuja primeira versão aparece em projeto aprovado em 4 de junho de 1888. A lei, promulgada menos de um mês após a abolição, controlava a liberdade de ir e vir, exigindo comprovação de trabalho e de domicílio a negros e mestiços. Os efeitos e desdobramentos da citada lei podem ser observados, nos finais do século XX, quando jovens negros e mestiços, de sexo masculino, são solicitados, pela polícia, a apresentar carteira de trabalho assinada, sob pena de serem presos por vadiagem ou por "suspeita". Permanece, pois, a tentativa de controle autoritário e indevido da circulação dos afro-brasileiros em espaços ou momentos que não lhes são "permitidos". Os movimentos negros, desde a década de setenta do século passado, têm denunciado que os jovens negros do sexo masculino constituem as principais vítimas da violência policial "contra a vadiagem", fato recentemente comprovado pela pesquisa "O rastro da violência em Salvador" realizada, em 1997, por instituições como UFBA, UNICEF, UNEB, entre outras pesquisas sobre o tema que têm sido desenvolvidas no país.

A legislação brasileira procurava, assim, determinar locais e momentos em que era permitido ao afro-descendente circular pelos espaços urbanos e, mais que isso, acredito, deixar patente que a abolição da escravatura não lhe outorgava direitos de cidadão comum.

Assim, do mesmo modo que persistia quase invisível no campo das figurações do perfil nacional, o negro deveria permanecer invisível e ausente de certos espaços sociais tidos por exclusivamente destinados aos "brancos". A "invisibilidade" do afro-descendente adquire formatos variados na vida pública e privada, nos setores econômicos e político-sociais.

É quase paradoxal falar-se da invisibilidade dos afro-descendentes no Brasil, considerando-se o numeroso contingente de negros e mestiços na constituição da população brasileira. Os corpos são visíveis no tecido social, as tradições e marcas culturais de origem africana estão presentes e são freqüentemente citadas, tanto pelos discursos institucionais quanto pelos alternativos. Discursos de presidente da República, ministros, estudos de Sociologia e Antropologia, textos de produtores culturais, músicos, rappers etc. são alguns dos exemplos de universos textuais nos quais circula a premissa da significativa presença negra no Brasil. No entanto, nas discussões sobre os lugares e espaços sociais destinados aos afro-brasileiros, quando o tema não se circunscreve restritamente às manifestações culturais, quando são discutidas as motivações políticas que definem tais lugares e espaços sociais, quando não aparecem as justificativas de ordem econômica ou social de feição redutora paira um certo silêncio (às vezes constrangido ou constrangedor). Assim, cria-se um quadro em que a visibilidade dos afro-brasileros é constatada e até estimulada em determinados setores da vida social, sendo-lhes "concedido" um certo espaço no âmbito das manifestações culturais; entretanto, o acesso e a participação em esferas de maior poder decisório são quase nulos e, em geral, dificultados ao máximo.

A invisibilidade social do afro-brasileiro manifesta-se, ainda, na incapacidade de enxergá-lo fora dos papéis sociais a ele destinados pela sociedade. Em determinados papéis, a presença do afro-descendente é "naturalizada"; na maioria das cidades brasileiras vê-se como "normal", por exemplo, um número majoritário de negros exercendo funções de subalternidade em empregos de baixa remuneração, circulando pelo centro da cidade e pelos chamados bairros nobres no exercício de tais funções, situações em que quase não são notados como pessoas, fazem parte do cenário – são invisíveis. O fato, todavia, não é apreendido como resultado de um processo histórico de exclusão das oportunidades educacionais e do mercado de trabalho.

No entanto, fora do exercício de tais funções, quando circulam por espaços caracterizados como "restritos naturalmente" às classes médias, os afro-brasileiros se tornam visíveis, excessivamente, a ponto de "incomodar" aqueles que consideram o seu grupo étnico como o único apto a disputar e desfrutar espaços e posições "privilegiadas".

AS VOZES E SEU TEMPO

Em certos casos, quando exercem funções não subalternas, os afro-brasileiros despertam a atenção e são notados como exceções e então, para registrar a excepcionalidade da situação, ou para dissimular o "medo de ter preconceito" (na expressão de Florestan Fernandes), esses afro-brasileiros são embranquecidos – sua cor, seu grupo étnico são "esquecidos". Apagar os vínculos étnicos e os traços físicos, apagar a "cor" em situações determinadas, constitui-se em um outro mecanismo utilizado para tornar invisível, imperceptível, a atuação dos afro-descendentes em vários setores da sociedade brasileira.

Se os grupos majoritários procuram tornar invisível a participação do negro na vida social e política, por outro lado, fazer-se invisível, evitar determinados ambientes sociais, torna-se uma opção para alguns afro-brasileiros fugirem à agressão racista. Este medo de saber-se discriminado pela pertença a um grupo étnico e não dispor, muitas vezes, dos meios e oportunidades necessários para desmascarar os "sutis" ou "cordiais" mecanismos de discriminação racial utilizados pela sociedade brasileira, do Nordeste, Sudeste ou Sul do país, leva muitos negros a recolherem-se, evitando espaços públicos nos quais correm maiores ou mais previsíveis riscos de discriminação, porque constrangidos e impossibilitados de reivindicar seus direitos de cidadãos. A entrevista do professor Milton Santos à revista *Caros Amigos*, publicada em agosto de 1998, ilustra bem o dilema. Inquirido sobre a discriminação racial no Brasil, ele afirma:

> Quando se é negro, é evidente que não se pode ser outra coisa, só excepcionalmente não se será o pobre. [...], [só excepcionalmente]. Não será pobre, não será humilhado, porque a questão central é a humilhação cotidiana. Ninguém escapa, não importa que fique rico. E daí o medo, que também tenho, de circular. Acredito que tenham medo.[3]

Fanon[4] e outros escritores interessados no estudo dos processos de construção de identidade e auto-estima do negro constatam

---

[3] *CAROS AMIGOS*, 1998. p. 27.

[4] FANON, 1995. O escritor, médico psiquiatra martiniquenho Frantz Fanon participou da revolução argelina e publicou dois livros fundamentais para os estudos sobre racismo e colonialismo: *Peles negras, máscaras brancas* e *Os condenados da terra*, ambos traduzidos no Brasil. Os seus estudos sobre a

que o comportamento de muitos afro-descendentes demonstra a introjeção dos estereótipos inferiorizantes, o que dificulta a construção de uma auto-estima positiva.

A repetição insistente na incapacidade para o exercício da cidadania e o deslocamento das posições quanto à responsabilidade pela não-integração social funcionam como "reforço didático" para assimilação e introjeção desses estereótipos; outros, no entanto, aceitam a invisibilidade como forma de escapar aos estereótipos inferiorizantes e como mecanismo para serem aceitos nos grupos sociais "brancos".

Essa invisibilidade estende-se ao campo das letras, e a produção textual canônica, na maioria dos casos, continua a reproduzir os estereótipos negativos e a omitir o registro e a apreciação da produção textual autodenominada negra ou afro-brasileira. É digno de nota o depoimento de Leo Gilson Ribeiro, expositor do tema " O negro na Literatura Brasileira", por ocasião da 3ª Bienal Nestlé de Literatura, no Seminário de 1986:

> Durante as pesquisas que fiz para este seminário não consegui detectar, em nenhum autor brasileiro específico, a não ser nos autores negros, evidentemente, uma consciência do que fosse esse problema sociológico tão sério num país como o Brasil.[5]

No ano seguinte, no entanto, Luíza Lobo publica o texto "Literatura negra brasileira contemporânea" na revista *Estudos Afro-asiáticos,*[6] em que discorre sobre o grupos negros atuantes na época e ainda sobre a produção textual e ensaísta de/sobre negros. E, ainda em 1987, Zilá Bernd publica *Negritude e literatura na América Latina,* que possui um capítulo dedicado à discussão do processo de "construção de uma identidade negra na poesia brasileira", no qual a autora analisa a produção poética de escritores negros no Brasil, desde Solano Trindade (1908-1973) até os primeiros números dos *Cadernos Negros* (1978).

---

psicologia do colonizador e do colonizado têm sido revistos, relidos e discutidos por escritores que buscam em suas obras contribuições para o pensamento contemporâneo, como Bhabha, Said, entre outros. Em 1996, a editora Blackwell editou uma antologia de estudos sobre o autor, intitulada *Fanon: A Critical Reader.*

[5] RIBEIRO. In: *Anais da 3ª Bienal de Literatura Nestlé, 1986,* p. 170.

[6] Rio de Janeiro, CEAA, n.14, set. 1987.

Não obstante a importância dos citados estudos, eles ainda representam pouco, quantitativamente, pois os arquivos institucionais da literatura brasileira, mesmo quando interessados no tema do negro enquanto objeto de suas análises e discussões, quase não registram, ou registram de modo superficial, a existência de uma produção textual de dicção negra, que permanece à margem do circuito editorial e restrita a círculos de militantes.

Se a cultura hegemônica escolhe e constrói para si um modelo de produções textuais, este modelo deverá veicular as crenças, os símbolos, os significados que ela lhes atribui e que compõem seu imaginário. Constantemente adaptado e atualizado de acordo com as necessidades e interesses de uma tradição ocidental etnocêntrica e hegemônica, os critérios de eleição dos modelos deverão atender à economia de sentidos e funcionalidade da sociedade. À crítica institucional (a academia ou os meios de comunicação de massa) caberá avaliar tanto a legitimação do(s) texto(s) canônico(s) quanto o estigma e a exclusão do(s) não canônico(s) dos seus registros. Considerada espaço privilegiado para emergência e expressão das "significações imaginárias", a literatura é uma instituição social, aqui compreendida, na esteira de Castoriadis, como "uma rede simbólica socialmente sancionada, onde se combinam em proporções e em relações variáveis um componente funcional e um componente imaginário",[7] haja vista que, ainda segundo o autor, cada sociedade constitui o conjunto de seu universo simbólico numa relação ambivalente com o histórico e com o imaginário.

Cada grupo que se define como povo (membro de uma coletividade nacional), em cada época, seleciona um conjunto de textos que serão apresentados e institucionalizados como expressões do seu simbolismo e de seu imaginário. São escolhidos tema, linguagem, recursos figurativos, personagens, situações ilustrativas das significações que "devem" circular e "devem" ser exploradas e divulgadas pelas instituições para compor "sua literatura", a literatura nacional. No conjunto de significações escolhidas pelo Brasil para compor os textos de sua literatura, autoritariamente marcado que é, pelos conceitos e preconceitos do grupo hegemônico, não cabem discursos de

---

[7] CASTORIADIS, 1982. p. 159.

fortes marcas identitárias negras, nem aqueles que denunciam a existência do já agora "racismo cordial" brasileiro. Mesmo que as décadas de setenta e oitenta tenham consolidado uma vertente da literatura *anti-establishment* e provocado significativas mudanças nos critérios de valor, predomina ainda a preferência por temas menos "traumáticos" e linguagens que tendam mais ao formal.

Se no campo da chamada literatura erudita há uma "discreta recusa" a discutir assuntos ligados a questões étnico-raciais, nos discursos que circulam em espaços de proeminência da cultura popular, o tema vai gradativamente motivando as pessoas. Na Bahia, os afoxés e os blocos afros desfrutam de um espaço, ainda que restrito, no carnaval; na música popular, os rituais e ritmos de origem africana são apropriados por artistas diversos. No Rio e em São Paulo, os bailes de *soul* reúnem e mobilizam grupos diversos de jovens negros, estudantes, membros das comunidades de base e constituem-se em pontos de agregamento de jovens das classes populares, que começam a discutir problemas e questões tais como racismo e violência policial. Os blocos afros e os bailes de *soul,* embora não explicitem objetivos políticos e enfatizem o lazer e a festa, tornaram-se pontos de partida para a formação de grupos de reivindicação e protesto contra a discriminação racial nos diversos setores da sociedade.

Essa manifestações culturais recebem influências da atmosfera de reivindicações políticas que se instaura na África desde a década de sessenta, quando países africanos buscavam organizar-se como estados independentes, outros lutavam ainda pela superação do regime colonial e intensificavam-se as lutas contra o *Apartheid*.

A atuação dos movimentos pelos direitos civis nos EUA, o movimento da Negritude na França, as guerras e lutas pela independência de países africanos, incrementadas nos meados do século XX, muito contribuíram para que os grupos negros no Brasil voltassem a se organizar (após o fechamento da Frente Negra pelo Estado Novo na década de 30), com o objetivo de combater a discriminação e o preconceito racial e exigir o reconhecimento das tradições de origem africana como componentes do desenho identitário nacional.

A influência exercida pelos fatos políticos ocorridos na África e na diáspora nos movimentos negros no Brasil pode ser comprovada pelas freqüentes referências, na produção textual dos grupos negros da década de setenta, às lutas e aos heróis africanos, assim como pelo uso constante de epígrafes e citações de autoria de intelectuais e personalidades africanas, ou membros do movimento da Negritude, presentes em muitos números das publicações aqui estudadas

A citação tem sido usada e estudada pela crítica de texto como instrumento de criação de áreas de intertexto e cumplicidade, mas pode evidenciar também desacordo. Citar trechos de autores africanos ou de escritores negros de períodos anteriores pode significar a vontade de estabelecer uma linhagem de escrita, a criação de uma certa cumplicidade entre o que foi dito e o que será dito, ou ainda a produção de uma identidade estratégica. Os textos, pronunciamentos e as lutas de africanos e afro-americanos funcionaram como instrumento de motivação para a organização de lutas contra o racismo e para a sedimentação de um discurso identitário afro-brasileiro. O *Jornal do MNU*, principalmente, entrevistou nomes importantes na história africana como Oliver Tambo, presidente do Congresso Nacional Africano de 1988, Francisco Romão de Oliveira e Silva, primeiro embaixador da República Popular de Angola no Brasil, e comentou aspectos similares e divergentes existentes entre a cultura afro-brasileira e a afro-caribenha, como a criar um intertexto.

O texto do autor africano, ou da diáspora ajustado às especificidades da história dos afro-descendentes no Brasil, contribui, em diferença e similaridade, para a composição da produção textual brasileira, e essa produção, nos mesmos moldes, será parte constituinte também de uma produção textual transnacional que Gilroy[8] denomina *black Atlantic.*

Os periódicos em estudo, *CN* e o *Jornal do Movimento Negro Unificado* – MNU, à época denominado *Nêgo*, surgem em 1978 e 1981 respectivamente. Ambos estão ligados ao clima de grandes mudanças políticas e socioculturais da vida brasileira dos fins da década de setenta, período que, junto com a década de oitenta, constitui

---

[8] GILROY, 1993. O escritor Paul Gilroy é um dos conceituados estudiosos contemporâneos da situação do *Black-Bristish people,* na Inglaterra, falando como afro-descendente e também inglês. Ele publicou dois importantes livros sobre as relações possíveis entre raça, nação, movimentos sociais e cultura negra: *There ain't no Black in the Union Jack*: the cultural politics of race and Nation e *The black Atlantic*: Modernity and Double Consciousness.

Coleção Cultura Negra e Identidades

marco fundamental para compreensão do quadro político brasileiro das três últimas décadas do século XX. É quando perde a validade o Ato Institucional n. 5 e começa a instalar-se o processo de abertura e redemocratização do país, em regime ditatorial desde 1964. Os partidos políticos iniciam o processo de reorganização, e, em agosto de 1979, é aprovada a Lei da Anistia; constata-se, ainda, na passagem de uma década para outra, o crescimento dos movimentos reivindicatórios das chamadas minorias. Alguns dos escritores que publicam nos periódicos chegam mesmo a fazer parte de grupos políticos de esquerda e a escrever na seção Afro-América Latina da revista *Versus*, publicada pela Convergência Socialista, durante os anos 1977 a 1979.

Os *CN* e o *Jornal do MNU*, direta ou indiretamente ligados a entidades, têm nos militantes e simpatizantes dessas entidades o contingente maior de seu universo de leitores. As edições são produzidas e vendidas pelos autores e por membros de entidades negras em reuniões de militância, atividades de partidos políticos, ensaios de escolas de samba e de grupos afros. Na esteira de periódicos como *Ébano, Jornegro, Nizinga*, entre outros, aqueles podem ser vistos como marcos da atmosfera cultural das três últimas décadas, nas quais grupos como Palmares, Movimento Negro Unificado e Negrícia propõem estratégias diversificadas para combater as manifestações de racismo no Brasil, sugerindo também outro conjunto de representações para o grupo étnico.

Como se percebe, os escritores dos periódicos estão envolvidos na atmosfera político-cultural do período e procuram definir uma posição política marcada pela compreensão das especificidades da discussão de raça/etnia para os afro-brasileiros.

As publicações alternativas proliferaram na vida cultural e apresentam-se como resultado da atividade de grupos que optam por uma produção que modifica o sistema de produção cultural. Os próprios escritores editam, imprimem e distribuem seus livros, jornais e revistas, vendendo-os nos mais diversos espaços, propiciando uma outra órbita de circulação e divulgação. Os estudiosos que analisam o período chamam a atenção para as mudanças nos mecanismos de produção e circulação dos livros e periódicos, como o faz Heloísa Buarque de Hollanda, por exemplo:

É importante notar que esses grupos passam a atuar diretamente no modo de produção, ou melhor na subversão de relações estabelecidas para a produção cultural. Numa situação em que todas as opções estão estreitamente ligadas às relações de produção definidas pelo sistema, as manifestações marginais aparecem como uma alternativa, ainda que um tanto restrita, à cultura oficial e à produção engajada vendida pelas grandes empresas.[9]

No número da *Revista do Brasil,* dedicado ao estudo das produções da década, os escritores Nicolau Sevcenko, Carlos Alberto Messeder e Flora Süssekind analisam as produções alternativas, apontando o clima de mudanças e crises na vida político-cultural brasileira. Suponho que os organizadores dos *Cadernos Negros* e do *Jornal do MNU* tenham sido influenciados por este tipo de produção e circulação de textos predominantes no período, embora eles não façam, em seus textos, referências ao fato.

Para Nicolau Sevcenko, o período compreendido entre os anos 1974 e 1978 caracteriza-se pela queda na intensidade das reações à ditadura militar. No entendimento do autor, ocorreu no período uma crise cultural cujos sintomas enumera: "queda da qualidade, queda da criatividade, dissolução da idéia de autor, diluição da idéia de conflito, declínio da influência fertilizadora internacional, retorno ao nacional e ao regional. Vácuo desconcertante".[10] Em contraste, Messeder avalia positivamente as mudanças nessa produção textual do período e identifica mudanças significativas no perfil que já vinha sendo gestado na década anterior, afirmando:

> [...] houve com essa mudança de década, uma mescla, uma fusão maior de personagens, de projetos e de diferentes dicções políticas. Noto, atualmente, uma certa convivência de diferenças e mesmo entrelaçamento. Isso me parece uma novidade – e de peso.[11]

Essa "convivência de diferenças" apontada pelo segundo autor viabilizou o resgate e a tematização de aspectos culturais desprezados

---

[9] HOLLANDA, 1992. p. 96.

[10] *Revista do Brasil,* ano 2, n.5, p.16, 1986.

[11] Ibidem, p.68.

pela produção artística de outros períodos e foi de grande utilidade para a ampliação dos leques de possibilidades no processo de criação dos artistas.

Flora Süssekind, estudando a produção literária pós-64, ressalta que, ao lado da "literatura verdade e da literatura do eu", prolifera uma opção editorial independente que se põe a "caminhar conscientemente à 'margem' do mercado tradicional"[12]. Essa opção pela edição alternativa viabiliza (em alguns casos) a publicação de textos e idéias mediante uma prática de distribuição e circulação de textos mão a mão, existente em algumas cidades desde Gregório de Matos, no século XVII, e ainda hoje utilizada pelos cordelistas e cancioneiros populares.

Os estudiosos do período são unânimes em apontar uma tendência à profissionalização da produção alternativa da década de oitenta. Entretanto, se para alguns autores da década de setenta, o circuito da marginalidade editorial termina por se constituir em "estágio" preparatório para a descoberta pelas grandes editoras (Leminsky, Chacal ou Chico Alvim, por exemplo), outros continuarão, por toda a década de oitenta e a de noventa, a produzir num circuito alternativo. Repete-se uma prática da literatura popular e da chamada Imprensa Negra no Brasil no início do século, não precisamente como resultado de uma opção pela via de edição marginal, mas por ser o único meio disponível para que seus textos sejam publicados e alcancem um público ledor ainda que restrito, mas de grande importância como agente multiplicador e divulgador das propostas das séries.

Com o intuito de discutir a produção textual dos anos setenta, Heloísa Buarque de Hollanda e Carlos Messeder Pereira organizam o livro *Patrulhas ideológicas,* que busca registrar o clima cultural dos fins da década; o livro reproduz entrevistas com artistas e intelectuais brasileiros que, de alguma forma, inseriram-se no debate sobre a necessidade ou não de a classe intelectual fazer uma opção explícita pela esquerda. Evidenciam, ainda, o modo como as mudanças políticas e a luta pela inserção no mercado cultural promoveram divisões, conflitos e alterações na composição do que se costumou chamar esquerda. De um lado, um grupo preocupado com as filiações ideológicas rigorosas,

---

[12] SÜSSEKIND, 1985. p.71.

As vozes e seu tempo

de outro, uma maior flexibilização das posições, colocando em pauta outros interesses que não os de um rígido projeto político-ideológico.

O estudo propiciou duas importantes leituras, uma de autoria de Flora Süssekind, ainda realizada na década, e outra escrita por Silviano Santiago, quase vinte anos após a publicação. Embora estejam lendo o mesmo período através do mesmo livro, o foco de observação dos dois leitores é significativamente diverso e, em conseqüência, as questões discutidas nas leituras são diferentes.

Flora Süssekind, em *Literatura e vida literária: polêmicas, diários & retratos*,[13] preocupada em traçar um perfil da vida cultural e intelectual do período, aponta a entrevista de Cacá Diegues, de 1978, como o texto que teria dado o impulso inicial para a instalação da polêmica sobre as chamadas *patrulhas ideológicas*. Enfatizando as várias polêmicas dos fins da década, a autora descreve o confronto *estético-ideológico* que se estabelece entre os intelectuais e artistas durante o ano de 1979 e sugere que, na verdade, muitos deles estavam mais interessados na divulgação de seus trabalhos, aproveitando-se dos afagos do sistema, sendo que alguns foram cooptados pelos organismos oficiais, terminando por se transformar em uma espécie de informantes da censura instituída no período. Para Süssekind, os artistas e intelectuais responderam de modo diferenciado às estratégias do governo de controlar e intervir nas produções culturais mesmo após o início do processo de abertura; as diferentes respostas efetivam-se por meio de polêmicas acirradas e, também, de uma diversificada produção textual. Para a autora, as polêmicas alimentam a vida cultural, contribuem para a construção de identidades e aumentam o círculo de leitores tanto para os jornais como para os escritores. Por outro lado, sinaliza que a existência de polêmicas acirradas evidencia como a discussão intelectual no Brasil mantém um tom de autoritarismo e de intolerância para com a diferença.

Já Silviano Santiago, em ensaio publicado, em 1998, no livro *Declínio da arte, ascensão da cultura*, relê o livro *Patrulhas ideológicas* e deixa de lado as sintonias e semelhanças dos textos, de patrulhantes e patrulhados, para ressaltar as dissonâncias. São enfocadas

---

[13] SÜSSEKIND, 1985.

as "duas exceções ao tom grandiloqüente, autocomiserativo e trágico dos depoimentos concedidos pelos entrevistados, presentes nos discursos de Caetano Veloso e também nas palavras da cientista social Lélia Gonzalez, negra e carioca de adoção".[14] Destaco a análise que ele faz do depoimento de Lélia por estar diretamente ligada às questões sobre as quais se debruçam os periódicos em estudo.

Analisando a assimilação do negro pelo processo educacional, Gonzalez critica o apagamento da cultura de origem africana nos discursos da esquerda (um ponto que será muito debatido nos artigos do *Jornal do MNU)* e, ainda segundo Silviano, enfatiza a necessidade de compreender a cultura afro-descendente como parte do cotidiano brasileiro e de outros países. Gonzalez aponta para as perspectivas de compreensão da cultura como negociação e intercâmbio, que serão tão enfatizados posteriormente nos estudos culturais, sugerindo ainda outros campos de análise e estudo para as pesquisas universitárias. Conclui Santiago: "Os grupos étnicos excluídos do processo civilizatório ocidental passam a exigir alterações significativas no que é dado como a mais alta conquista da humanidade, a democracia representativa. Exigem autonomia cultural"[15]. Como intelectual e militante do movimento negro, Gonzalez compreende a necessidade de redesenhar o traçado da cultura brasileira de modo a contemplar a ativa participação dos vários grupos que contribuem para sua configuração.

No ano de 1991, em entrevista ao *Jornal do MNU*, Lélia Gonzalez faz uma avaliação da participação do movimento negro nos empreendimentos interessados em dar visibilidade e ampliar o espaço de cidadania do negro brasileiro:

> [...] nós conseguimos sensibilizar a sociedade como um todo, levamos a questão negra para o conjunto da sociedade brasileira, especialmente na área do poder político e nas áreas relativas à questão cultural. [...] O que a gente percebe é que o MNU futucou a comunidade negra no sentido de ela dizer também qual é a dela, podendo até não concordar com o MNU. Hoje a gente verifica que pintou uma certa autonomia

---

[14] SANTIAGO, 1988. p. 15.
[15] SANTIAGO, 1988. p. 16.

no que diz respeito a algumas entidades aí pelo Brasil, que articulam [...] áreas de ação no sentido concreto, dentro da comunidade, dentro das propostas e das exigências desta comunidade. (*Jornal do MNU*, n. 19, p. 8.)

Com ênfase em aspectos diferenciados, os estudos que examinam o período apontam as mudanças significativas no clima cultural do país e nas posições políticas assumidas pelos intelectuais e artistas; muitas das posições de militantes e/ou intelectuais envolvidos nos movimentos das chamadas minorias, como Gonzalez, prenunciam um campo de redefinição nas figurações da identidade brasileira.

Os periódicos trazem à discussão temas relativos ao racismo e à discriminação racial e suas interferências na configuração das relações de poder na sociedade brasileira. As manifestações de racismo decorrem da interpretação das diferenças entre os seres e as sociedades humanas em termos hierárquicos e constroem-se sobre bases essencialistas[16] que determinam e fixam características, comportamentos e lugares de um determinado grupo étnico, em geral a partir de uma estereotipização negativa.

Devido à multiplicidade de interpretações que o termo vem adquirindo no conjunto dos estudos sociais e culturais, considero importante deter-me um pouco sobre o conceito de racismo e destacar a abrangência do sentido em que estarei utilizando a expressão racismo/racista. Com experiência em debates e pesquisas sobre relações raciais, e interessada em tornar-se instrumento de promoção da concórdia e compreensão entre os povos, a Unesco tem procurado alertar e até mesmo controlar as práticas das relações interétnicas, enfatizando a necessidade de convivência harmônica e respeito à diferença. Com este objetivo, ela promove pesquisas e estudos das relações raciais no Brasil na década de 50, e, na tentativa de apagar o

---

[16] O termo "essencialista" está sendo usado aqui e em todos os momentos deste trabalho no sentido proposto por Raymond Aron, em *Les désillusions du progrès: essai sur la dialectique de la modernité*. Segundo ele, o pensamento essencialista se define por duas características: "atribui a todos os membros de um grupo social, étnico, histórico ou racial os traços que podem, com efeito, se encontrar mais ou menos freqüentemente entre os membros deste grupo; explica estes traços pela natureza do grupo e não pela situação social ou as condições de vida" (ARON, 1996, p. 87).

desenho hierárquico do conjunto das culturas, em 1978, oficializa a caracterização do racismo como "toda teoria que destaque a superioridade ou inferioridade intrínseca de grupos raciais ou étnicos que dê a uns o direito de dominar ou eliminar os outros, inferiores presumidos, ou fundando julgamentos de valor sobre uma diferença racial".[17] Vale ressaltar que tal conceituação do racismo passa pelo entendimento de que a exclusão e marginalização do outro tem sempre um caráter inferiorizante, depreciativo, e instala uma assimetria entre indivíduos, que é reposta nas relações de poder.

Estudioso do tema, David Theo Goldberg enfatiza que o discurso "racializado" não consiste simplesmente em plasmar determinadas representações descritivas do outro, é composto também por um conjunto de premissas hipotéticas a respeito dos seres humanos, das diferenças existentes entre eles (tanto mentais quanto físicas), premissas que envolvem uma classe de escolhas éticas e incorporam um conjunto de regulações institucionais, direções e modelos pedagógicos.[18] Em cada país ou cultura, a depender do grupo que interessa incluir ou excluir, o racismo ganha endereços e manifestações diferentes, mantendo-se, todavia, o pressuposto da existência de raças inferiores que, por conseguinte, devem ser excluídas das oportunidades educacionais e de trabalho, quando não levadas ao extermínio.

Também para Schnapper, em *La relation à l'autre*, contemporaneamente, o racismo pode ser definido a partir das ideologias racistas que

> [...] consistem em conceber e em desvalorizar certos grupos declarando-os fundamental e definitivamente diferentes e desiguais. É um modo de pensar fundado sobre a manutenção das diferenças essenciais e das desigualdades permanentes e definitivas entre os grupos – qualquer que seja a maneira que se lhes defina.[19]

Parece, pois, haver uma certa unanimidade dos estudiosos citados quanto ao caráter discursivo e ideológico do racismo que, embora manifeste de modo diferente o seu intento de excluir e incluir, de

---

[17] SCHANAPPER, *apud* TAGUIEFF, 1987. p. 501, nota 24. (tradução minha)

[18] GOLDBERG, 1993. p. 47.

[19] SCHNAPPER, 1998. p. 23.

restringir oportunidades de desenvolvimento pleno das habilidades e capacidades, de atribuir inferioridades e desvalorizar a diferença, mantém o modo "essencialista" de análise e categorização dos grupos e dos indivíduos, sem perder de vista, é óbvio, as especificidades das manifestações, variáveis de acordo com os contextos e processos históricos vivenciados pelos diversos grupos sociais.

No Brasil, por exemplo, os marcos mais significativos das demonstrações de racismo contra o negro parecem estar, historicamente, ligados à implantação do regime escravista e à pretensão de anular qualquer possibilidade de os africanos serem considerados seres humanos. Naquele momento, os africanos eram descritos como seres inferiores, desprovidos de alma e humanidade e, portanto, talhados para serem escravizados.

A partir da divulgação dos princípios iluministas, estabeleceu-se teoricamente que ameríndios, orientais e negros compunham o universo dos seres humanos, organizados, porém, em uma escala hierárquica, na qual os brancos encontravam-se no topo e os africanos na base. A abolição da escravidão, em 1888, ocorre quando o "racismo cientificista" tem larga receptividade, o que influenciará decisivamente o modo como o potencial trabalhador nacional, negro ou mestiço, será visto pelas elites intelectuais e políticas. Iguais aos senhores, apenas na letra da lei, os ex-escravos, antes considerados as mãos e os pés dos senhores, são vistos agora como os piores trabalhadores, preguiçosos, incompetentes e, portanto, incapazes para o exercício do trabalho livre – uma justificativa "razoável" para o incentivo da imigração européia para o Sudeste e Sul do país.

Os ex-escravos, os africanos e afro-descendentes são agora excluídos não apenas por terem ocupado a posição degradante de escravos, mas porque são considerados, pelos discursos científicos prestigiados, inferiores e incapazes, signos do arcaico e, pior ainda, responsáveis pelo atraso do país diante das nações européias, brancas. A exaltação do mestiço acoplada à teoria do embranquecimento, de ampla receptividade nos meios intelectuais e políticos, constitui-se na alternativa escolhida pela intelectualidade e pelos políticos para fazer o Brasil encontrar os rumos do progresso mediante o apagamento do negro e da cultura de origem africana do seu arquivo étnico-cultural.

Vários estudiosos da história e da sociologia têm-se debruçado sobre o tema do racismo e das relações raciais no Brasil, alguns tentando compreender seus mecanismos de funcionamento e outros tentando explicações discutíveis, algumas delas fixando os aspectos econômicos e sociais como determinantes da marginalização do negro. Nos fins da década de 70 do século XX, estudiosos como Carlos Hasenbalg e Nelson do Valle e Silva inovam quando reconhecem o racismo como fator determinante dos lugares e espaços sociais desfrutados pelos afro-brasileiros.

Detendo o olhar sobre a realidade demográfica, constata-se a construção e a divulgação, desde a década de trinta do século XX, de um discurso de democracia racial, cristalizado como especificidade do país e contraditoriamente aliado à manutenção de estruturas socio-econômicas nas quais as desigualdades fundamentam-se em bases raciais inequívocas. O discurso institucionalizado, entretanto, continua apregoando a inexistência de racismo ou discriminação para preservar o "mito".

O antropólogo Kabengele Munanga entende o silenciamento sobre as desigualdades raciais como um traço da ideologia da democracia racial brasileira que leva os brasileiros a negar a discriminação e que em nada abala a eficácia da exclusão.[20] As *nuances* do racismo à brasileira têm sido apontadas como um empecilho ao crescimento do movimento negro num país no qual os negros são maioria em todos os setores e lugares socialmente desprestigiados, são sempre vistos como suspeitos. Entretanto, se apontam o caráter racista da discriminação nos processos de exploração e competição no trabalho e nas oportunidades educacionais, são imediatamente, acusados de praticar o "racismo às avessas".

---

[20] MUNANGA. In: SCHWARCZ &QUEIROZ, 1996. p. 213-229.

Texto, cor e histórias

O Poema,
palavra atirada nos muros da pele
onde a voz é afago
fogo a demolir as vertigens
lastro, rastro fértil
é pasto, negrume afogado em mergulho

Márcio Barbosa

As viagens, a curiosidade a respeito do universo, o desejo de expansão territorial e comercial, a ambição por riquezas propiciaram o encontro e o contato dos europeus com o Outro. Outro que, na tradição ocidental, foi descrito como exótico, diferente e capaz de provocar fascinação, deslumbramento, espanto e medo.

A Antigüidade e a Idade Média produziram vários relatos sobre viagens concretas e imaginárias nos quais se narram encontros com pessoas diversas vivendo em terras diferentes das européias até então conhecidas.[1] Entretanto, o contato com o "desconhecido outro" será intensificado a partir dos fins do século XV. Os relatos das viagens e dos descobrimentos que tiveram lugar nos séculos XV e XVI constituirão as fontes buscadas pelo mundo ocidental para definir imagens, sentimentos, perfis, enfim, representações que configurarão os povos em termos de diferenças reais ou imaginárias.

---

[1] Cf. AFFERGAN, 1987; e MILES, 1990.

A hierarquização proposta e defendida pelo pensamento iluminista fornecerá as bases para a sedimentação do racismo cientificista no século XIX. O racismo terá o apoio dos vários setores da ciência para "comprovar" a inferioridade dos não-europeus em geral e dos negros (africanos) em particular, engendrando teses e discursos fundamentados na autoridade da ciência para embasar a hierarquização da raças e a dominação dos povos. O racismo universalista formaliza um discurso que aponta para a existência de um modelo universal dos seres humanos, organizados, reitere-se, em uma ordem hierárquica que fixa a desigualdade como "natural".

O discurso do imperialismo expansionista e colonial, sob argumentos diversos, procurou justificar a dominação de não-europeus por meio da criação de representações tidas como descrições "naturais" destes povos, como explica Francis Affergan:

> [...] se o discurso do descobrimento prolifera tanto é porque ele é colocado a serviço de uma causa política: a dominação. Não somente se escreve(sobre) para melhor apropriar-se (de), mas os signos da linguagem, em si mesmos, devem conter as pulsões e as motivações que devem incitar a partir, descobrir, percorrer, se esforçar mais adiante, dominar e conquistar. A palavra deve estimular a ação; ou melhor ainda, ela deve encarnar a ação.[2]

Para ele, o final do século XV, todo o século XVI e XVII constituem os momentos mais significativos do processo de elaboração de discursos sobre o Outro, pelo que se convencionou chamar de Ocidente. Os relatos sobre a América, África e Ásia enfatizam inicialmente a cor, a nudez e a antropofagia como indicativos da inferioridade. Posteriormente, as habilidades intelectuais, os avanços tecnológicos e bélicos e a produção artística, todos em cotejo com a cultura ocidental escolhida como paradigma, são analisados como marcas diferenciais indicativas do nível precário de racionalidade dos habitantes das citadas regiões.[3]

Aos não-europeus não era dada a possibilidade de compor em auto-imagens, de falar em a respeito de si mesmos e de colocarem-se

---

[2] AFFERGAN, 1987. p. 110.
[3] AFFERGAN, 1987. p. 66-67.

como sujeito do discurso de representação. Seus perfis e imagens eram construídos pelos europeus que procuravam fixá-los e introjetá-los na mente dos representados. De acordo com tal prática, os perfis da África e dos africanos são elaborados pela empresa ocidental e colonial com o objetivo de fixar-lhes um lugar político e sociocultural que justificasse a dominação.

Criticando os textos que, desde o século XVI, constroem estereótipos negativos para os habitantes da Ásia, África e Américas, Edward Said afirma que essas composições textuais constituem peças da engrenagem do projeto de dominação imperialista e justificam as práticas da violência e opressão como recurso de adestramento destes povos ao universo cultural do Ocidente.[4]

Os discursos sobre os não-europeus, construídos e atualizados durante todo o período de expansão e colonização européia, até hoje fornecem as bases para a caracterização das diferenças étnicas e para que o racismo constitua, ainda, uma base persistente nas relações sociais. A eficácia desses discursos reside no fato de que, pela repetição e incontestabilidade, eles acabam por ser introjetados por todos. Said lembra que eles afetam tanto o seu sujeito como também o seu objeto, pois o "mais importante é que tais textos podem *criar,* não apenas o conhecimento, mas também a própria realidade que parecem descrever".[5]

Paralelamente a Said, talvez eu possa afirmar que foi criado também um "africanismo" ou "negrismo", cuja persistência e durabilidade podem ser atestadas por meio dos provérbios e piadas racistas e dos traços recorrentes da sensualidade exacerbada, da preguiça e irracionalidade atribuídas aos homens e mulheres afro-descendentes e às suas culturas. Os africanos e os afro-descendentes, porém, não se mantiveram inertes e passivos diante do conjunto de representações que lhes foi imposto como caracterização; escravos ainda, alguns aprenderam a ler, escrever, dominaram a cultura do dominado e atuaram nos limites que as condições dos locais em que viviam lhes impuseram; outros, como Phyllis Wheatley e Frederick Douglass,

---

[4] SAID, 1995. p. 11.
[5] SAID, 1990. p. 103.

destacaram-se, em séculos passados, como exemplos históricos de luta pela demonstração das capacidades intelectuais dos negros e da recusa ao lugar de escravo que lhes era imposto.

No Brasil, Zumbi, Luís Gonzaga das Virgens, Lucas Dantas, Manoel Faustino e João de Deus (os inconfidentes condenados à morte na Revolta dos Búzios), Luiza Mahin, Luís Gama entre outros muitos e anônimos, através das suas histórias de vida e das lutas cotidianas, de modos variados, contestam, de forma veemente, a suposta inferioridade dos africanos e afro-descendentes.

No século XX, principalmente nas três últimas décadas, escritores autodefinidos negros e brasileiros, partícipes da construção do país, exigem a inscrição de seus corpos e de suas vozes como parte de sua textualidade cultural. As alternativas de auto-representação são fundamentais para a participação atuante do afro-brasileiro, uma vez que as práticas econômicas ou culturais "dependem das representações utilizadas pelos indivíduos para darem sentido a seu mundo".[6] O modo como o indivíduo vê e acredita ser visto e o fato de os grupos se reconhecerem, ou não, nas imagens identitárias que lhes são atribuídas serão decisivos para delinear a configuração das suas reivindicações e os papéis sociais que irão requerer para si.

Seguindo Fanon,[7] pode-se afirmar que os textos afro-brasileiros visam a desnudar os véus da representação de origem européia que coloca o seu padrão fenotípico e cultural como modelo absoluto, considerando negativo todo e qualquer "desvio" deste modelo. A construção da inferioridade do Outro, aliada ao uso da violência e da exclusão como "recurso didático", termina por garantir ao mundo ocidental branco e masculino a pretendida posição de superioridade política, econômica, social e cultural.

Uma dos aspectos da produtividade do mecanismo de estereotipização, na descrição de Bhabha, finca-se justamente na possibilidade de a recusa da diferença afetar simultaneamente o sujeito e o objeto da discriminação.[8] O impacto gerado pelo confronto com a

---

[6] HUNT, 1995. p. 25.

[7] FANON, 1995.

[8] Cf. BHABHA, 1998, p. 117.

diferença pode levar à constatação de que o Outro possui os traços que o Mesmo não gostaria de possuir. Constituída simultaneamente do Outro e do Mesmo, a alteridade configura-se, ao mesmo tempo, como objeto de desejo e de repulsa. No texto intitulado "O Estranho",[9] Freud destaca a ambigüidade lingüística da expressão "familiar" (*heimlich*) e demonstra como a ambivalência é levada ao extremo de fazer *heimlich* se aproximar, complementar e coincidir com seu oposto *unheimlich*, "pois esse estranho não é nada novo ou alheio, porém algo que é familiar e há muito estabelecido na mente, e que somente se alienou desta através do processo de repressão".[10] Tal aproximação é explorada também por Julia Kristeva quando define o estrangeiro: "ele é a face oculta da nossa identidade, o espaço que arruina a nossa morada, o tempo em que se afundam o entendimento e a simpatia"; e continua: "Do amor ao ódio, o rosto do estrangeiro nos força a manifestar a maneira secreta que temos de encarar o mundo, de nos desfigurarmos todos, até nas comunidades mais familiares, mais fechadas".[11]

Assim, o primeiro movimento da formação do estereótipo consiste em projetar no Outro tudo o que causa rejeição e repulsa, aquilo que, prometendo prazer, traz em si também a ameaça do desprazer e por esse motivo é recalcado.

Já Bhabha, caracterizando o estereótipo como algo que está sempre no lugar já conhecido e que deve ser ansiosamente repetido, recorre ainda ao Freud do "Fetichismo" e ao Fanon de *Peles negras, máscaras brancas* para explicar o modo de representação fetichista do estereótipo, definido como um "aparato que se apóia no reconhecimento e repúdio de diferenças raciais/culturais/históricas". Para ele, o fetiche e o estereótipo aproximam-se na "recusa à diferença" e na "vacilação entre a afirmação arcaica de totalidade/similaridade [...] e a ansiedade associada com a falta e a diferença".[12]

A aproximação entre fetiche e estereótipo proposta por Bhabha é extremamente produtiva para entender-se de que maneira são fixados

---

[9] FREUD, 1976.

[10] FREUD, 1976. p. 301.

[11] KRISTEVA, 1974. p. 9 e 11.

[12] BHABHA, 1998. p. 116.

atitudes e comportamentos desejados e recalcados, "defeitos" que passam a traços predeterminados do Outro. As cadeias de representação e de significação estereotípica articulam uma crença múltipla, "curiosamente misturada e dividida, polimorfa e perversa" capaz de reunir "defeitos e qualidades" e de adquirir "valor de saber", ainda de acordo com Bhabha.

Fanon analisa as conseqüências do esforço empreendido pelos afro-descendentes para se fazerem respeitar como cidadãos, apontando seus desdobramentos negativos na vida psicológica do mesmo. O autor demonstra como está cristalizada no imaginário ocidental a estereotipização negativa do negro:

> Na Europa, o negro, seja concreta ou simbolicamente, representa o lado mau da personalidade [...] Isto é, em todos os países civilizados e civilizadores, o negro simboliza o pecado. O arquétipo dos valores inferiores é representado pelo negro.[13]

A reprodução cotidiana desse tipo de representação, além de interferir na construção da auto-imagem e da auto-estima, gera uma vivência neurotizante, uma vez que, a todo momento, o indivíduo precisa estar contestando e lutando contra a imagem de si mesmo, cristalizada no imaginário da sociedade e até em seu próprio imaginário. Por outro lado, essa repetição pode funcionar como mecanismo de defesa para alguns que, vivendo uma ambigüidade neurótica devido às imposições sociais, inconscientemente tendem a *confirmar* o estereótipo ou acreditar que outros negros (exceto eles) correspondem à representação inferiorizante.

As representações definidas pelo discurso expõem o desejo de apropriação do Outro de modo que, somente provocando alterações no sistema de representação, será possível alterar-se o funcionamento das "verdades" e o sistema de poder, pois a "verdade está circularmente ligada a sistemas de poder, que a produzem e apóiam, e a efeitos de poder que ela induz e que a reproduzem".[14]

Entendo, com Foucault, que as relações de poder e os discursos de representação estão interligados, uma vez que ordenam os objetos

---

[13] FANON, 1983. p. 152-153.
[14] FOUCAULT, 1993. p. 14.

não somente como grupos de signos, mas também como espaços de poder. Assim, a representação esboça um desejo de poder que não pode ser considerado unilateralmente, pois ele se organiza e atua em redes interligadas, assumindo formas múltiplas, de modo que ninguém pode ser definido como totalmente dominado ou dominante:

> As interconexões (das relações de poder) delineiam condições gerais de dominação e esta dominação é organizada em uma forma mais ou menos coerente e unitária, que, dispersos, heteromorfos, localizados procedimentos de poder são adaptados, reforçados e transformados por essas estratégias globais, todos sendo acompanhados por numerosos fenômenos de inércia, deslocamento e resistência.[15]

Se o discurso é um meio de instauração do poder, a desautorização e a ruptura com certo tipo de discurso promoverão abalo nas estruturas discursivas e nas malhas do poder. Minar as bases desses discursos, mediante a produção de contradiscursos que apontem seu caráter unilateral e tendencioso, constitui-se em forma de resistência e também de evidenciar o desejo de galgar acesso às instâncias de poder.

Cada grupo social elabora e organiza aqueles discursos que deseja considerar pertinentes e fundamentais para o seu corpo de valores, os quais são avalizados e referendados por instituições como igreja, escola e ciência e tornam-se princípios quase sempre inquestionáveis. Por meio destes discursos, certos grupos exercem o poder de definir, organizar e controlar acontecimentos, lugares e posições sociais; e de fixar normas para a elaboração de conceitos e teorias, estabelecendo um "jogo de prescrições que determinam exclusão e escolha". Gramsci define a situação destes grupos como "de hegemonia" e explica:

> a supremacia de um grupo social manifesta-se de duas maneiras: como "dominação" e como liderança intelectual e moral. Um grupo social domina grupos antagônicos que ele tende a "liquidar" ou subjugar, talvez mesmo pela força armada; isso dirige grupos simpatizantes e aliados. Um grupo social pode e mesmo deve já exercer a liderança antes de ganhar o poder governamental (isso é de fato uma das principais condições

---

[15] FOUCAULT, 1980. p. 144.

para ganhar tal poder), subseqüentemente, ele se torna dominante quando exerce o poder, mas, mesmo se mantém o poder firmemente em suas garras, ele deverá continuar também a exercer a liderança.[16]

Os grupos hegemônicos exercem o seu poder por um processo de alianças estratégicas no qual a *coerção* sobre outros grupos e o *consentimento "espontâneo"* dos dominados equilibram-se mutuamente. Deste modo, o grupo hegemônico usa da força mas também "negocia" acordos que possibilitem a preservação de sua hegemonia. Segundo Ransome, Gramsci concebe a hegemonia como um modo de descrever os variados contextos institucionais nos quais o controle social coercitivo e operacional pode funcionar. Para ele, Gramsci reconhece que

> [...] as instituições da sociedade civil são aptas a exercer a repressão, embora de modos diferentes. Para uma dissensão individual, entretanto, a ameaça de excomunhão ou exclusão social pode, com efeito, ser tão debilitante como uma punição física. Similarmente, a prática da discriminação racial ou de gênero na educação e outras instituições "civis" pode infligir considerável angústia, outra vez sem o exercício da real força física.[17]

O grupo hegemônico e seu discurso instauram-se não precisamente pela força do castigo físico, mas pela imposição de suas regras e pela pressão e ameaça de exclusão. Para Gramsci, o poder hegemônico não é estático, consiste em um processo de criação contínua que é limitada pela necessidade permanente de o grupo afirmar-se e de repetidamente recriar e reconstruir sua posição a fim de garantir seu *status*.

Raymond Williams discute também a "hegemonia" em Gramsci e destaca a importância de considerar-se o conceito de contra-hegemonia e de hegemonia alternativa:

> A realidade de qualquer hegemonia, no sentido político e cultural ampliado, é que embora por definição seja sempre

---

[16] GRAMSCI, *apud* RANSOME, [s.d.] p. 135.

[17] *apud* RANSOME, [s.d.] p.143.

dominante, jamais será total ou exclusiva. A qualquer momento, formas de política e cultura alternativas, ou diretamente opostas, existem como elementos significativos na sociedade.[18]

Nessa perspectiva, a hegemonia, da mesma forma que o poder, pressupõe o seu questionamento e a ameaça ao seu domínio, sendo impossível a existência de casos de pura coerção ou de puro consentimento. Os chamados grupos subordinados tendem a ajustar-se aos discursos impostos pelos grupos hegemônicos, acatando-os e até ratificando-os, tanto por medo da coerção, como por inércia. Entretanto, no processo de "aceitação" dos discursos e da posição de subordinados, esses grupos procedem a alterações nos modelos que lhes foram impostos e podem mesmo elaborar contradiscursos (discursos contra-hegemônicos) que abalam o *status* de "verdade" e a força das representações discursivas antes propostas. Seja para endossar ou retificar, os discursos agem no tecido das relações sociais e de poder, eles controlam ações, produzem imagens, divulgam-nas, distribuemnas e contribuem para a construção dos discursos identitários.

Michael Hanchard, nos seus estudos sobre o movimento negro no Rio de Janeiro e em São Paulo, no período compreendido entre as décadas de quarenta e oitenta, define a contra-hegemonia como "o processo através do qual significados dominantes são minados, solapados, na medida em que perdem o valor de senso comum com o surgimento de novos significados e de seus novos valores".[19]

Sem perder de vista os contextos aos quais Gramsci se referia quando explicava seu conceito de hegemonia e acatando sugestões de Stuart Hall e Michael Hanchard, utilizo o conceito de hegemonia para entender os mecanismos de subordinação e rebeldia dos afrodescendentes à posição hegemônica dos discursos "brancos" na sociedade brasileira.

Insurgindo-se contra os discursos estereotipados, os grupos chamados minoritários disputam parcelas mais significativas das instâncias de poder. Acreditam que o discurso "traduz o poder do qual

---

[18] WILLIAMS, 1977. p. 113.
[19] HANCHARD, 1994. p. 23

querem se apoderar" e, por isso, investem na construção de contra-discursos que, além de esboçarem o desejo de poder, visam criar condições de acesso e interferência nas suas várias instâncias, como já destacado. Os grupos minoritários vão, assim, operar uma rever-são[20] nesses discursos instituídos: explicitam os seus mecanismos de funcionamento, apontam seus interesses e objetivos, expõem as suas hierarquias e valores, como forma de contestá-los e disputar-lhes o poder de persuasão.

Ao refletir sobre as análises dos mecanismos de funcionamento das relações de poder propostas por Foucault, e sobre a expansão do conceito de hegemonia explicado por Williams, posso afirmar que as relações estabelecidas entre brancos e negros no Brasil não encontraram um grupo de negros e mestiços inertes e submissos. Considerando a circularidade dos mecanismos de funcionamento do poder, compreen-do que negros e brancos sempre "negociaram" posições e benefícios por entre as malhas do regime de dominação escravista.[21]

Para os afro-descendentes, as negociações, pacíficas ou não, significavam/significam uma forma de resistência à violência da es-cravidão, à coisificação ou à discriminação racial. As pequenas sedi-ções e revoltas, o trabalho mal feito, as relações de compadrio e até de excessiva subserviência esconderam, muitas vezes, interesses ou-tros que não os explicitados pelo senso comum, e propiciaram a rees-truturação das relações.

Para os senhores, "brancos", a negociação era uma estratégia utilizada com o intuito de tornar mais fácil e menos problemática a dominação, mas também almejava ajustar a prática colonial, aprendi-da na Metrópole, às circunstâncias geográfico-culturais. Já para os

---

[20] O sentido de "reversão" é aqui utilizado a partir das reflexões propostas por Deleuze no ensaio "Platão e o simulacro" (DELEUZE, 1974. p. 259-271).

[21] As expressões "negociar"/"negociação" serão utilizadas em todo este traba-lho para referir-se ao processo de contatos e relações sociais efetivados nos encontros étnico-culturais nem sempre espontâneos, ocorridos em diversas regiões do Brasil. Entendo que os envolvidos nos encontros construíram cami-nhos de trânsito e intercâmbios entre as culturas, caminhos estes necessários à sobrevivência de cada grupo. As trocas e adaptações ao território do Novo Mundo propiciaram o surgimento de uma cultura híbrida, caracterizada pelo deslizar constante entre a tradição ocidental e as tradições africanas.

africanos, as negociações visavam garantir a sobrevivência nas condições inóspitas da escravização.

Os poemas, contos e artigos dos periódicos em análise possuem um enunciador consciente de sua formação cultural e de sua dupla posição social, *double voiced*[22] – transitando entre as culturas de origem africana aprendidas de modo assistemático e a cultura obtida através dos universos institucionais, vivendo a situação ambivalente de seu perfil, estar ausente ou esmaecido no desenho dos componentes da família nacional e sentindo-se simultaneamente incluído e excluído da cultura ocidental. O escritor afro-brasileiro está ciente, também, de que descreve, cita ou narra fatos a partir de uma perspectiva do seu grupo étnico – minoritário na economia das relações de poder.

Não será a cor da pele ou a origem étnica o elemento definidor dessa produção textual, mas sim o compromisso de criar um discurso que manifeste as marcas das experiências históricas e cotidianas dos afro-descendentes no país. O conjunto de textos circula pela história do Brasil, pela tradição popular de origem africana, faz incursões no iorubá e na linguagem dos rituais religiosos, legitimando tradições, histórias e modos de dizer, em geral ignorados pela tradição instituída.

Quando um grupo precisa constituir seu discurso identitário, recorre à memória histórica para fixar os elementos que, no passado, constituíram a vida grupal e foram utilizados para caracterizá-lo; erigirá uma imagem que possibilite ao grupo reconhecer para si e para os outros suas diferenças étnicas, culturais, ou históricas, úteis e imprescindíveis para a construção do discurso identitário. A diferença agrupa e congrega a fim de, simultaneamente, fugir e inserir-se na homogeneização imaginada. O discurso criado para agrupar os diferentes indivíduos sob uma bandeira comum produz e hierarquiza as suas necessidades a partir dos projetos e programas anteriormente definidos e constantemente reatualizados.

Castoriadis, ao definir as necessidades humanas, afirma:

---

[22] Utilizo a expressão no sentido que lhe empresta Gates ao caracterizar a produção literária negra da diáspora e sua ambivalência expressa no fato de estar simultaneamente ligada à tradição ocidental e às tradições de origem africana levadas e adaptadas na diáspora (GATES, 1988).

TEXTO, COR E HISTÓRIAS

A imagem de si mesma que se dá a sociedade comporta como momento essencial a escolha dos objetos, atos,etc., onde se encarna o que para ela tem sentido e valor. A sociedade se define como aquilo cuja existência [...] pode ser questionada pela ausência ou a escassez de tais coisas e, correlativamente, como atividade que visa a fazer existir essas coisas em quantidade suficiente e segundo as modalidades adequadas [...] Essa escolha é feita por um sistema de significações imaginárias que valorizam e desvalorizam, estruturam e hierarquizam um conjunto cruzado de objetos e de faltas correspondentes, e no qual pode-se ler, mais facilmente que em qualquer outro, essa coisa tão incerta como incontestável que é a *orientação* de uma sociedade.[23]

O afro-brasileiro, portanto, seleciona e reelabora os dados culturais de que necessita para construir um desenho identitário positivo para si e para seu grupo; tentará, por conseguinte, desvelar o apagamento e o desprestígio constituídos pela ocidentalidade. Deste modo, assenhoreando-se da cosmologia de origem africana dos mitos, rituais e símbolos, proporá práticas eficazes para repensá-los e reconstruí-los dentro de uma perspectiva que instala a discussão sobre a ambivalência da sua relação com o universo cultural do Ocidente: "não precisamos de rima, pois somos o som", dirá o poeta Jorge Siqueira, orgulhoso das especificidades de sua cultura, acrescentando no poema "Questão de fé":

> Em matéria
> de religião
> estou
> como Nietzsche
> (embora não tenha necessitado de sua opinião)
> só acredito num Deus que dance. (SIQUEIRA, Jorge. In;
> *CN*, 19, p. 98)

Os versos acima trazem à cena a questão do que é necessário e o que é dispensável para a constituição do discurso afro-brasileiro, põem em cena a ambivalência existente na relação entre a cultura de origem ocidental, com seus universos psíquicos e filosóficos, e a

---

[23] CASTORIADIS, 1982. p. 180-181.

cultura de origem africana, que é reconstituída e reencenada pelos discursos identitários, como os dos periódicos em estudo. Uma ambivalência que se traduz na utilização, nem sempre consciente, de elementos da tradição ocidental e na concomitante recusa do autoritarismo universalizante dessa mesma tradição.

Ao colocar-se como adepto, crente "num Deus que dance", o poeta reinstala a pertinência da cosmogonia africana centrada na interação entre homem, mundo visível (*aiê*) e mundo invisível (*orum*) e na incorporação da música e da dança ao universo das práticas cotidianas. Ao mesmo tempo, resgata e ressignifica, como valor positivo, a "condenação" do negro ao universo das práticas artísticas e religiosas tratadas, sempre como sinais etnográficos, e que, portanto, foram tradicionalmente separadas da aferição do "valor estético".

Entender o universo do pensamento dos seus ancestrais configura pré-requisito para o desenho de uma identidade não submissa ao sistema de atribuição de valores e às concepções da ocidentalidade. Entretanto, os versos indicam também que a identidade não pode prescindir totalmente deste mesmo mundo, daí a citação e a posterior informação entre parênteses. A referência ao famoso intelectual, o fato de "ombrear-se" com ele de modo altivo, embora ateste uma recusa, também pode ser lida como aval para a pertinência do seu pensamento. O poema concede, assim, uma abertura à tradição ocidental e, ao mesmo tempo, afirma uma outra origem, africana ou afrodescendente, para o dionisíaco.

Inventada pela cultura ocidental, o que se chama hoje de cultura africana prescinde de toda e qualquer idéia de pureza, entretanto a convivência imposta e também negociada com a tradição ocidental e cristã não gerou o total afastamento de uma ontologia na qual o mundo físico e o mundo interior, o sagrado e o secular interagem intensamente. Afinal, "a tradição africana é ao mesmo tempo religião, conhecimento, ciência natural, iniciação à arte, história, divertimento e recreação, uma vez que todo pormenor nos permite remontar à Unidade primordial".[24] "O Deus que danç[a]", citado pelo poema, evoca uma aproximação entre divindade e seres humanos, uma predisposição para fazer parte do cotidiano, para inserir seu corpo nos rituais, uma

---

[24] BÁ HAMPATÉ, *apud* Luz, 1995. p. 629.

intercomunicação que destrói a idéia de divindade repressora, estática e distanciada dos fiéis e que viabiliza uma certa compreensão do mundo e da história calcada em uma ontologia não dualística e que não separa trabalho e lazer, prazer e obrigação, razão e sentimento.

Evidentemente, a produção textual aqui analisada não se apresenta homogênea nem uniforme nas suas idéias e concepções. Isto é, a diversidade das experiências e histórias vivenciadas e/ou conhecidas, as lutas, influências e posições assumidas no cotidiano, juntamente com as negociações efetivadas dentro e fora do grupo étnico, determinam as divergências no aspecto ideológico e no campo do encaminhamento das reivindicações e propostas – um traço que só favorece a ampliação do valor dessa produção.

Vale ressaltar, no entanto, que existe, por parte dos autores, uma forte consciência de *missão* a cumprir – um desejo "pedagógico" de contribuir para que outros afro-brasileiros despertem a atenção para a necessidade de lutar contra o racismo e a discriminação e de reverter os mecanismos étnico-segregadores utilizados pela sociedade brasileira nas suas práticas e discursos. Essa espécie de "missão" justifica-se pela urgência de desconstruir as imagens seculares, negativas e inferiorizantes dispostas pelos sistemas de representação e que são assimiladas e introjetadas por "brancos" e "negros". Acrescente-se, ainda, o empenho de conscientizar negros e não-negros da fragilidade do mito da democracia racial no Brasil, apontando as implicações deste discurso para a continuidade na estruturação do poder e na sedimentação das desigualdades e injustiças sociais. Com tal objetivo, fazem uso de termos como *conscientizar, reflexão, mobilizar, organizar, resgatar, lutar, combater*, palavras de ordem que se repetem em artigos do *Jornal do Mnu* e em poemas e contos dos *CN*.

O recurso da redundância, bastante freqüente na estética popular e que, segundo Silviano Santiago, faz "o prazer dos leitores comuns e o desespero dos leitores críticos",[25] será transformado em instrumento didático pelos editores dos *CN*, sabedores de que a eficácia do discurso estará mais garantida se o leitor for bem conduzido e sempre lembrado dos objetivos e intenções dos textos.

---

[25] SANTIAGO, 1982. p. 167

O corpo de valores da literatura instituída vê no uso desse recurso um sinal negativo, já que está mais interessado nas novidades estéticas e na criação de uma atmosfera de suspense ou de enigma, e tem o desejo de atingir um número mais restrito e específico de leitores eruditos. A literatura oral, a literatura de massas e as manifestações populares, cientes das negativas conseqüências dos ruídos, vêem na repetição uma forma de garantir a fixação de, ainda segundo Silviano Santiago, "uma determinada linha de interpretação, um determinado sentido do texto, sentido este que se encontra interrompido pela intermitência do seu aparecimento e desaparecimento"[26] e de explorar a produtividade dos seus discursos.

A literatura afro-brasileira, interessada em divulgar seus projetos políticos-sociais, dirige-se a um público majoritariamente carente de incentivos à leitura e ao desenvolvimento de uma auto-estima elevada. Nesse caso, a redundância funcionará como efetivo recurso para o tipo de "aprendizagem" almejada por editores e escritores. A recorrência de uma palavra, de expressões ou conjunto de palavras afins e de contra-imagens faz com que o leitor não apenas leia, mas se detenha no que foi repetido, atentando para a razão/significado da insistência, o que inviabiliza uma leitura desatenta.

A imagem do dono da voz/da escrita como aquele que semeia já fora usada na parábola bíblica do semeador, que ilustra as possibilidades de reprodução da palavra/semente; uma produtividade que dependerá dos atributos do solo que lhe for destinado: às margens do caminho, por entre as pedras, entre espinhos e em boa terra. A cada situação, é colocado um empecilho ao crescimento da semente, e apenas a última alternativa, na parábola bíblica, garantiria à semente crescer e gerar frutos. A mesma imagem da palavra, o evangelho enquanto semente a ser plantada em terra fértil – o coração dos índios –, aparece no texto da Carta de Caminha[27] em que são também evocadas as relações entre semente/palavra de Deus, terra fértil/coração receptivo da parábola do Semeador.

---

[26] SANTIAGO, 1082. p. 164.

[27] Imagem já muito bem analisada por Silviano Santiago no texto "Uma ferroada no peito do pé". In: SANTIAGO, 1982. p. 163-181.

O ato de semear/semeador traz consigo outras expressões ligadas ao "cultivo" da civilização ocidental na Terra de Santa Cruz. Terra, cultura, cultivo e colonização são expressões etimologicamente interligadas e aparecem juntas nos textos que descrevem o início do processo da colonização portuguesa no Brasil. Segundo Alfredo Bosi, *colo*, *colonus*, *cultus* e *culturus* possuem um parentesco etimológico e dão conta de vários aspectos constituintes da ação colonizadora que "reinstarua e dialetiza as suas três ordens: do cultivo, do culto e da cultura".[28]

O poema de Oubi Inaê Kibuko (Aparecido Tadeu dos Santos) apresenta seus versos como catalisadores de energias diversas (dos tambores, das carências, revoltas, sofrimentos, e de sentimentos) para a concretização dos objetivos que movem a escrita dos textos do periódico. Canto, arma, dor, alegria e prazer, medo e morte permeiam os versos que propõem uma poesia atuante, sofrida, mas que nem por isso deixa de lado a música e o contentamento:

> Que o poema venha cantando
> ao ritmo contagiante do batuque
> um canto quente de força,
> coragem, afeto, união
>
> Que o poema venha carregado
> de amarguras, dores,
> mágoas, medos,
> feridas, fomes...
>
> Que o poema venha armado
> e metralhe a sangue-frio
> palavras flamejantes de revoltas
> palavras prenhes de serras e punhais. (KIBUKO, Oubi Inaê. *CN,* 7, p.109.)

Definido como arma múltipla, canto de guerra, os poemas dos *Cadernos Negros* comportam a complexidade da vida cotidiana e expressam o conjunto das reivindicações contra a exclusão. São ainda a inscrição da voz/fala do corpo, seus traços, suas marcas e histórias na escrita identitária:

---

[28] BOSI, 1992. p. 11-19.

não vou me deixar calado
na palidez da página
minha árvore da vida
escreve com suas raízes
o corpo da minha fala (CUTI. *CN* 15, p. 32)

As imagens utilizadas por Cuti (Luis Silva), nos versos acima, por outro lado, sugerem ao discurso poético afro-brasileiro o aproveitamento de fundamentos genealógicos, o corpo e suas histórias de erros e acertos, para a composição de sua versão de perfil identitário. Os textos, poéticos ou não, propõem-se a operar com um conceito de produção textual afro-brasileira que negue qualquer necessidade de embranquecimento. Os "negros de alma negra se inscrevem naquilo que escrevem" – as fotografias, os símbolos, as palavras e expressões da língua ritual (o iorubá) comparecem em vários textos, concretizando a inscrição proposta e procuram evidenciar uma relação íntima entre os temas abordados, a identidade afro-brasileira e a agenda política dos escritores.

Organizados na encruzilhada dos contatos propiciados pela diáspora, os periódicos representam um momento significativo da produção textual brasileira não institucionalizada, que rasura as configurações totalizantes do afro-brasileiro. Esse processo produz um espaço de representação antagônico porque é contestador das construções homogeneizadoras, o qual, porém, se articula com os diversos saberes e culturas que lhe são disponibilizados. No diálogo com as culturas, as tradições de origem africana, sua significação e interpretação do mundo são privilegiadas e utilizadas de um modo que explicita a diferença e a impossibilidade de negá-la ou apagá-la.

Acatando a sugestão dos textos dos *CN*, neste trabalho estou considerando produção textual afro-brasileira ou negra o conjunto de textos escritos com a predisposição de insurgir-se contra os tradicionais sistemas de representação – uma produção cultural híbrida, nem mera cópia da tradição ocidental européia, hegemônica no traçado do perfil cultural brasileiro, nem uma transposição ou colagem das culturas africanas que vieram para o Brasil. São textos que, utilizando linguagem e recursos literários apreendidos da tradição literária ocidental, jogam com a possibilidade de deslizar de modo produtivo entre as heranças da tradição ocidental e as heranças das tradições da literatura oral de origem africana que se transformaram na diáspora. Um deslizar que lhes permite instalarem-se em uma posição intermédia, impensável se buscada nos termos de parâmetros de qualquer pureza identitária, uma vez que os aludidos textos se constituem no entrecruzamento de discursos identitários produzidos no país, na diáspora e nos centros hegemônicos.

Os elementos da etnicidade negra, como cor da pele, passado histórico, ancestralidade africana, tradição religiosa e linguagem ritual aparecem e fixam-se como componentes dos textos impulsionados pelas experiências e dramas vivenciados no cotidiano e na história dos afro-brasileiros que, em vários momentos, expressam o desejo de incluir outros excluídos e de interferir nos sistemas de determinação de valor. Pretendem instalar uma outra pedagogia, munida de símbolos e histórias que permitam a construção de outro discurso valorativo e de outros paradigmas críticos e de análise.

Os versos de José Carlos Limeira evidenciam a preocupação do poeta afro-brasileiro de formar seu grupo de leitores a partir de um corpo de experiências comuns:

> Existe na cabeça do negro poeta
> uma busca de criar o certo
> que contenha mais que a pura
> beleza do verso
> e que assimilável seja
> por um outro negro
> que se pendura no trem das seis
> e vê nas costas a torre da Central
> não como um rasgo indecente
> ou um berro de concreto
> que invade os olhos da gente.
> [...]
> A procura persiste
> mistura, verte, verbos tristes
> para descobrir
> que tem muito a aprender
> da dialética maior que existe
> e se esconde toda na placidez das marmitas

que voltam cansadas de vida
todos os dias
No trem das seis.
(CN 3, p.91.)

Nos vários momentos de produção textual, os escritores dedicam uma atenção especial ao leitor. Por vezes, pensam em satisfazer-lhe o gosto, atender-lhe as expectativas de alegria, de tristeza ou de prazer estético; em outras, dispõem-se a formar-lhe um gosto a partir dos seus valores e crenças. De alcance popular ou confinado aos interesses de um grupo específico, os critérios de valor e de gosto são definidos sempre por um grupo, seja a crítica especializada, uma elite letrada capaz de apreciar, ou o público amplo que procura identificações e afinidades ou, meramente, distrair-se com o texto. Umberto Eco, no primeiro capítulo do seu *Seis passeios pelo bosque*, enfatiza o papel do leitor na composição do texto e define este último como "máquina preguiçosa pedindo ao leitor que faça parte de seu trabalho". Ele propõe os conceitos de Leitor modelo e de Leitor empírico, o primeiro dos quais me interessa para caracterizar os leitores dos *Cadernos Negros* e do *Jornal do Movimento Negro Unificado*.

Os escritores desses periódicos pressupõem um certo tipo de leitor propenso e disposto à reflexão e que encontra, nos textos, a fundamentação necessária para a reformulação de conceitos e imagens. São leitores carentes de informações sobre a história, os problemas e a situação dos negros na sociedade brasileira, aos quais os textos poderão estimular para que se engajem nas lutas pela cidadania – um perfil que se adequa ao conceito de Leitor modelo proposto por Umberto Eco: "uma espécie de tipo ideal que o texto não só prevê como colaborador, mas ainda procura criar". Essa espécie de leitor é constituída por "um conjunto de instruções textuais apresentadas pela manifestação linear do texto; precisamente como um conjunto de frases e outros sinais".[29] Esse leitor nasce com o texto, é sustentáculo de sua estratégia de interpretação e ainda de acordo com Eco, diferencia-se do leitor empírico, "que utiliza o texto como receptáculo de suas próprias paixões as quais podem ser exteriores ao texto ou

---

[29] ECO, 1997. p. 15 e 22.

provocadas pelo próprio texto". Interessados em tornar a literatura produtiva para a formação ideológica do seu Leitor modelo, os textos insistirão na discussão de temas identitários, mudando enfoques, personagens ou situações, porém reiterando o desejo de contribuir para o desenho de uma identidade negra altiva e atuante.

O Leitor modelo, devido à vocação "educativa" ou de formação dos periódicos, terminará por comungar as suas idéias e propostas, pois é concebido pelos próprios textos como passível de perceber-se retratado por intermédio das questões ou situações abordadas, das personagens criadas, ou ainda também por terem vivenciado sentimentos e emoções similares àqueles presentes nos contos, poemas ou artigos. Pressupondo um grupo de leitores receptivos, afro-brasileiros na sua maioria, os textos investem em conselhos, sugestões, alegorias, palavras de ordem e uma linguagem simples que facilite o envolvimento e adesão.

Linhagens

Eu sou descendente de Zumbi
Sou bravo valente sou nobre.

Carlos Assumpção

É dessa fusão de tempos perdidos que desejo fazer o
meu tempo: essa colheita de tempos fugazes.

Lia Vieira

Os escritores dos *Cadernos Negros* e do *Jornal do MNU* sentem a necessidade de inserir seus textos no conjunto da textualidade brasileira e, para isso, pretendem compor a sua tradição de escrita para introduzi-la na tradição institucional. Com tal objetivo, procuram traçar uma possível linha imaginária que aproxime as suas produções e aquelas produzidas por outros escritores negros que, desde os séculos passados, vêm fazendo uso da palavra escrita para combater a escravidão, o racismo e a exclusão da vida sociocultural e política do país.

Para compreensão do processo de invenção de uma tradição textual afro-brasileira segue aqui as proposições de Hobsbawm, quanto à caracterização desses processos como aqueles que "visam inculcar certos valores e normas de comportamento através da repetição, o que implica, automaticamente, uma continuidade em relação ao passado.[1]

---

[1] HOBSBAWM, 1997. p. 9.

Tal invenção teria como objetivo estabelecer pontos de aproximação e coesão criados a partir da necessidade de indivíduos diferentes constituírem grupos organizados em torno da elaboração ou reelaboração de sistemas de valores, idéias e modelos comportamentais, constituindo, assim, exercícios de engenharia e organização social fincados na repetição e na continuidade histórica como pilares de legitimação.

Os periódicos, desejosos de dispor "linhas de continuidade histórica" legitimadoras de suas vozes, vão rearrumar as fichas do arquivo histórico de modo a encontrar precursores em jornalistas e intelectuais negros e mestiços atuantes na imprensa brasileira do século XIX, época em que a imprensa tornou-se vigoroso veículo das idéias conservadoras ou revolucionárias que circulavam e faziam adeptos no país. Com as dificuldades de impressão de livros, os jornais e as revistas constituíram-se em instrumentos mais freqüentemente utilizados para sedimentar as bases de um pensamento nacional, divulgar idéias científicas, conceitos e preconceitos que circulavam na Europa e chegavam até o Brasil. Institutos, museus e grupos fundavam jornais e revistas para discutir questões de história, geografia, ciência, política, cultura e literatura. Tais publicações encarregaram-se também de construir e divulgar os modelos de análise racial que justificassem o projeto político escolhido para a Nação e o jogo de interesses a este subjacente.

A eleição dos precursores

Nos meados do século XIX, escritores mestiços e negros fundam e dirigem jornais abolicionistas e somente alguns, eventualmente, publicam nos jornais da chamada imprensa institucional ou grande imprensa. Luís Gama, Cruz e Sousa e José do Patrocínio podem ser apontados como os representantes da participação do negro na imprensa brasileira, devido às suas atuações como autores de artigos e ensaios e também como diretores de jornais brasileiros no século XIX.

No intuito de organizar uma imprensa negra no Brasil, alguns estudiosos elegem o jornal *A Redenção,* criado em 1887, como um dos marcos precursores; segundo Lilia Schwarcz, sua especificidade residia no radicalismo de sua proposta política:

...tratava-se de um periódico ligado ao grupo dos caifazes que praticavam o que na época era denominado "abolicionismo ilegal", já que os seus membros não se apoiavam só nos "benefícios da lei", mas antes buscavam, através de formas mais diretas como o incitamento à fuga, chegar à libertação total de grupos de escravos.[2]

Outros indicam a *Revista Ilustrada*, chamada *Revista Vermelha*, a *Gazeta da Tarde,* de propriedade do abolicionista negro Ferreira de Menezes, e *Cidade do Rio* (jornal comprado por Patrocínio), como exemplos primeiros de uma imprensa abolicionista e um dos *passos* iniciais para a formação, posteriormente, da chamada Imprensa Negra.

O escritor Oswaldo de Camargo, em seu livro *O negro escrito,* aponta a publicação do jornal *O Homem de Cor*, no Rio, em 1833, como marco do nascimento da Imprensa Negra no Brasil.[3] Roger Bastide, ao estudar periódicos e jornais negros, afirma que, só a partir de 1915, pode-se falar sobre a existência de uma Imprensa Negra; e, para Henrique L. Alves,

> [...] a imprensa negra teve seu início em São Paulo e vai abranger um ciclo a partir de 1915 até os dias de hoje. Eram jornais de tendência literária, humorística e atividades de cunho social. O intelectual negro encontrava barreiras para sobreviver na grande imprensa, conseguindo apenas espaço na imprensa alternativa.[4]

Anos depois, Florestan Fernandes, no seu importante trabalho, *A integração do negro na sociedade de classes,* publicado em 1965, descreve a imprensa como um dos veículos de divulgação do que ele denomina "protesto negro", isto é: "movimentos de tomada de consciência, de crítica e de repulsa ao duro destino a que se viram relegados os 'homens de cor'".[5]

Também estudando a produção textual negra na Imprensa de São Paulo, Clóvis Moura destaca que a atuação dos escritores negros

---

[2] SCHWARCZ, 1987. p. 86.

[3] CAMARGO, 1987. p. 41.

[4] *Leitura,* São Paulo, v. 4, n. 42, nov. 1985, p, 26.

[5] FERNANDES, 1978. v. 2, p. 8.

torna-se evidente com "o surto da imprensa negra independente, feita por homens de baixas posses como José Corrêa Leite, auxiliar de farmácia, e Jayme Aguiar, pequeno funcionário, além de outros do mesmo nível social.[6]

Zilá Bernd corrobora a tese de Bastide e Fernandes e sugere que o aparecimento de uma imprensa negra em São Paulo, a partir de 1915, e de associações, como a Frente Negra Brasileira e a Associação de Negros Brasileiros, além do Teatro Experimental do Negro, deve ser considerado os fator interno determinante de um novo discurso que engendraria a chamada literatura negra.[7]

Como se pode perceber, também o universo acadêmico tem procurado identificar os precursores dos escritores negros, escolhidos no conjunto dos que dão um tom específico a um discurso que será definido como mais diretamente ligado aos problemas e anseios do negro na sociedade brasileira.

Nessa perspectiva, os periódicos em foco inserem-se em uma tradição textual que tem precursores em Luís Gama e Maria Firmina dos Reis, José do Patrocínio, Lino Guedes, Solano Trindade e passa por uma série de jornais e revistas, como *O Menelick* (1915), *O Alfinete* (1918), *Getulino* (1919), *O Clarim da Alvorada* (1924), *Quilombo* (1929), *A Voz da Raça* (1933), *Alvorada* (1945), *Senzala* (1946), *A Voz da Negritude* (1953), *Correio do Ébano* (1977), os quais buscam a constituição de um discurso que reivindica para si uma especificidade retórica definida como negra ou afro-brasileira.

Antes de prosseguir na organização dos fatos selecionados para compor uma linha de "tradição" de escrita negra no Brasil, é importante precisar em que sentido estou utilizando a expressão em destaque.

Adoto aqui a conceituação de Raymomd Williams, que destaca o seu caráter seletivo e a apresenta como uma "versão intencionalmente seletiva de um passado modelador e de um presente pré-modelado, que se torna poderosamente operativo no processo de definição e identificação cultural".[8] A tradição não se constituirá a partir da listagem de

---

[6] MOURA, 1983. p. 52.

[7] BERND, 1987. p. 83-4.

[8] WILLIAMS, 1977. p.119.

todos os textos, não só devido à impossibilidade de fazê-lo, mas principalmente porque implica uma escolha a partir da pertinência ou não para o alcance dos objetivos propostos. Mas, além de "seletiva", a tradição é vista como o mais poderoso meio de incorporação, e também se mostra consideravelmente vulnerável às pressões e limites hegemônicos.[9] A escolha e a versão dos acontecimentos que comporão a tradição estarão sempre determinadas pelas possibilidades que oferecem de imaginar uma linha de diálogo entre as idéias, os valores e os modelos comportamentais do presente e do passado.

Percebendo-se grupo marginalizado e excluído, da sociedade em geral e da tradição de escrita do país, os escritores negros e mestiços contemporâneos sentem a necessidade de investir na seleção de uma série de escritores do passado, aqueles que comporão os seus sinalizadores de proveniência, como os demais, seletivos, mutáveis e abertos a inclusões, acréscimos e exclusões circunstanciais. Esse desejo de construir e escolher precursores explicita-se nos *CN* por meio da repetição dos elementos que a deverão compor e, ainda, pela série de agradecimentos, epígrafes, dedicatórias e homenagens prestadas pelos editores dos volumes ou pelos autores dos textos, procedimentos que, como rituais de celebração, fixam os escritores do passado que devem ser incluídos na tradição.

Discriminados no mercado de trabalho, nas oportunidades educacionais e, conseqüentemente, impelidos à marginalidade, os negros procuram, por meio de entidades e de imprensa próprias, um caminho para alterar sua imagem e auto-imagem e, mais ainda, de modificação e de expansão dos lugares sociais a eles destinados pela estrutura social.

É evidente que as várias publicações da imprensa negra não assumiram as mesmas posições políticas nem compreenderam da mesma maneira a função político-social das entidades que representavam. A maior parte delas tinha por objetivo promover a *elevação social do negro*; as reuniões, bailes, comemorações realizadas pretendiam demonstrar a capacidade de o negro "bem comportar-se" e de organizar e dirigir agremiações similares às dos brancos. José Corrêa Leite, militante e diretor fundador de *O Clarim da Alvorada*,

---

[9] Ibidem, p. 119-120.

assim se expressa sobre o nome e objetivos do jornal *O Alfinete:* "Eram alfinetadas no sentido de corrigir a moral, denunciar as pessoas que aparentemente tinham dignidade mas escorregavam." Com relação à imprensa negra, o parecer de Leite é que

> a comunidade negra tinha necessidade dessa imprensa alternativa. Não se tinha outro meio a não ser copiar o que as colônias estrangeiras faziam. [...] As publicações negras davam aquelas informações que não se obtinha em outra parte.[10]

E Florestan Fernandes percebe o esforço do grupo para promover a superação das barreiras sociais e destaca:

> Arrogando-se a solução de problemas ignorados ou descurados pelas elites no poder, o negro e o mulato chamaram a si duas tarefas históricas: de desencadear no Brasil a modernização do sistema de relações raciais; e de provar, praticamente, que os homens precisam identificar-se de forma íntegra e consciente, com os valores que encarnam a ordem legal escolhida.[11]

Os mecanismos de viabilização da participação dos negros na vida política do país têm-se constituído em um dos pontos de descontinuidade e ruptura entre as entidades e entre os escritores e militantes do movimento negro. Parece ter havido à época uma certa timidez quanto à explicitação do desejo de disputar um espaço ativo nos setores instituídos de poder. Talvez tal comportamento deva ser atribuído à memória das dificuldades impostas por grupos interessados em manter a população afro-descendente afastada das esferas de poder, ou ao receio de punições sociais, censura e discriminação dos grupos não negros ou, ainda, à crença de que o envolvimento "político" poderia perturbar a sedimentação do grupo.

Na década de 30, o já citado Correia Leite, do jornal *O Clarim da Alvorada,* mostrou-se contrário ao envolvimento das entidades negras nas disputas políticas; e, em depoimento a Cuti (Luis Silva), afirma que a participação dos militantes negros nos partidos políticos implicaria a divisão e o enfraquecimento do grupo, o qual se afastaria do

---

[10] LEITE, 1992. p. 33.
[11] FERNANDES, 1978. v. 2, p. 9.

"problema sério das reivindicações, da aproximação da Comunidade Negra, para cuidar, para advogar a sua causa, os seus direitos"[12]. Para ele, as entidades negras deveriam ater-se a promover a união dos negros e sua integração na sociedade brasileira; no entanto, na mesma década, a Frente Negra transformou-se em partido político, com vistas à participação efetiva na vida política nacional.

A Frente Negra, fundada em setembro de 1931, mantinha o jornal *A Voz da Raça* e, como outras organizações da época, empenhava-se em incentivar a ascensão social do negro, acreditando que a educação seria o caminho para tornar possível a mobilidade social, como também para promover o fim da discriminação racial contra o negro na sociedade brasileira. A entidade combatia a acomodação e a passividade dos negros e mestiços diante da exclusão e propunha a modificação do modelo de relações inter-raciais no qual a submissão, a dependência e a introjeção da inferioridade constituíam impedimento à ascensão social dos afro-descendentes.

Em 1936, a Frente Negra transforma-se em partido político de cunho nacionalista de claras simpatias fascistas e "prende-se a uma filosofia educacional, acreditando que o negro venceria à medida que conseguisse firmar-se nos diversos níveis da ciência, das artes e da literatura".[13] A entidade recebeu uma enorme acolhida dos negros e mestiços de vários estados, como Rio de Janeiro e Bahia. Em 1937, o registro da Frente é cassado pelo Estado Novo e alguns militantes tentam transformá-la em União Negra Brasileira, não conseguindo, no entanto, o mesmo impacto e aceitação.

Configura-se extremamente difícil para o negro no Brasil organizar-se com vistas à disputa do poder. Desde os idos da Frente Negra, até os momentos contemporâneos, os afro-brasileiros tentam articular-se para tentar eleger candidatos aos cargos legislativos e executivos, debatendo-se freqüentemente com grandes dificuldades para mobilizar a população negra para apoiá-los.

Os membros da Frente Negra e da imprensa negra assimilaram um discurso que analisava e procurava explicar o estado social e econômico dos negros, salientando a necessidade de adequação do

---

[12] CUTI & LEITE, 1992. p. 131.

[13] MOURA, 1983. p. 57.

grupo aos padrões da sociedade branca, a fim de romper e anular as barreiras da discriminação racial e da ascensão. Esta será uma das crenças do movimento negro anterior à década de setenta, principalmente dos militantes pertencentes aos estratos da classe média baixa.

Discutindo os temas abordados pela imprensa negra em São Paulo, na década de 20, o brasilianista George Andrews registra que

> [...] os artigos regularmente publicados instavam os leitores a adotar a moralidade "moderna": a abandonar o álcool, o jogo e outros vícios, manter o decoro público, evitar o adultério e a vida devassa, e educar seus filhos para serem comerciantes ou profissionais respeitáveis.[14]

A maioria dos jornais, periódicos e entidades da época insistia, reiteradamente, na urgência de o negro demonstrar sua capacidade de viver de acordo com as normas que a "sociedade branca" determinava serem corretas – comportamento considerado imprescindível para a desejada ascensão social.

No tocante à análise da democracia racial, embora sabendo que eram excluídos do convívio com a "sociedade branca" brasileira, muitos dos membros de grupos e entidade negras negavam publicamente a existência do racismo no Brasil. Com tais atitudes, terminavam por creditar ao próprio negro o seu fracasso no processo de integração social pós-abolição, negligenciando a denúncia da prática organizada de exclusão dos negros do mercado de trabalho e das oportunidades educacionais.

Depois do fechamento da Frente Negra, somente em 1944, é criada outra entidade negra de destaque no cenário cultural do país, o Teatro Experimental do Negro, o TEN, fundado com o objetivo de incentivar a atividade teatral, promover eventos culturais e tornar a arte teatral um instrumento de reconfiguração da imagem do negro, insistindo na necessidade de moldar o negro aos padrões da sociedade branca. O seu fundador, Abdias do Nascimento, descreve o TEN e suas atividades:

> O TEN atuou sem descanso como fermento provocativo, uma aventura da experimentação criativa, propondo caminhos

---

[14] ANDREWS, 1998. p. 130.

inéditos ao futuro do negro, ao desenvolvimento da cultura brasileira. [...]

[T]anto denunciava as formas de racismo sutis e ostensivas, como resistia à opressão cultural da brancura; procurou instalar mecanismos de apoio psicológico para que o negro pudesse dar um salto qualitativo para além do complexo de inferioridade a que o submetia o complexo de superioridade da sociedade que o condicionava.[15]

O TEN publicou o jornal *O Quilombo,* através do qual divulgava suas atividades e expunha seus objetivos e idéias; patrocinou ainda uma série de eventos que tinham por temática as questões ligadas à cultura negra, tais como a Convenção Nacional do Negro em São Paulo (1945) e no Rio de Janeiro (1946) e o I Congresso do Negro Brasileiro (1950).[16] O TEN criou também o Instituto Nacional do Negro, dirigido inicialmente por Guerreiro Ramos, sociólogo baiano atuante nas discussões da questão racial no Brasil na década de 50, autor de importante livro, *Introdução crítica à sociologia brasileira,* no qual aponta " equívocos" produzidos pela sociologia brasileira no estudo do "problema do negro", considerado, por ele, uma questão nacional:

> A sociologia do negro tal como tem sido feita até agora, à luz da perspectiva em que me coloco, é uma forma sutil de agressão aos brasileiros de cor e, como tal, constitui-se num obstáculo para a formação de uma consciência da realidade étnica do país.[17]

Em 1954, é criada outra entidade, a Associação Cultural do Negro, que edita o *Caderno de Cultura Negra* e dedica-se, inicialmente, a atividades artísticas, priorizando posteriormente, até o seu fechamento, os eventos de cunho assistencial e cultural[18].

Já o Movimento Negro Unificado, fundado 41 anos após o fechamento da Frente Negra, acredita que, além do resgate da história

---

[15] NASCIMENTO, 1978.

[16] Leda Martins, em seu livro *A cena em sombras* (1995), desenha um perfil do Teatro Negro no Brasil e nos Estados Unidos, no qual analisa a importância e os significados do TEN, no espaço da tradição brasileira.

[17] RAMOS, 1957. p. 158.

[18] MOURA, 1983. p. 58.

e da tradição de afro-descendência, necessárias para a construção da identidade negra, os militantes devem também empenhar-se na disputa por espaços nas várias instâncias de poder. O MNU foi bastante influenciado pelas lutas dos negros na África e na diáspora, principalmente por movimentos negros americanos como o *Black Power,* que divulgou para toda a diáspora africana suas propostas de orgulho de ser negro, reversão de estereótipos, popularização de nomes, estilos de roupas e penteados de origem africana. Por outro lado, as suas bases ideológicas e a própria estrutura da entidade indicam a experiência partidária de esquerda.[19]

Apontando explicitamente as ambigüidades da democracia racial e denunciando o racismo presente na estruturação da sociedade brasileira, o MNU não visa *adestrar o negro para integrá-lo*, mas contribuir para mudanças no perfil da sociedade, de modo que negros e outras minorias tenham suas identidades e espaços de atuação assegurados. Desta maneira, as religiões de origem africana, os estudos sobre a África e suas tradições são vistos como elementos de grande importância para a reconfiguração de uma identidade negra no Brasil.

O periódico *Nêgo – Boletim do MNU-Ba*, posteriormente *Jornal Nacional do Movimento Negro Unificado (Jornal do MNU)*, compondo uma linhagem descontínua, iniciada com os jornais abolicionistas, passando pela imprensa negra e seus jornais, e ainda pelo TEN e suas atividades culturais, encarrega-se de proceder à divulgação das propostas do MNU para a participação dos negros na vida política e cultural do país. Em um dos seus primeiros números, o periódico, na sua fase baiana (1981-1986), publica um trabalho apresentado pelo bloco afro Ilê Aiyê, intitulado "O conceito de política nos blocos negros e afoxés", no qual resistência e política são apresentadas como características principais das entidades interessadas em reunir e organizar as reivindicações do *grupo*. Entretanto, faz uma leitura crítica das tentativas de utilização político-paternalista dessas entidades com

---

[19] Muitos dos membros fundadores da entidade eram ligados ao grupo político chamado Liga Operária que, mais tarde, se transformou na Convergência Socialista e participavam da edição da seção denominada Afro-Latina-América do jornal *Versus*.

[...] promessas de concessão de sedes, instrumentos de bateria, materiais, terrenos para ensaios, dinheiro em troca de votos e apadrinhamentos, aparições públicas de candidatos e futuros candidatos e, no campo cultural, manifesta-se através de Entidades acadêmicas brancas, com alguns negros assimilados com um discurso bem elaborado anti-racista, progressista, mas esconde a intenção antropóloga [sic] colonialista e racista do estudo do NEGRO-EXÓTICO, do negro fora do contexto social-político (*Nêgo*, n. 3, p. 3).

A partir do número 7, o *Jornal do MNU* já começa a discutir de modo mais direto o envolvimento do Movimento Negro Unificado nas questões políticas nacionais, especificamente na luta pelas "Diretas já" e pela inserção da questão racial na Assembléia Constituinte. Desde então, constituinte, eleições, participação nos partidos políticos e candidatos negros serão temas freqüentes nas matérias publicadas no periódico.

O MNU, em seu periódico, entende que o acesso e a participação política são de fundamental importância para a organização política dos afro-descendentes e para que as metas da entidade sejam alcançadas no tocante a provocar mudanças significativas no corpo social. Com o objetivo de demonstrar isto, foi entrevistado Edvaldo Brito, candidato ao governo da Bahia em 1986, sendo publicados vários artigos, entrevistas e depoimentos sobre a participação do negro na constituinte. Inseridos também na atmosfera de reivindicação social, política e cultural que caracterizou a década de setenta, os periódicos engajam-se em um processo de construção de uma identidade múltipla para o país, identidade que comportará contra-imagens erigidas pelos discursos das chamadas "minorias", as quais se posicionarão contrariamente aos traçados totalizadores e monolíticos do discurso da Nação. Esses discursos se apresentarão como versões possíveis da leitura da complexidade e multiplicidade que caracterizam o mundo percebido através de uma visão não etnocêntrica. Rejeitando, por vezes, algumas das propostas das entidades que o precederam, muitos dos membros do MNU entendem seu trabalho como uma ampliação dos objetivos daquelas organizações e do Movimento Negro em geral.

Cuti (Luiz Silva), um dos ativos participantes do grupo de escritores dos *Cadernos Negros*, filia a produção textual à organização dos movimentos negros da década de setenta e aos vários encontros de grupos negros nos quais eram constantes as declamações de poesias e representações dramáticas. Tais performances teriam incentivado alguns afro-descendentes a produzirem e fazerem circular poemas, antologias e periódicos literários que abordavam temas políticos e sociais.

Estabelecendo a sua linhagem pessoal de textos negros, Cuti[20] enumera vários periódicos que antecederam e estimularam a publicação dos *Cadernos Negros*. Entre os citados estão a *Coletânea de Poesia Negra,* publicada em 1976 pelo Centro de Estudos Culturais Afro-Brasileiro Zumbi, da cidade de Santos, com a participação de autores negros da África, do Brasil e de outros países da América Latina; o jornal *Árvores das Palavras* que, como os textos de Gregório de Matos no século XVII, "corriam de mão em mão sem que se soubesse quem eram os responsáveis, um jornal que veiculava notícias de revoluções africanas nas então colônias portuguesas e trazia uma mensagem de consciência política do negro brasileiro";[21] o *Jornal da Sociedade de Intercâmbio Brasil-África*, lançado em 1977 em São Paulo, que intensificará os contatos entre os escritores africanos e brasileiros e incentivará o surgimento de outros periódicos, como *Revista Tição*, de Porto Alegre, o *I Jornal Abertura* de São Paulo e o *Jornal Capoeira*.

Na seleção de seus antecessores, o escritor destaca, ainda na década de setenta, o surgimento do Black Rio, que "aglutinou grandes massas de jovens negros numa nova linguagem musical, plástica e comportamental", e a fundação do Movimento Negro Unificado contra a Discriminação Racial, hoje MNU. Percebe-se, no escritor, a intenção de escolher os precursores dos *Cadernos Negros* no conjunto de uma produção artística interessada em "reatar" ou recriar os laços com a cultura e tradição da diáspora africana, com vistas a fabricar uma outra identidade e sugerir modelos de atuação para o afro-brasileiro.

O desejo de inscrição dos *Cadernos Negros* na "tradição" escrita do negro no Brasil pode ser atestado no volume 2 do periódico, cuja apresentação escrita por José Correia Leite, antigo militante da Imprensa Negra, traça uma linha de continuidade entre o periódico e as publicações das primeiras décadas do século. Para Leite, os contos constituem "uma tomada de posição que pode chegar ao reencontro não do

---

[20] *Cadernos Negros* 6.

[21] *Cadernos Negros*.

princípio de uma luta, mas sim da continuação daqueles ideais que ficaram perdidos no passado";[22] o mesmo desejo aparece ainda na dedicatória do volume 12: "Aos nossos negros velhos, [...], à memória de José Correia Leite (co-fundador do Jornal *O Clarim da Alvorada* e atuante na Imprensa Negra) e a Raul Joviniano do Amaral (militante da Frente Negra na década de 30)*.*" Inseridos nesta "tradição", os *CN* definem-se desde o seu primeiro número como periódico literário e político:

> Cadernos Negros surge como mais um sinal desse tempo de África – consciência e ação para uma vida melhor, e neste sentido, fazemos da negritude, aqui posta em poesia, parte da luta contra a exploração social em todos os níveis na qual somos os mais atingidos (*CN* 1, p. 3).

A preocupação de solidarizar-se com "a luta de todos os oprimidos" constituirá tônica nos escritos dos *CN* e do *Jornal do MNU* e refletirá as vinculações ideológicas dos membros do grupo – herança da formação marxista para alguns, herança do sonho dos quilombolas para outros, como Carlos de Assumpção:

> [...] meu quilombo de hoje, amigos
> É igual aos quilombos do passado
> É quilombo de todos os oprimidos
> É quilombo de todos os explorados (*CN* 7, p. 18)

A compreensão da palavra (escrita ou falada), como instrumento de luta detentor de um alto poder de conscientização permeará todos os números dos periódicos como um compromisso sempre frisado e reiterado pelos escritores. Constitui faceta de uma crença no poder da fala como organizadora e preservadora das tradições e instrumento de mobilização. Segundo palavras de Laura Padilha, na tradição da África em geral, "a milenar arte da oralidade difunde as vozes ancestrais, procura manter a lei do grupo, fazendo-se, por isso, um 'exercício de sabedoria'";[23] ora, o poeta interessado em mobilizar seus contemporâneos assume uma atitude similar à do *griot*, pois o ato de falar, dizer, contar/cantar adquire uma função mítica, e, como

---

[22] *Cadernos Negros, n.2,* p.3.

[23] PADILHA, 1995. p.15.

na "vasta territorialidade africana", a palavra (aqui, escrita) adquire um especial matiz político-cultural. A palavra negada aos despojados de poder, como uma corrente de água aprisionada, busca trilhas, caminhos e alternativas para a sua passagem e expressão; impossível de ser contida, a voz do afro-descendente que se fez ouvir nas fugas, revoltas, pequenas sedições, atrasos e negligência no trabalho durante a escravidão, nos cantos religiosos e de trabalho conhecidos em todos os países da diáspora faz eco nos textos que se apresentam como marcos de construção identitária.

Sujeitos da fala, escritores, poetas e contistas do periódico revestem-se da função de anunciadores de outro momento de expressão para o negro no Brasil. De modo similar aos *griots* africanos, esses escritores assumem o papel de guardiães da memória, líderes do processo de união de todos os "excluídos" da participação efetiva nos processos de decisão e construção do país, como registram as palavras do grupo: "O Quilombhoje – responsável pela série – sabe que a palavra escrita é capaz de conquistar aliados e desejamos aglutiná-los e que, como em Palmares, eles sejam de todas as raças e de todos os credos".[24] O sentido de missão transformadora fica mais evidente nos textos de apresentação e/ou introdução de cada volume – uma espécie de manifesto em que são explicados objetivos, concepções e princípios dos escritores e que serão analisados posteriormente.

Em uma tradição que valoriza a palavra, é de fundamental importância esse papel de depositário da história, mitos e tradição (como o *griot*),[25] função que se estende também à de instrumento de organização do povo em torno destes fatos e mitos cuja preservação e simultânea atualização são destacadas. A palavra do poeta não substituirá as ações efetivas com vistas à preservação ou mudanças, porém a concordar com os versos de De Paula "...o meu poema não basta,/ Mas ai do povo/ que não tem seus cantores!"

---

[24] *CN* 18, p. 9.

[25] Os estudiosos das culturas africanas no Brasil, como Arthur Ramos ou Marco Aurélio Luz, enfatizam que o *griot* nessas culturas funciona como um tipo de arquivo vivo da memória, história, modelos comportamentais, costumes, feitos heróicos e genealogias dos grupos étnicos.

(*CN* 3, p. 55). O escritor afro-brasileiro, transitando entre a tradição da oralidade herdada das culturas africanas e a tradição escrita ocidental, parece formular a pergunta – *que faremos com esta[s] tradiç[ões]*, parafraseando, com endereços e sentidos diversos, a imagem de Renato Cordeiro Gomes[26] – que fazer com as presenças fortes da tradição ocidental e da tradição africana na formação dos afro-brasileiros? A opção escolhida pelos autores dos *CN* será de construir textos que evidenciem os trânsitos das culturas africanas que foram, por muito tempo, recalcados como marcas diferenciais inferiorizantes.

De tradição eminentemente oral, a história e a cultura africanas nas suas versões muçulmanas já conheciam a escrita, escrita que circulava até mesmo na diáspora, como ratificam depoimentos sobre a revolta dos Malês, ocorrida na Bahia, em 1835. Eles apontam para a existência de papéis escritos pelos negros em um alfabeto não ocidental. O relatório da revolta, escrito pelo chefe de polícia de Salvador assim descreve o fato:

> Em geral vão quase todos sabendo ler e escrever em caracteres desconhecidos, que se assemelham ao árabe, usados pelos Ussás, que figuram hoje combinado com os Nagôs. Aquela nação em outro tempo foi a que se insurgiu nesta Província por várias vezes, sendo depois substituída pelos Nagôs.[27]

Talvez, antes mesmo das referências históricas aos textos produzidos pelos malês, possa pensar-se em termos da existência de negros no Brasil que, já desde o século XVII, dominassem a escrita e se aventurassem na reivindicação de alguns direitos.

As pesquisas mais recentes localizam textos do século XIX, de autoria de negros, que denunciam agressões e solicitam permissão para realização de seus cultos ou tentam negociar condições de trabalho mais razoáveis. Por outro lado, Oswaldo Camargo, em *O negro escrito,* livro que sistematiza uma tradição de escrita negra e mestiça

---

[26] Refiro-me ao texto "Que faremos com esta tradição? Ou Relíquias da Casa Velha "em que o autor pergunta: "O que faremos desta tradição, destas relíquias que recebemos de uma herança portuguesa, por via da história?" (GOMES, 1999).

[27] REIS, 1989. p. 123-124.

no Brasil desde o século XVII, cita Henrique Dias como o primeiro negro a produzir um texto escrito no Brasil; ele teria redigido uma carta ao rei de Portugal, em 1650, reclamando de discriminações sofridas.[28] Entretanto, desconheço ainda informações sobre escritores afro-descendentes no Brasil antes de Caldas Barbosa, no século XVIII, com seus lundus e modinhas. O historiador João Reis reproduz em livro[29] os termos de Tratados de Paz propostos pelos escravos desde os finais do século XVIII. No entanto, o que predominou na divulgação e fixação de uma cultura de origem africana no Brasil foi a transmissão oral, de geração para geração, que fez circular a energia e os valores simbólicos, saberes ecológicos, morais, religiosos e estéticos que resistiram ao impacto da desterritorialização e da dominação européia.

Desde os inícios do século XX, porém, constata-se um desejo dos estudiosos brasileiros de catalogar, registrar e descrever, utilizando-se da forma escrita, as tradições de origem africana. Manoel Querino, Edison Carneiro, Mestre Didi e Mãe Stella são exemplos de afro-descendentes, entre outros, que têm registrado muitas destas tradições com o intuito mesmo de preservá-las e fixá-las[30].

A linha de tradição construída pelos *CN* e *Jornal do MNU* é traçada a partir do desejo de inventar um passado de objetivos e metas comuns; a tradição negra evocada parece forjar-se no empenho de re-articular e re-dispor as lacunas, divergências, interrupções, dispersões e descontinuidades em um meticuloso trabalho de construção atenta, cuidadosa e seletiva de uma tradição histórica que proclama sua existência e reivindica seu lugar político-social.

Não se pode esquecer, entretanto, que a composição de uma tradição implicará tanto a constituição de uma rede de afiliações quanto a produção de deslocamentos e desvios e reordenações nesta rede e em

---

[28] CAMARGO, 1987. p. 25.

[29] REIS, 1989. p. 123-130.

[30] É interessante registrar que, já nos anos 90, a líder religiosa Stella de Oxóssi, apropriando-se da tradição escrita, tenha lançado dois livros *Meu tempo é agora*, em que descreve aspectos da ritualística religiosa a serem obedecidos pelos filhos de santo do seu terreiro, e outro intitulado *E daí aconteceu o encanto*, no qual narra a vida de outra ialorixá do Axé Opô Afonjá. Mas o processo de inserção nos avanços da contemporaneidade estendem-se até a Internet, com a home page do terreiro do Axé Opô Afonjá. Outros membros das religiões de matriz africana têm publicado livros e ensaios em que registram e/ou analisam aspectos de suas tradições religiosas.

outras. O autor ou o texto incluído na tradição de uma textualidade afro-brasileira terá seus significados deslocados na série da literatura institu-ída e também ganhará significados outros na série em que for incluído.

Não estou certa se o grupo de escritores entende a construção desta continuidade na mesma perspectiva de que estou me aproprian-do. No entanto, considero pertinente proceder esta leitura do desejo de construção de uma série de precursores. Em primeiro lugar, porque a criação de entidades negras de imprensa ou não, em geral, se dá de um modo disperso, sem grandes contatos entre si; em segundo lugar, os seus objetivos e metas variaram sempre de acordo com as convicções político-ideológicas dos grupos e ainda de acordo com as pressões socais e políticas por eles exercidas e sofridas. Desse modo, as conti-nuidades posteriormente estabelecidas decorrem mais precisamente do já citado desejo de inventar uma história que justifique a reivindica-ção de um lugar social do que das semelhanças de continuidades de seus propósitos e de suas bases ideológicas.

Os *CN* e o *Jornal do MNU* podem ser lidos como diálogo entre as invenções de um perfil cultural para o país. Tentando participar do desenho identitário brasileiro numa perspectiva que evidencia a dife-rença e desestabiliza o projeto de uma identidade unitária, como já destaquei, colocam-se como "espaço suplementar de significação cul-tural", no sentido que Bhabha, a partir de Derrida, atribui à expressão – uma estratégia de intervenção no desenho, de modo que?

> O ato de acrescentar, não necessariamente equivale a somar, mas pode, sim, alterar o cálculo. [...] A estratégia suplemen-tar interrompe a serialidade sucessiva da narrativa de plurais e pluralismo ao mudar radicalmente seu modo de articulação. Na metáfora da comunidade nacional como "muitos-como-um", o um é agora não apenas a tendência de totalizar o social em um tempo homogêneo e vazio, mas também a repetição daquele sinal de subtração na origem, o menos-que-um que intervém com uma temporalidade metonímica, iterativa.[31]

Versão suplementar do discurso de identidade nacional, a fala dos periódicos desafia a consistência dos anseios de plenitude do

---

[31] BHABHA, 1998. p. 219.

discurso nacional e propõe-se a suprir a ausência da voz e a vacância do espaço para o negro, tanto no álbum quanto no quadro vivo do país: *eu também construí esta nação,* reivindica o poeta, e portanto, meu corpo, meu discurso e minhas tradições, diria, devem suplementar, em diferencial, o discurso de constituição da Nação, descentrando as versões instituídas que os excluem.

A noção de suplemento é usada por Derrida como estratégia para explicar a fragmentação de categorias monolíticas e a impossibilidade de aderir-se à idéia de totalização. O suplemento ocupa um lugar assinalado pela marca de um vazio, entretanto, sua lógica consiste em escapar ao dualismo através do "deslizamento" entre os extremos e da recusa à fixação de um lugar único, como explica:

> Não se pode determinar o centro e esgotar a totalização porque o signo que substitui o centro, que o supre, que ocupa o seu lugar na sua ausência, esse signo acrescenta-se, vem a mais como suplemento. O movimento da significação acrescenta alguma coisa, o que faz que sempre haja mais, mas esta adição é flutuante porque vem substituir, suprir uma falta do lado do significado.[32]

É, pois, negociando suprir a ausência de significados, que os dois periódicos vão "quebrar a uniformidade do desenho identitário" do Brasil e compor a multiplicidade do discurso nacional. Deslize constante estabelecido *a posteriori* entre a cultura hegemônica e as culturas minoritárias, ponto de contestação da hegemonia e de deslocamento do centro, o discurso afro-brasileiro fornece o excesso necessário para que o perfil do discurso nacional seja alterado, a acomodação seja perturbada, e seus sentidos rearticulados e ressiginificados. "Esquecido" e colocado à margem na estratégia empreendida pelas elites para garantir a homogeneidade, o caráter uníssono e harmônico do discurso da identidade nacional, o grupo étnico formado pelos afro-brasileiros cria a dissonância ao inserir-se como parte suplementar no discurso nacional. A questão discutida pelos periódicos parece-me não se fixar na possibilidade de convivência entre culturas diferentes nem no fato de os afro-brasileiros constituírem-se

---

[32] DERRIDA, 1971. p. 245.

identidades híbridas. Acredito, contudo, que a mobilização para o fortalecimento do discurso identitário afro-brasileiro refere-se a locais e posições sociais e de poder e a reconfigurações de sinais e sentidos.

A produção que vem *a posteriori*, lembra ainda Bhabha, "possui a vantagem de introduzir um sentido de "secundariedade" ou de atraso [*belatedness*] na estrutura do original" e de produzir outros espaços de significação.[33] É com base nesse raciocínio que leio, neste trabalho, os textos dos periódicos como suplemento ao discurso homogeneizador da diversidade cultural do país.

Elejo o abolicionista e poeta Luís Gama como marco significativo da atuação do afro-brasileiro para inserir-se e inserir o seu grupo étnico no desenho nacional. Nascido livre, filho de Luiza Mahin, uma das figuras de destaque na revolta dos Malês, Luiz Gama foi jornalista, atuante abolicionista e poeta do século XIX, publicando *Primeiras trovas burlescas*, em 1859. Nos seus poemas, a maioria dos quais de cunho satírico, critica a hierarquia racial circulante nos meios sociais e denuncia as discriminações sofridas pelos negros e mestiços em versos que evocam a veia satírica de Gregório de Matos:

> E se eu que *pretecio*
> D'Angola oriundo,
> Alegre, jucundo,
> Nos meus vou cortando;
> É que não tolero
> Falsários parentes,
> Ferrarem-me os dentes,
> Por brancos passando.[34]

O tema da mestiçagem brasileira a contrastar com o discurso da pureza racial volta no poema "Quem sou eu?", o mais conhecido do poeta, no qual ele se propõe realizar um longo trabalho de esvaziamento dos significados pejorativos da expressão "bode", utilizada para depreciar os africanos e afro-descendentes, terminando por estendê-lo a toda a população mestiça do país.

---

[33] BHABHA, 1998. p. 218-219.
[34] GAMA, 1974. p. 81.

Se negro sou, ou se bode
Pouco importa. O que isto pode?
Bodes há de toda a casta.
Pois que a espécie é muito vasta
[...]
Aqui, nesta boa terra,
Marram todos, tudo berra;
Nobres Condes e Duquesas,
Ricas Damas e Marquesas
Deputados, senadores,
Gentis-homens, vereadores
Belas Damas emproadas,
De nobreza empantufadas.[35]

Também de 1859 é a publicação do romance *Úrsula*, de Maria Firmina dos Reis, outra componente dessa linhagem inventada, a escritora negra maranhense, considerada a primeira escritora negra do Brasil e que elejo, junto com Luís Gama, precursores de uma série literária de protesto em que o negro auto-apresenta-se, desenha personagens negras e torna-se voz divergente das tradicionais representações de negros e mestiços.

Participam ainda Cruz e Souza com poemas e, principalmente, com o "Emparedado", e Lima Barreto, com *Recordações do escrivão Isaías Caminha*, *Clara dos Anjos* e o *Diário íntimo*, textos nos quais as angústias dos afro-brasileiros diante da discriminação racial e do racismo, as dificuldades que encontram para inserir-se e atuar na sociedade brasileira constituem a base temática.

Mais contemporaneamente, no século XX, Lino Guedes e Solano Trindade descrevem-se negros e fazem de seus versos instrumentos de luta e afirmação cultural. Guedes, seguindo a linha ideológica corrente no início do século, crente de que a adoção dos moldes comportamentais burgueses (brancos) constituiria "passe" para a inserção do negro na sociedade brasileira, aconselha no poema sintomaticamente intitulado "Novo Rumo":

"Negro preto cor da noite."
Nunca te esqueças do açoite

---

[35] GAMA, 1974. p. 113.

Que cruciou tua raça.
Em nome dela somente
Faze com que nossa gente
um dia gente se faça!

Negro preto, negro preto,
sê tu um homem direito
como um cordel posto a prumo
É só do teu proceder
Que, por certo, há de nascer
a estrela do novo mundo![36]

Solano Trindade, por sua vez, é inserido na linhagem dessa tradição a partir de 1944, quando publica versos nos quais aborda temas variados ligados à crítica às desigualdades raciais. Na antologia *Tem gente com fome*, com o poema "Negro", irmana-se com outros negros na defesa da liberdade:

Negros opressores
em qualquer parte do mundo
não são meus irmãos

Só os negros oprimidos
escravizados
em luta por liberdade
são meus irmãos

Para estes tenho um poema
grande como o Nilo.[37]

Acredito que uma das férteis possibilidades de atuação dos textos consiste na rearticulação das experiências históricas dos afro-brasileiros na vida político-cultural do país, no ato decisivo de fazê-las integrar o seu contexto significativo. Episódios, como a programática conscientização dos negros da necessidade de alterar imagens e lugares sociais instituídos, a fixação de momentos comemorativos ligados à história da resistência à escravidão e ao racismo e a valorização das tradições motivam e até têm forçado a ampliação da memória e a revisão de conceitos e fatos históricos até mesmo no universo dos meios institucionais.

---

[36] *Apud* CAMARGO, Oswaldo, 1986. p. 33.

[37] TRINDADE, 1988. p. 15.

LINHAGENS

Os *CN* e o *Jornal do MNU* procuram subverter o campo cultural instituído e visam também forjar um discurso que, se não toma o lugar desse instituído, possibilita promover a unidade do grupo étnico e a defesa contra discriminações – uma construção discursiva cujos alicerces são fincados em bases diversas daquelas do discurso instituído da unidade nacional. Não propõem nenhuma unidade ou conformação totalizadora, mas sim o abalo da autoridade do discurso e a produção de outros espaços de significação. Criam outra tradição textual tecida por redes de escritores e de textos que se configuram como desvios das redes oficias, deslocando sentidos, acrescentando e rejeitando afiliações.

PARTE II

A ÁSPERA PARTE

Os *Cadernos Negros*

A poesia viaja livremente
Como a sensível mão
Sobre o corpo em protesto
Vive entre flores e armas
Existe nos eternos momentos.

J. Abílio

embora o gesto possa ser
no mais todo ternura
o poema continua um quilombo
no coração

Paulo Colina

Os *CN* começam a ser publicados em 1978, em São Paulo, com a participação de escritores negros procedentes de vários estados brasileiros. Desde então, cada edição anual publica poemas nos volumes de números ímpares e contos nos volumes de números pares, escolhidos entre aqueles enviados pelos escritores à organização do periódico e selecionados por uma comissão. Nos vinte anos de publicação, são 11 números dedicados à poesia e 10, ao conto. O primeiro número, "uma brochura de bolso, com 52 páginas, saiu a público numa tiragem de mil exemplares",[1] trazendo poemas de oito escritores, assim nomeados no índice: Cunha, Angela, Eduardo, Hugo,

---

[1] *Cadernos Negros* 8, p. 106.

Célia, Jamu, Osvaldo e Cuti, alguns dos quais continuaram e continuam publicando nos números mais recentes.

Os participantes da série, em sua maioria, militaram ou militam em entidades ou grupos do movimento negro no Brasil, como o Movimento Negro Unificado, Negrícia, Quilombhoje, Unegro, entre outros. O grupo de escritores varia de número para número, embora exista sempre uma espécie de célula composta por Cuti e Jamu Minka, que publica desde os números iniciais. A diversidade de poetas e contistas, por um ângulo, abre o leque de oportunidades para que novos escritores tenham seus trabalhos publicados lado a lado com escritores mais experientes, tanto no domínio da linguagem e recursos formais quanto no amadurecimento dos temas. Apreciado sobre outra perspectiva, isso também amplia a linha programática do periódico e abre espaço para o surgimento de diversos caminhos de problematização da questão racial no Brasil – um dos temas principais da publicação.

Os escritores fundadores e que vêm publicando no periódico há mais tempo estão hoje entre cinqüenta anos, possuem formação universitária, foram estudantes na década de setenta, e, em sua maioria, membros do movimento estudantil ou de esquerda. Este "currículo" do grupo, de certa forma, explica determinadas posições e encaminhamentos na discussão dos temas.

Além de participarem dos *CN,* os escritores têm textos publicados em antologias no Brasil e no exterior, e também algumas publicações individuais,[2] sendo essa produção individual, na maioria dos casos, custeada pelos próprios autores ou resultado de premiações em concursos literários.

---

[2] A exemplo de *Schwarze poesie/Poesia negra,* edição bilíngüe, publicada no Brasil e na Alemanha; ou *Pau de sebo*: coletânea de poesia negra; ou ainda *Poesia negra brasileira* organizada por Zilá Bernd; ou *A razão da chama:* antologia de poetas negros brasileiros, organizada por Oswaldo de Camargo; e *Axé*: antologia contemporânea da poesia negra brasileira. Alguns têm uma produção individual independente e entre eles estão Cuti (Luiz Silva) com *Poema da carapinha* (1978), *Batuque de tocaia* (1982) e *Negros em contos* (1996); Esmeralda Ribeiro com *Malungos e milongos* (1988); Miriam Alves, *Momentos de busca* (1983) e *Terramara* (1988); Jônatas Conceição, *Miragem de engenho* (1984), *Outras miragens*, (1989); Geni Guimarães, *Terceiro filho* (1979), *Da flor ao afeto* (1981) e *A cor da ternura* (prêmio Jabuti/autor revelação 1990).

No tocante à organização editorial do periódico, vale ressaltar que, do número 1 ao número 5, não aparece qualquer referência a um grupo organizador; as funções de ordenar e preparar os textos são desempenhadas pelos próprios escritores cujos nomes constam de uma ficha técnica, colocada ao final de cada volume, que registra os responsáveis pela edição de cada número. Com o número 6, de 1983, a organização geral, divulgação e distribuição do periódico passa a ser da responsabilidade de um grupo de escritores denominado Quilombhoje, cujos componentes não são, naquele momento, nomeados. A partir de então, o Grupo Qilombhoje torna-se o responsável direto pela edição e organização dos *CN* e a composição do grupo varia bastante até os números mais recentes. No número 14, pela primeira vez no corpo dos *CN* é indicada a composição do Quilombhoje: Cuti, Esmeralda Ribeiro, Márcio Barbosa, Sônia Fátima da Conceição e Oubi Inaê Kibuko.

Do número 17 em diante (1994), a organização geral das edições será feita pelo Quilombhoje em parceria com a editora Anita Garibaldi e, a partir do número seguinte, o periódico apresenta como subtítulo "Contos afro-brasileiros" que, no número 19, passará a "Poemas afro-brasileiros", subtítulos indicadores, talvez, da rediscussão dos conceitos de identidade negra a partir de noções como diáspora, hibridismo entre outras, uma modificação que ecoa a compreensão da produção cultural negra como alicerçada na *double consciousness* proposta por Du Bois[3] ou como uma tradição *double- voiced,* sugerida por Gates,[4] uma produção simultaneamente herdeira e resultante de bases culturais de origens africanas modificadas na diáspora e também de origens ocidentais igualmente reelaboradas.

Efetivam-se trânsitos e intercâmbios entre os conceitos construídos pelos escritores negros (na verdade, pelos movimentos negros) e aqueles gerados pelos estudos e reflexões acadêmicas – trocas marcadas pelo fato de, mais intensamente a partir dos fins da década

---

[3] Segundo Du Bois, os afro-americanos sentem-se na peculiar situação de possuírem uma *double consciousness* "o sentimento de sempre olhar para si mesmo através dos olhos de outros, de medir sua alma pela medida de um mundo que o contempla com surpresa, desprezo e pena", (DU BOIS, 1995. p. 2).

[4] GATES, 1989. p. 57-58.

de oitenta, crescer o número de afro-descendentes que investem nas pesquisas e estudos sobre cultura, tradição e história afro-brasileira. Sem assumir qualquer posição essencialista, acredito que o fato de disputarmos posição de sujeitos e objetos dos estudos introduz uma outra perspectiva de análise da questão racial no universo acadêmico e enriquece a produção de reflexões e estudos sobre a questão racial no Brasil. Por outro lado, penso também que a proliferação de entidades e grupos negros nas últimas décadas, evidentemente que aliada a outros fatores, muito contribuiu para a inserção do tema na agenda acadêmica e nas discussões políticas.

Na sua preocupação explícita com a sistematização e construção da memória do periódico, o "posfácio" publicado no volume 8, intitulado "Um pouco de história", detém-se a descrever, sucintamente, o percurso do periódico, seus objetivos, interesses e seu público – uma espécie de balanço histórico. Outras introduções de alguns volumes podem ser vistas também como parte do esforço de construção de uma memória dos *Cadernos Negros*. Com o título "Um pouco de história *2*", aparecerá um texto no volume 16, assinado pelo grupo Quilombhoje, evidenciando mais uma vez o objetivo de coletar dados e informações, construir um arquivo da experiência do grupo para constituição de uma possível memória da literatura negra ou afro-brasileira. O desejo de registrar essa memória pode ser ilustrado com o empenho de Cuti (Luiz Silva) em gravar depoimentos e entrevistas com José Correia Leite, ativo participante da Imprensa Negra, e editá-las, pela Secretaria de Cultura de São Paulo, sob o título *...E disse o velho militante José Correia Leite: a memória e depoimentos de José Correia Leite.*[5] O livro, além dos depoimentos, cataloga cópias de capas de periódicos e de artigos escritos por militantes da imprensa negra. A publicação constitui um importante documento de preservação, daí memória da imprensa e dos movimentos negros no Brasil, uma história ainda a ser escrita.

As capas de um periódico funcionam como um anúncio publicitário, pois devem "fisgar" o leitor pelos olhos, motivá-lo a comprar e ler o objeto anunciado. Elas são projetadas com a intenção de atrair leitores, mas também a de tecer *a priori* textos e significados

---

[5] CUTI & LEITE, 1992.

veiculados e defendidos pela linha editorial, como pode ser constatado pela apreciação das reproduções das capas dos *CN* inseridas no corpo deste livro.

Os primeiros números dos *CN* apresentam capas alusivas a situações majoritariamente vivificadas pelo grupo étnico e a assuntos do interesse do movimento negro. O problema habitacional que leva milhares de brasileiros, negros em sua maioria expressiva, a morar nos morros, invasões ou favelas espalhadas por todo o país e a situação de carência das crianças que não usufruem de bens materiais nem afetivos estão retratados na capa do volume 1, em que a foto de crianças negras é sobreposta à foto de casebres e barracos de morros ou favelas, misturando paisagens de carências socioeconômicas e a beleza das crianças. (Ver imagem 1.)

Trazendo à cena do texto o corpo negro, as capas dos números seguintes colocam em foco a relação entre corpo e discurso identitário; o número 2, por exemplo, explora essa relação ao trazer a foto de um penteado de tranças, que pode ser lida como parte do processo de desmontagem de um conceito depreciativo cristalizado no imaginário ocidental atribuído à cor e aos cabelos dos negros. (Ver imagem 2.)

O incentivo à luta contra a discriminação racial é costurado através de fotos com negros e negras em posição guerreira e combativa, portando lanças e dispostos ao enfrentamento. Além disso, justamente com a reprodução de símbolos das culturas africanas como as máscaras,é um exemplo do interesse dos editores em fazer das capas do periódico um instrumento de persuasão e mobilização do leitor, para participar da agenda política defendida pelo periódico.

Talvez, tomando como porto de partida a "sintaxe" sugerida pelas capas, seja possível dividir o projeto das mesmas em três fases; a primeira estaria mais interessada em fazer das capas um instrumento de conscientização e vai até o número 12; a segunda fase compreende os números 13, 14, 15 e 16, cujas capas são compostas a partir do aproveitamento de detalhes de pinturas, máscaras, objetos ligados às artes e às culturas africanas; os últimos números apresentam nas capas fotografias de casais e famílias negras, enfatizando plasticidade dos modelos em atmosfera de afetividade. Estruturadas a partir de um modelo de capas de produções da mídia endereçadas a um público negro, como as revistas *Ebony*, *Pride*, *Amina*, ou *Raça*, talvez esbocem o desejo de criar um padrão de beleza negra, ou afro-brasileira, nos moldes das publicações da indústria cultural. (Ver nas reproduções das capas do número 14 e do número 18 – imagens 3 e 4, respectivamente – que evidenciam as mudanças ocorridas na apresentação do periódico.)

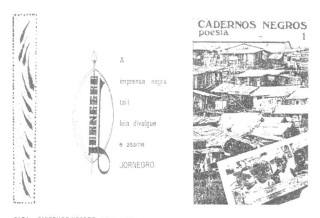

CAPA - *CADERNOS NEGROS* - N° 1 - 1978 (Mensha Gamba)

CAPA - *CADERNOS NEGROS* - N° 2 - 1979 (Mensha Gamba)

CAPA E CONTRACAPA - *CADERNOS NEGROS* - Nº 3 - 1980 (Mensha Gamba)

CAPA - *CADERNOS NEGROS* - Nº 14 - 1991 (Márcio Barbosa)

CONTRACAPA - *CADERNOS NEGROS* - Nº 16 - 1993

Na tradição de origem africana, o corpo tem papel e função bastante diferente daquele proposto pela tradição ocidental e pela tradição religiosa judaico-cristã. O corpo móvel, elástico e gingado será visto como exótico e imoral por uma cultura na qual é trabalhado, desde a infância, para a imobilidade, tolhido em seus movimentos e na expressão dos seus desejos. A liberdade dos movimentos do corpo e a valorização da sua linguagem são desprestigiados e mesmo reprimidos pelo sistema educacional e religioso ocidental e hegemônico, forçando homens e mulheres a se especializarem na criação de formas de expressão camufladas sob o véu do puritanismo. No entanto, como nos lembra Muniz Sodré,[6] a tradição simbólica de origem africana reivindica a presença ativa do corpo, e somente por meio dele ocorre a expansão do individual concreto. O corpo é, pois, essencial para a expansão da força vital (axé).

Herdeiros de uma tradição que explora as relações do corpo com os elementos da natureza e com as entidades religiosas, os negros deportados para as metrópoles e para as colônias européias vêem-se obrigados, na diáspora, a fazer calar o corpo – impedir sua interferência cotidiana na construção do mundo, pois lhes é permitido usar o corpo apenas para o trabalho. As danças, a capoeira e a linguagem corporal cotidiana de expressão de assentimento ou negação são repelidos, estigmatizados como selvagens, primitivos, sensuais, pecaminosos [...], como se desde sempre os corpos, todos, mesmo os silenciados, não estivessem atravessados pelas marcas sociais e culturais e como se não participassem de um universo de agências coletivas, percebidas por aqueles que dominam o repertório de sentidos do código.

As danças ritualísticas e festivas tinham para os africanos a função de transmitir um saber de uma memória mítica tanto religiosa quanto prática e, devido a isso, provavelmente tenham conseguido ser preservadas, apesar da proibição dos senhores, das pressões e da perseguição policial.

Evidentemente que, no Brasil, a repressão à linguagem do corpo não se efetiva na sua plenitude, pois mesmo quando se instituiu a crítica e a desaprovação a essa liberdade sígnica do corpo dos negros e mestiços, por outro lado, nos universos privados ou mais distensos, ambigüamente, apreciou-se e transformou-se o corpo negro e mestiço primeiramente em objeto de desejo, como podem ilustrar os exemplos estereotipados de personagens mulatas e negras descritas na literatura como sensuais, devassas, quando não imorais, e,

---

[6] SODRÉ, "Cultura negra e corporalidade", palestra proferida no Seminário do Axé Opô Afonjá, em abril de 1995.

posteriormente, transformadas em mercadoria de exportação da indústria cultural, como demonstram o sucesso das escolas de samba e os inúmeros "shows de mulatas" montados no Brasil e no exterior, dentro dos programas da indústria do turismo sexual.

Os movimentos negros da diáspora traçaram desenhos identitários que recuperaram a valorização do corpo negro nas suas formas e movimentos, e, a partir de então, em vários espaços da diáspora negra, a representação do corpo negro passa a ser considerada um palco de luta pela construção da identidade negra que desafia os modos hegemônicos de representação. Stuart Hall chama a atenção para o modo como as culturas negras "usaram o corpo" não apenas como objeto de reflexões ou fundamento para as composições identitárias, mas "como se fosse, e freqüentemente o foi, o único capital cultural que tínhamos. Nós tivemos que trabalhar nós mesmos como telas de representação".[7] Na verdade, rosto, cabelos, cor da pele e o corpo negro passam a ser apreciados em sua especificidade, desvinculados do desejo de repetir, de modo canhestro, os modelos e comportamentos propostos pela tradição eurocêntrica.

O desenho de contra-imagens pode ser observado tanto nos textos quanto nas capas do periódico em estudo, as quais se tornaram veículos de propagação da beleza negra, da expressividade do corpo negro, das tradições de origem africana e da disposição do afro-descendente para a luta e por um espaço de atuação na sociedade. As fotos de crianças, mulheres e guerreiros negros deslocam o olhar instituído sobre o Outro e forçam um outro olhar para a diferença, olhar que desafia a tradição ocidental, que exige modelos de apreciação e análise fora dos seus padrões.

Para controlar a *cadeia flutuante* de significados, a pequena seção intitulada "nossa capa", de modo similar aos prefácios, sugere caminhos de leitura e orienta a interpretação das capas e textos em direção aos sentidos priorizados.

Já as contracapas, na maioria dos casos, são constituídas por pequenas fotografias dos escritores que publicam em cada número. Elas parecem inserir as marcas autorais diferenciadas contidas nos

---

[7] HALL, 1996. p. 470.

rostos, podendo sugerir ainda a pluralidade de propostas e de modos de compreensão da cultura e da literatura negra veiculada pelo periódico. Rostos negros e mestiços com marcas e traços individuais apontam para a existência também de um discurso afro-brasileiro de caligrafias, sentidos e idéias variadas. Organizadas de modo a sugerir simultaneamente a idéia de conjunto e de individualidade, as fotografias ressaltam rostos e perfis de cada autor representando, também, a diversidade das identidades individuais e do grupo, que se fazem e se refazem diferencialmente a cada número e a cada texto dos *CN*. A partir do número 18, as fotografias começam a ensaiar o ingresso no corpo do texto, no citado volume, saindo das contracapas e colocadas nas orelhas do livro. Já os números 19 e 20 colocam as fotografias no interior da coletânea, seguidas de uma breve biobibliografia, antecedendo o conjunto de textos de cada escritor.

Talvez essa sintaxe de organização das contracapas constitua um recurso de fixação de autoria, sugerindo que as marcas das individualidades representadas revelam também o intuito de promover o deslocamento dos lugares sociais instituídos disponíveis para o negro na sociedade brasileira.

Como produção textual de protesto e de luta, a linguagem utilizada é predominantemente de apelo e persuasão, uma vez que interessa mobilizar o leitor para reagir às situações de discriminação e racismo que continuam a acontecer. As expressões tomadas de empréstimo aos rituais do candomblé, outras expressões de origem iorubá, a oralidade tão marcante nas tradições de origem africana, a linguagem popular brasileira com suas gírias e informalidade modulam/moldam a linguagem dos escritores, evidenciando algumas das *nuances* que os africanos imprimiram às línguas que lhes foram impostas durante a escravidão e colonização.

Os prefácios-manifestos

A nossa fala desvela, delata, relata, invade quem
ouvi-la ou lê-la. Ela é a própria personificação
de negro sendo, re-sendo, mudando, re-mudando, sentindo, re-sentindo.

Miriam Alves

Grande parte das edições dos *CN* é precedida de uma introdução ou apresentação, redigidas por figuras representativas dos
estudos da história e tradição de origem africana ou representantes da militância negra, tais como Clóvis Moura, Lélia Gonzalez,
José Correia Leite ou Waldemar Corrêa Bomfim (volumes 2, 3, 4, 5,
6, 16, 17 e 19).

Nos prefácios, espécie de manifestos da produção textual, pessoas identificadas com os objetivos do periódico apresentam e explicam as propostas do conjunto de textos. Rejeitando e contestando as
formações e significações criadas para traçar uma identidade monolíti-
ca para o Brasil, em tom por vezes bastante enfático, os textos que
chamamos de "prefácios" propõem-se a conduzir ou interferir na recepção dos poemas ou contos. O leitor é instado a refletir sobre os aspectos que os autores consideram os mais significativos daquele número
do periódico. São enfatizadas a importância da publicação para as lutas
contra o racismo e a discriminação racial, bem como a urgência de se
produzirem identidades afro-brasileiras por meio dos textos.

Sentindo-se desenraizados no seu país de nascimento, os autores dos "prefácios", ratificando as propostas dos autores dos textos, buscam, primeiramente, criar um espaço de invenção de uma identidade negra construída a partir dos fragmentos, fios e retalhos relegados pela tradição – constroem um panteão heróico, elegem precursores e criam marcos de origem em um espaço despojado da humilhação do escravismo. A escravidão não será apagada ou "esquecida" pela história, mas deverá ser revista com ênfase nos momentos de rebelião e revolta, contestando a imagem predominantemente divulgada do negro submisso e afeito à vida escrava.

Um passo no processo de construção da identidade será a invenção-fixação de marcos de origem e de ancestralidade na África. As raízes apagadas e "esquecidas" pelos discursos assimilacionistas ganham outros sentidos e fundamentam um outro discurso que manobra os conceitos e estereótipos, refazendo-os e elaborando valores e tradições a serem negociados para a composição de um perfil identitário.

Nas palavras da apresentação do volume de número 1, está registrado o intuito de inventar vínculos com a África e a sua tradição:

> Cadernos Negros é a viva imagem da África em nosso continente. É a Diáspora Negra dizendo que sobreviveu e sobreviverá, superando as cicatrizes, que assinalaram sua dramática trajetória, trazendo em suas mãos o livro (*CN* 1, p. 3).

O texto, conto ou poema constitui-se em instrumento propagador das ligações que se efetivaram na diáspora.

Essa ênfase na construção de laços culturais com a África será repetida na apresentação do número 3:

> Todos os poemas têm como elemento de unidade exatamente esta procura de raízes culturais africanas, esse *ethos* cultural que nasce dessa busca dramática de reencontro com sua memória cultural africana. (*CN* 3, p. 10).

A África recorrente nos textos resulta de um processo de construção de um marco simbólico de origem e não significa, em nenhum momento, uma proposta de viver em moldes africanos nem de retorno literal ao continente africano. Os textos dos *CN* e do *Jornal do MNU* evocam a África enquanto signo do pertencimento à diáspora – voltar às origens africanas significa enfatizar a identidade múltipla do afro-brasileiro nos aspectos convencionalmente silenciados e ignorados. Significa o restabelecimento das conexões cortadas com uma tradição milenar, cujas marcas podem ser observadas nas culturas e costumes de várias regiões do país e, ainda, a eleição das mesmas como marcos de construção da nacionalidade. Tão construída como as noções de Roma, Europa ou Ocidente, essa África evidencia os intercâmbios e trocas que se processaram entre as diferentes culturas dos povos negros que foram trazidos para o Brasil no período do escravismo, além das negociações com as tradições ocidentais que por séculos as dominaram.

"Fixada" uma "ancestralidade africana", os textos dos prefácios continuam a elaboração do desenho identitário com a releitura de episódios históricos e heróis negros que a história oficial "esqueceu", no intuito de ratificar o discurso da predisposição do negro para a escravidão e, depois da abolição, para a exclusão da cidadania.

Os prefaciadores e também os escritores dos *CN* consultam e remexem os arquivos históricos e culturais e retiram de sob a poeira dos tempos Palmares, Zumbi, Luiza Mahin, Revolta dos Búzios, Revolta dos Malês, Revolta da Chibata e, com este material, elaboram uma história da participação do negro na construção do Brasil. No número 11 do periódico, publicado em 1988, Cuti (Luiz Silva) assim se expressa quanto às comemorações de Palmares: "[...] devemos estar atentos para reavivar criativamente a memória de acotirene; dandara, luiza mahin [sic] e tantas outras lutadoras de ontem e de hoje" (*CN* 11, p. 10).

Pode parecer redundante a insistência dos escritores em construir outra versão da história dos africanos e afro-descendentes no Brasil, entretanto vale ressaltar que a repetição será usada como recurso indispensável para reverter o repetido e repetitivo discurso do estereótipo inferiorizante. Segundo Bhabha, a força da ambivalência do estereótipo "produz aquele efeito de verdade probalística e predictabilidade que, para o estereótipo, deve sempre estar em excesso do que pode ser provado empiricamente ou explicado logicamente".[1] Combatendo a *repetição em excesso que dispensa confirmação*, a produção

---

[1] BHABHA, 1998. p. 106.

textual afro-brasileira utilizará o mesmo artifício de *repetir*, a fim de alterar e reverter o sistema de representação instituído que é assimilado, por todos nós, os educados pela tradição ocidental que, muitas vezes, incorporamos e reproduzimos a desvalorização estereotípica. O estereótipo funciona como "verdade" indiscutível, a sua força reside em conduzir e fundamentar a construção de imagens do Outro, interferindo também em desenho da auto-imagem e configuração da auto-estima desse "Outro".[2] Assim, ainda de acordo com Bhabha, o recurso do estereótipo consiste numa simplificação tão eficaz

> porque é uma forma de representação presa, fixa e interrompida que, ao negar o jogo da diferença (que a negação através do outro permite), constitui um problema para a representação do sujeito em significações de relações psíquicas e sociais.[3]

No volume 16, os responsáveis pela organização da edição descrevem seus objetivos de resgatar a memória cultural dos afro-brasileiros e de *subsidiar as novas gerações* "com este mergulho na cor da pele, revelando seu conteúdo simbólico, sua dimensão humana, impulsionar e valorizar a subjetividade do contingente afro-brasileiro" (*CN* 16, p. 13).

Os números 7 e 8 apresentam um prefácio diferente, composto de questões e depoimentos dos escritores a respeito da produção textual, seus objetivos e significados. Existirá uma literatura negra? Estaria ela inserida no que se define como literatura brasileira? Qual o seu público?

Não há uniformidade nas posições defendidas no debate quanto à definição da literatura negra. Alguns escritores defendem que a literatura negra seria aquela resultante de uma experiência existencial de "ser negro", tese contestada por outros que acreditam que se pode falar de literatura negra quando o texto "retrata o negro enquanto raça possuidora de determinada cultura e valores". O escritor Jamu Minka (José Carlos de Andrade) enfatiza que, mesmo sendo a condição de negro "uma fonte inesgotável para a criação", o que caracteriza a literatura negra é a "intencional atitude de resistência" ao apagamento e à invisibilidade.

---

[2] FANON, 1995.

[3] BHABHA, 1998. p. 117.

A polêmica sobre uma conceituação da literatura negra já existe desde há muito tempo. Alguns teóricos e escritores sempre contestaram a pertinência de apor-se qualquer qualificativo à expressão literatura. Existe a tendência a enxergar no uso de adjetivos o apagamento/desvalorização da literatura enquanto expressão artística "acima" de qualquer classificação – talvez resquício de uma crença na possibilidade de enfatizar uma "essência" do trabalho artístico. Para os escritores dos *CN*, no entanto, a questão que se coloca é a da possibilidade ou não de ser estabelecida uma relação entre autores negros e literatura negra ou tema ligado à vida do negro e literatura negra. É inconteste no pensamento contemporâneo mais recente que as minorias empenhadas em escapar da invisibilidade e mudez que lhes são impostas pelas produções hegemônicas devem agrupar-se e identificar-se como tais, a fim de tentar obter e disputar espaços de poder. Negros, mulheres, homossexuais, entre outros grupos, têm procurado fugir ao apagamento, pela criação de uma identidade relacional e móvel como estratégia que lhes permita reivindicar espaços e mudanças nos lugares sociais.

Nos prefácios, não se encontra um pensamento unânime quanto a um conceito de literatura negra, entretanto parece ser pacífica a compreensão da sua existência; para Márcio Barbosa, ela seria "feita por negros preocupados com sua condição existencialista" (*CN* 7, p. 14), e Cuti (Luis Silva) insiste na necessidade de a literatura negra proceder ao resgate artístico da tradição afro-brasileira,

> [...] a literatura negra não é só uma questão de pele, é uma questão de mergulhar em determinados sentimentos de nacionalidade enraizados na própria história do Africano no Brasil e sua descendência, trazendo um lado do Brasil que é camuflado [...] acho também que não há literatura negra sem literatura (*CN*7, p. 6).

Voltados para a função social do periódico, os poetas José Carlos Limeira, J. Abílio Ferreira e Miriam Alves destacam o compromisso social de uma literatura interessada na formação do leitor. Acreditam que escrevem para um público majoritariamente negro, militante ou não, e portanto acham que devem fazer do texto um instrumento pedagógico; tal preocupação explica o tom exortativo e de apelo presente em muitos dos textos construídos com o intuito de sensibilizar ou incomodar o leitor.

Os prefácios-manifestos

No entanto, outros autores, a exemplo de José Luanga, acreditam que quando a produção textual "está sendo escrita por um punho de um escritor ou de uma pessoa que respeite esta raça começa a existir realmente uma literatura negra" (*CN* 7, p. 13). Comungando com a linha de análise que relaciona escritor negro e uma produção textual negra, José Alberto insiste na importância de o escritor vivenciar a experiência de "ser negro", para que se possa falar de literatura negra.

Parece predominar, todavia, a tendência a compreender a literatura negra como "palavra artística cunhada no espírito de luta palmarino alimentando a consciência negra atual", como sugere o poeta Oliveira Silveira (*CN* 11, p. 15).

A maioria dos escritores entende que a literatura negra deverá tematizar o resgate da história no negro do Brasil, com vistas a contribuir para a formação de uma auto-imagem positiva deste. Acredito, no entanto, que se pode falar de uma literatura negra quando poemas e contos instauram/adotam um discurso que constrói e assume uma identidade afro-brasileira e engaja-se num projeto político de repúdio ao racismo e suas manifestações e de combate às desigualdades sociais. Evidentemente que os elementos para tal compreensão e sentimentos estarão mais disponíveis e interessarão mais diretamente aos indivíduos que vivenciam em si a experiência cotidiana, fato que não anula a possibilidade de identificação de não-negros com estes objetivos e com o discurso. Nessa ótica, a literatura negra estaria sempre ligada a uma "tradição esquecida" e depreciada pela tradição hegemônica ao longo de cinco séculos, ou a combater e denunciar as manifestações de raça e racismo.

Apesar das divergências e *nuances*, posso perceber uma certa unanimidade, por parte dos escritores, quanto à agenda política e função social dessa produção. Poderia talvez sugerir os seguintes traços como marcos característicos que, a partir dos *CN*, definem uma textualidade afro-brasileira: construção de uma origem cultural de bases africanas; valorização de costumes, religião e outras tradições herdadas das culturas africanas; resgate de episódios históricos que evidenciam o comportamento heróico de negros na história do Brasil e o trabalho de conscientização do negro no Brasil para a necessidade de assumir uma identidade afro-brasileira, insurgir-se contra o racismo e disputar o acesso aos espaços de poder.

O debate quanto à definição de uma literatura negra no Brasil estabelece-se por todo o período de publicação do periódico, mas, como já destaquei, existe uma tendência majoritária a considerar a literatura negra como aquela comprometida com o resgate da tradição afro-brasileira e com a "trajetória do povo negro nesta terra, como os milhões de excluídos e condenados à invisibilidade" (*CN* 17, p. 15).

Na literatura que se define como negra, os personagens negros são sujeitos e não objetos ou personagens secundárias; constroem e modificam imagens e perfis comportamentais baseados no cotidiano dos negros no país. Segundo Miriam Alves, a fala do negro enquanto sujeito, além de romper com imagens depreciativas "é a própria personificação do negro sendo, re-sendo, mudando, re-mudando, sentindo, re-sentindo" (*CN* 8, p. 13). O grupo demonstra o desejo de inserir a produção textual negra no contexto da textualidade nacional. Criticando a indiferença e o silenciamento, eles tentam marcar e ocupar um lugar de suplementação na produção textual brasileira. Para eles, a construção de contra-imagens e de contra-histórias viabilizaria a composição de uma produção textual suplementar.

Os prefácios, por conseguinte, expõem e defendem a agenda político-textual dos *CN*; estabelecem elos e relações de cumplicidade e divergência e organizam arquivos numa proposta de intervenção intencional na recepção dos poemas e contos. O processo de criação inquieta os poetas do periódico, de modo que também nos poemas, eles expõem e explicam suas visões dos objetivos e modos de desenvolvimento do citado processo.

OS PREFÁCIOS-MANIFESTOS

Diálogos com a tradição

Não o lirismo de um Píndaro,
O pessimismo de um Cruz e Sousa, de um Quintana.
Tudo que não for "poético",
Este poema alcança.

Vergílio Rosa Filho

Os textos dos *CN* podem ser lidos como depoimentos criativos de uma geração de escritores que reivindica um espaço para a voz negra na vida cultural e literária brasileira. Para tanto, tematizam vários aspectos da vida cotidiana do afro-brasileiro em particular, tais como a necessidade de construção de uma auto-imagem positiva, o resgate das tradições de origem africana e o combate às manifestações cotidianas de discriminação e preconceito racial na escola e trabalho – problemas decorrentes da sistemática exclusão do negro dos direitos de cidadania. Esse cotidiano, aliado a uma tradição cultural transmitida nos quatro séculos de diáspora africana, constitui marcas de expressão textual criativa que não esconde sua preocupação social emancipatória.

Os escritores abordam os temas em uma perspectiva crítica que visa alterar o sistema e as relações tradicionais de representação, nos quais a categoria "negro" é construída tendo como fundamento os estereótipos depreciativos. Inventar uma outra representação e problematizar a exclusão do grupo étnico da cidadania tornam-se metas principais dos escritores. Priorizando a função social e detendo-se no protesto e denúncia das desigualdades, os poemas e contos dos *CN* não consideram as inovações formais ou estilísticas sua meta principal; pelo contrário, buscam conscientemente a linguagem ainda simples, mais informal e acessível a um público não elitizado, que dificilmente encontra um conjunto de textos poéticos escritos nessa linguagem e, principalmente, abordando questões que lhe digam respeito diretamente.

No entanto, a ousadia ou, se quisermos, a inovação, ou, ainda, a diferença desses periódicos reside na discussão de um tema "incômodo" para a sociedade e para a literatura brasileira, qual seja, a problematização do perfil das relações raciais e suas conseqüências no desenho das desigualdades sociais. O tema leva, ainda, obrigatoriamente, à discussão do perfil da nação traçado pela produção textual canônica e conduz a uma reconfiguração dos lugares ocupados pelos vários segmentos étnicos no quadro político e social.

Os autores não desprezam, entretanto, o trabalho de intervenção criativa no código lingüístico; fazem uso dos conhecimentos de formas, estilos e recursos literários canônicos acumulados, de modo sistemático ou não, através das leituras de obras de escritores da tradição instituída e também, em alguns casos, da leitura dos textos dos escritores da chamada "literatura marginal", que circulou, durante as décadas de setenta e oitenta do século passado, nas grandes cidades do Brasil.

No diálogo, com a produção textual brasileira instituída, os textos dos *CN* rejeitam a linguagem normativa imposta como modelo. O escritor – leitor e apreciador da literatura brasileira canônica – simultaneamente contestará e incorporará as marcas desta tradição textual; afinal, ele foi escolarizado, conviveu e convive com a leitura de poemas, contos, romances, crônicas e ensaios, enfim, uma variedade de textos que lhe transmitiram modelos e conceitos acerca do texto literário, sua organização e estrutura.

Os chamados grandes nomes do cânone foram lidos, apreciados, e muitas de suas marcas incorporadas pacífica ou angustiadamente aos textos. Além de autores como Carlos Drummond de Andrade, Manuel Bandeira, João Cabral, Lima Barreto, os textos também dialogam com escritores não prestigiados pelos arquivos institucionais, tais como Lino Guedes e Solano Trindade, componentes de uma tradição textual negra não canônica.

A influência dos escritores lidos será, em alguns momentos, intensificada e enfatizada, e, mais que temer a acusação de plágio ou paráfrase, os escritores dos *CN* procedem à intencional *desleitura ou desapropriação poética* do texto canônico, num processo que se aproxima do *clinamen*.[1] O *clinamem* é descrito por Bloom como uma espécie de irônica lição que o poeta mais novo dá ao precursor. O poeta mais novo desvia-se do precursor, a ponto de corrigir-lhe a rota. Temas, imagens e idéias são revisados, "sugerindo que o poema precursor fora acurado até certo ponto, mas deveria, então, ter-se desviado, precisamente na direção em que se move o novo poema".[2]

A influência é explicitada e assumida, porém move os poetas o desejo de construir um lugar de ruptura com o cânone, reverter-lhe o sistema de significação e de valoração e, desta forma, apontar os "equívocos ideológicos" dos escritores inscritos na tradição. No intuito de organizar outro sistema de significação e de valores, no desejo de construir outros códigos de significação, será feita uma deferência ao escritor canônico; afinal, alguns deles serão escolhidos enquanto contrapontos ilustrativos dos momentos de ruptura.

Nos textos dos escritores mais velhos que publicam nos primeiros números, pode-se perceber uma intenção explícita de um diálogo de "correção" dos poetas canônicos, como ilustra o poema de Oswaldo de Camargo, intitulado "Atitude":

> Eu tenho a alma e o peito descobertos
> à sorte de ser homem, homem negro,
> primeiro imitador da noite e seus mistérios.
> Triste entre os mais tristes, útil
> como um animal de rosto manso.
> Muita agonia bóia nos meus olhos,
> inspiro poesia ao vate branco:
> "...Stamos em pleno mar..."
> Estamos em plena angústia!
> [...] (*CN* 1, p. 42.)

---

[1] Harold Bloom, na introdução do seu livro *A angústia da influência,* propõe seis formas de um escritor retomar, desler a obra de seus precursores; o *clinamem* é a primeira das estratégias citadas da qual me aproprio para analisar a relação dos escritores afro-brasileiros com a literatura instituída (BLOOM, 1991. p. 33-45).

[2] BLOOM, 1991. p. 43.

O poeta acredita que o fato de ser negro confere ao indivíduo determinado destino, marcado pela disponibilidade para as intempéries: "imitador da noite e seus mistérios", "triste, útil como um animal de rosto manso". A descrição do poeta fixa-se em modelos de símiles e comparações que não favorecem a construção de uma auto-estima positiva do afro-descendente, mas apontam para um estado de inquietação a contrastar com o rosto manso.

No seu diálogo com o *vate branco*, é evidente que o escritor fale de um lugar étnico-social diferente e, por isto, sintetize as diferenças entre o verso do poeta romântico ..."Stamos em pleno mar" e o seu verso "Estamos em plena angústia". Se, no século XIX, em plena campanha abolicionista, Castro Alves voltava-se contra a escravidão; no presente século, os versos insurgem-se contra um discurso e prática de exclusão da cidadania, ainda alicerçados em bases étnico-raciais. O poeta romântico fazia-se porta-voz de um povo impedido e impotente para falar. Agora, porém, o poeta afro-brasileiro é o dono da voz, fala por si e pelo seu grupo étnico, deslocando a eloqüência dramática pelo uso de um tom incisivo do discurso identitário e de denúncia que, ao final, sugere reação:

> Estamos com a cara preta
> rasgando a treva e a paisagem
> minada de precipícios
> velhos, jamais arredados!
> [...]
> Negro, ó negro, pedaço de noite, pedaço de mundo ergue-te!
> Deixa essa mansidão nos olhos,
> Tua delicadeza,
> E o fácil riso jovial.
> [...] (*CN* 1, p. 42-44).

Mais de um século depois, as vozes, os navios e os mares são outros, não é mais invocado o Deus surdo e insensível. Na reescrita de Sônia Fátima Conceição, o "Navio Negreiro" descentra o discurso canônico, movido por outro Deus e em direção a outra rota, sonha com a possibilidade de caminho favorável à construção identitária e à força ativa que visa assenhorear-se de alguma forma de poder, mesmo que por motivações "sobrenaturais":

Por força e comando
do ORIXÁ Maior
mudou-se o rumo dos ventos
desenharam-se nuvens no céu
E o mar foi colocado
em nossa direção. (*CN* 11, p.69)

Os diálogos que os poemas e contos do periódico estabelecem com a literatura brasileira comparecem no meu texto, primeiramente com o intuito de demonstrar que parte dos autores tem algum tipo de convivência com as técnicas e textos da literatura canônica, muito embora opte por fazer uma literatura endereçada a um grupo específico, tendo por meta ser útil à formação da sua auto-estima. Por outro lado, o intuito dessa "desleitura" dos autores reconhecidos é provocar a discussão de fórmulas e modelos forjados para representar o negro ou discutir questões ligadas ao tecido das relações raciais – um debate que poderá levar a alterações significativas no sistema de representação utilizado nos vários textos produzidos pela sociedade, na maioria das vezes, marcados pela depreciação estereotípica, como já destacaram alguns estudiosos[3].

Usando como tema aspectos da história e da vida de um grande contingente populacional do Brasil, possuindo um público ledor ainda restrito, mas capaz de garantir a subsistência das edições, estes textos devem ser inseridos no conjunto da produção textual brasileira como suplemento, no sentido derridiano de acrescentar linhas e contornos e desestabilizar desenhos pretensamente perfeitos e estáveis.[4]

Na maioria das vezes, o diálogo com os textos da literatura instituída estabelece-se de modo a reverter sentidos e deslocar as marcas do etnocentrismo, "desnaturalizar" os papéis e os lugares socais das personagens negras, atribuindo-lhes o poder da voz e de ação. É o procedimento utilizado pelo poema "Outra nega Fulô" de Oliveira Silveira:

---

[3] Refiro-me principalmente a trabalhos críticos do sistema de representação do negro utilizado pela literatura canônica, tais como *A mulata e o preconceito de cor,* de Teófilo Queiroz Jr., *O negro e o romantismo brasileiro,* de Heloisa Toller Gomes, e *Poesia negra no modernismo brasileiro,* de Benedita Gouveia Damasceno, entre outros.

[4] DERRIDA, 1971. p. 201-204, 244-245.

O sinhô foi açoitar
a outra nega Fulô
– ou será que era a mesma?
A nega tirou a saia,
a blusa e se pelou
O sinhô ficou tarado,
largou o relho e se engraçou.
A nega em vez de deitar
pegou um pau e sampou
nas guampas do sinhô.
 – Esta nossa Fulô!,
dizia intimamente satisfeito
o velho pai João
pra escândalo do bom Jorge de Lima,
seminegro e cristão.
E a mãe-preta chegou bem cretina
fingindo uma dor no coração.
 –Fulô! Fulô! Ó Fulô!
   A sinhá burra e besta perguntou
   onde é que tava o sinhô
   que o diabo lhe mandou.
 – Ah, foi você que matou!
 – É sim, fui eu que matou –
   disse bem longe a Fulô
     pro seu nego, que levou
     ela pro mato, e com ele
     e aí sim ela deitou.
   Essa nega Fulô!
   Essa nossa Fulô! (*CN* 11, p. 56-57)

Oliveira Silveira modifica a história insistentemente repetida em estudos, romances, piadas e provérbios que "fixam" a mulher negra em um papel de passivo objeto sexual. A "Outra nêga Fulô" atua de um modo que abala a fixidez do estereótipo, é apresentada como personagem ativa que recusa o assédio do senhor e as "vantagens" que dele poderia obter – não corresponde ao estereótipo da negra que ascende por vias dos dotes de sua sensualidade. Mantendo e até enfatizando alguns elementos que circunscrevem a história no campo semântico fálico, o poema faz a "Outra Fulô" inverter, por momentos, as relações de dominação (quando o senhor, cheio de desejo, larga o relho, ela pega o pau, bate e mata o senhor). O texto propõe ainda modificações nas representações do negro e da negra, com as reconfigurações das personagens Pai João e Mãe Preta, sempre carregadas de submissão e passividade no discurso instituído etnocêntrico.

O poema de Silveira inicia-se em momento que corresponde aos versos finais do poema de Jorge de Lima; interessa aqui o desfecho da história. Apesar de os primeiros versos do poema de Oliveira Silveira explicitarem diretamente um diálogo com o poema antológico, logo o verso seguinte traz a debate a identidade da personagem, seria Outra Nega Fulô, " – ou será que era a mesma?" Como não pensar aqui nas relações ambíguas entre o Mesmo e o Outro, considerando a alteridade "enquanto componente da subjetividade individual e cultural de todo e qualquer grupo"?[5] Não estaria já a outra Fulô dentro daquela primeira de Jorge de Lima, como a Capitu de Machado de Assis?

Não seria esta a *mesma* Fulô agora "deslida", através de outras lentes de interpretação? Seria ela resultado de uma imagem que avança e ultrapassa os limites ideológicos de *outro* poeta que fala de *outro* lugar étnico e em *outro* momento? Ou seria *outra* porque o momento histórico não lhe permite mais corresponder à imagem de submissão já cristalizada e instituída? Ou *outra*, ainda, por ser uma construção "nossa", como sugere o último verso: "Essa nossa Fulô !"? *Nossa*, de sujeitos afro-brasileiros, que falamos de nós, nossas idéias e sentimentos? *Nossa*, porque participante de uma tradição outra que se constrói apresentando contra-imagens?

O mesmo desejo de contrapor-se à imagem da mãe preta bondosa, passiva, disposta sempre ao sacrifício pessoal para promover o bem-estar do senhor e patrão, impotente e incapaz de esboçar qualquer reação diante das agruras da vida escrava – imagem cristalizada no imaginário e repetida pela literatura canônica, parece motivar os versos de Márcio Barbosa no poema "O que não dizia o poeminha do Manuel"

> Irene preta!
> Boa Irene um amor
> mas nem sempre Irene
> está de bom humor

---

[5] SOUZA, 1993. p. 23.

se existisse mesmo o Céu
imagino Irene à porta:
– Pela entrada de serviço – diz S. Pedro
dedo em riste.
– Pro inferno, seu racista – ela corta.
Irene não dá bandeira
ela não é de brincadeira. (*CN* 15, p. 64).

O poema de Manuel Bandeira, "Irene no céu", passa pelo processo de "correção", já apontado desde o título, "O que não dizia o poeminha do Manuel" e reiterado, afinal, "nem sempre Irene/está de bom humor". O poeta afro-brasileiro praticamente desmonta todo o corpo simbólico em que se estrutura o poema de Bandeira. Não é só o bom humor que é contestado, também o céu é envolvido por um tom de ceticismo e é desmistificado o ar bonachão de S. Pedro. Na "desleitura" que faz do "poeminha" de Manuel Bandeira, Márcio Barbosa mantém quase a mesma estrutura gráfica do poema, mas, principalmente, "desvicia" e corrige valores e premissas cristalizados e dá a Irene uma personalidade atuante e reativa.

Os dois poemas canônicos referidos, "deslidos" pelos *CN* na escrita de Oliveira Silveira e Márcio Barbosa, estão presentes em quase todas as antologias de poemas brasileiros destinadas a alunos de primeiro e segundo graus, e são apreciados pela crítica instituída, devido à indiscutível beleza, sem que, entretanto, seja apontada a sua base estereotípica discriminatória. Esses e outros textos ilustram, de modo exemplar, como o discurso canônico "naturaliza" os desenhos dos afro-brasileiros e reforça as imagens que os descrevem como seres passivos, submissos, incapazes de atuar fora do esquema estereotípico.

Por outro lado, o ato de escolher determinado poeta canônico para "desler" evidencia também que os poetas afro-brasileiros reverenciam-no, muito embora lhe apontem e critiquem a limitação ideológica. As relações com os poetas canônicos podem efetivar-se, ainda, no uso do mesmo tom, de imagens semelhantes, para constituir afiliações ou apontar influências. Conceição Evaristo, ao descrever as suas marcas regionais, evoca o poeta mineiro Drummond, não somente por reportar-se ao mesmo espaço geográfico:

Quando chego de Minas
trago sempre na boca um gosto de terra.
Chego aqui com o coração fechado
um "trem" esquisito no peito.
[...]
É duro, é triste
ficar aqui
com tanta mineiridade no peito. (*CN* 13, p. 29).

No poema "Pedra, pau, espinho e grade", partindo do verso antológico – "no meio do caminho tinha uma pedra" – a mesma escritora vê ampliado e diversificado o universo de obstáculos e intempéries da vida cotidiana (*pedra, pau, espinho* e *grade*), no entanto, adotando uma agenda crente na possibilidade de resistir e superar as barreiras, transforma-as em estímulo para enfrentamento vitorioso dos desafios e dificuldades:

"No meio do caminho tinha uma pedra"
mas a ousada esperança
de quem marcha cordilheiras
triturando todas as pedras
da primeira à derradeira
de quem banha a vida toda
no ungüento da coragem
e da luta cotidiana
faz do sumo beberagem
topa a pedra-pesadelo
é ali que faz parada
para o salto e não recuo
não estanca os seus sonhos
lá no fundo da memória,
pedra, pau, espinho e grade
são da vida um desafio
e se cai, nunca se perdem
os seus sonhos esparramados
adubam a vida, multiplicam
são motivos de viagem. (*CN* 15.p. 21).

Todos os sinais negativos, colocados diante do caminho, são modificados, reelaborados pela dura experiência "de quem marcha cordilheiras/triturando todas as pedras". Diferentemente do cansaço, resultante da monotonia e constância da paisagem do poema de Drummond: – "no meio do caminho tinha uma pedra./ Nunca me esquecerei desse acontecimento/na vida de minhas retinas tão fatigadas" –, constata-se aqui a disposição para superar os impedimentos, para aprender com a pedra uma outra lição, a da resistência e luta, pois a "pedra-pesadelo" motiva a "parada para o salto", é "motivo de viagem".

Redesenhar personagens e dotá-los de outros discursos é também um recurso utilizado pelo conto "Guarde segredo", de autoria de Esmeralda Ribeiro, em que se concretiza o "desejo" da personagem, chamada Lima Barreto, de reescrever, atualizando, a história de Clara dos Anjos. Em conto de atmosfera fantástica, a personagem é apresentada como uma outra Clara dos Anjos que volta e, quando enganada, discriminada e ofendida por Cassi Jones e por sua mãe, reage e mata-o – deslocando mais uma vez a representação instituída dos negros e da mulher como submissos, passivos, de fraca personalidade, acenando uma possibilidade de outros desenlaces para situações vivenciadas pelos afro-brasileiros.

> Não tomaria nada, coragem eu tinha de sobra. Procurei, igual uma louca, o desgraçado. Encontrei-os na saleta de um hotelzinho. Ela fugiu, mas ele não teve tempo de reagir. Foram tantas facadas!...Parei quando caiu aos meus pés. Também arranquei de seu pescoço um cordão de ouro. Guardei a faca no pacote de roupa e saí tranqüilamente. Demorei menos de uma hora para chegar à casa da vovó. Foi daí que vi, tenho certeza. A sala antes trancada a chave, estava aberta. Escutava um tec-tec-tec. Entrei pela cozinha, passei pelo quarto e parei em frente à porta da sala. Gritei, chamando vovó. Fui entrando, entrando e ouvi o Lima Barreto escrevendo à máquina.
> [...]
> O escritor tirou da máquina o papel, rasgou em pedacinhos e jogou no lixo. Olhou para a vovó e disse: "Obrigado. Eternamente obrigado". Então, vovó Olívia falou aquilo: "Tinha que ser assim minha neta" e continuou: "Não devemos aceitar o destino com resignação". Fiquei parada, olhando para os dois. Vovó prosseguiu: "Não tive culpa, foi ele quem pediu pra voltar". (*CN* 14, p. 28-29)

O tema da possibilidade da vingança do escravo perturbou a tranqüilidade dos senhores por todo o período da escravidão, de modo mais enfático durante o século XIX. O já citado livro de Célia Maria de Azevedo, *Onda negra medo branco,* analisa a questão no Brasil de fins do século XIX, apontando o modo como as elites procuravam resguardar-se da vingança, utilizando muitas vezes a violência preventiva. A literatura também demonstrou preocupação com o tema em textos de Castro Alves e em novelas como *As vítimas algozes,* de Joaquim Manoel de Macedo, além das crônicas de jornal. Alguns abolicionistas usaram o argumento da possibilidade de vingança do "inimigo doméstico" para justificar a necessidade urgente da abolição.

O diálogo intertextual proposto pelos textos de Márcio Barbosa, Esmeralda Ribeiro e Conceição Evaristo busca ativar ou até mesmo formar um repertório de leitura baseado no cânone (Bandeira, Lima Barreto, Drummond) que será lido, ou melhor, relido, de acordo com outras motivações ideológicas. O leitor poderá encontrar, no periódico, outros exemplos mais ou menos diretos do diálogo que os escritores estabelecem com a literatura brasileira instituída, um diálogo que, se por um lado evidencia o desejo de inserção no conjunto dos textos da literatura brasileira, por outro demonstra a ambigüidade desta inserção: além de buscar refazer o desenho e o modo de atuação da personagem negra, tem por objetivo incentivar o "leitor provável" a proceder alterações nas suas auto-imagens e na sua percepção das relações raciais no país.

Poemas como "Trabalho", de autoria de Cuti (Luis Silva), entre outros, explicam o processo de criação, definindo o que vem sendo entendido pelo periódico e pelos diversos escritores como literatura afro-brasileira. Participante do grupo idealizador e organizador dos *CN,* Cuti atua tanto como escritor, em quase todos os 21 números até agora publicados, quanto como editor e organizador de diversos números, e expressa a sua compreensão de literatura negra e atividade do escritor como intervenção criativa no universo cotidiano. O título do texto destacado, "Trabalho", já sugere uma concepção da criação do texto como exercício,

> no seio desta cela
> se faz a saída
> mesmo quando exausta
> a palavra
> ameaça um lamento

em bluessuicida
a página
suas pedras e grades
o peito e seu fundo
de ferramentas impossíveis
angústia e medo
desfeitos
a cada gesto
ninguém mais de rastro
a vomitar os clássicos
engolidos à força
nossa resistência de escavar o estigma
solidão
brancura...
até minar o sonho e a lágrima
imensidão e rima
entre tudo e nada
e à tona
vir o sol-dádiva da negrura. (*CN* 15, p. 26).

Jogando com um dos elementos clássicos de caracterização do trabalho poético como atividade que exige recolhimento, distância dos movimentos e ruídos externos, ou como trabalho exaustivo de busca da palavra certa, o poeta define-se artífice, no esforço que empreende para encontrar a palavra, e a idéia precisa que vão constituir o poema. Porém se, por algum tempo, a teoria da literatura debateu-se em escolher entre a "transpiração" e a inspiração, a dominante do trabalho poético, Cuti opta pelas duas; sua poesia parece mesmo consistir em uma disputa em que a subjetividade lírica sai vitoriosa. O texto resulta de um esforço de superação de barreiras impostas por modelos estéticos prefixados. Gesto insistente de trabalhador incansável, o verso se faz marca étnica, obtida com esforço e emoção, trabalho e afeto, pesquisa artística empreendida fora dos limites do *ethos* e da estética consagrados.

Refugiado no quilombo das palavras da língua, como o Drummond de "lutar com palavras", ou como o beneditino de Bilac que "Longe do estéril turbilhão da rua escreve", embora de modos diferentes e situado em lugar também diferenciado, estabelece o diálogo intertextual que é inerente a todo trabalho literário, já que o poeta escreve com ou contra os seus predecessores, *deslendo-os e deslendo-se,* como já foi dito por vários teóricos da literatura, como Eliot e Bloom, por exemplo. A tradição ocidental clássica comparece para ser rejeitada como modelo a ser obrigatoriamente seguido e, paradoxalmente, também como ponto de partida para que se forje uma outra tradição.

Mas se o trabalho do artífice demanda esforço e concentração, existe a certeza de que a palavra explodirá – uma explosão da subjetividade sugerida, individualmente e em conjunto, pelas palavras dos versos: "um lamento em bluessuicida" que ameaça romper o cerco de "pedras e grades", "peito" e "ferramentas". A escolha do *blues* como o resultado da explosão, o *bluessuicida,* chama a atenção para os indicativos de resistência, tristeza, persistência, alegria e inventividade que permeiam toda a história dessa forma musical. O crítico literário afroamericano Houston Baker Jr. indica o *blues* como um "tropo vernacular" de grande produtividade para o estudo da literatura, da crítica e da cultura afro-americana. O *blues* é caraceterizado como um amálgama de culturas e expressões diversas, de códigos diferenciados que se juntam e entrecruzam ao cantor e às suas experiências e habilidades em moldar e improvisar formas para essas culturas, expressões e códigos.[6]

Ligado ao momento em que crescem as estradas de ferro e o número de locomotivas nos Estados Unidos, e que provoca reações contrárias de vários escritores do país, os *blues* e os *bluesmen* manifestaram-se favoráveis à expansão das ferrovias e fizeram dos ruídos dos trens, encruzilhadas das ferrovias, elementos constitutivos das letras e melodias da forma musical.

Os estudiosos do *blues* descrevem-no como uma rede que incessantemente incorpora e acrescenta marcas, sons, interpretações, tons e toques e também inscrições líricas de presença e ausência de possibilidades; mais, o blues funde também virtuosismo artístico, sentimentos de dor, de perda e crença na possibilidade de idas e vindas e encontros inusitados. Ao usar a imagem do "lamento do bluessuicida", o poeta estabelece uma possibilidade de diálogo com outro espaço da diáspora africana, incorporando e simultaneamente acrescentando seu tom a uma espécie de tropo afro-americano, lugar

---

[6] BAKER, Jr., 1984. p. 1-11.

de encontros e de expressões pessoais. Visto por alguns como música triste, lamento, o blues carrega consigo a garra da resistência e disposição para o enfrentamento. Como ler, então, o "lamento em bluessuicida" de Cuti? Como o canto também suicida da cigarra? Como instrumento intencionalmente usado pelo poeta para a autodestruição? Como evocação da alegria e prazer, viagens, tristezas e paradas que permeiam a vida do *bluesman* e que fazem persistir em suas histórias a idéia de resistência e de vida que brota.

Circulamos, pois, entre razão e emoção, contenção e liberdade, pedras e peito que permeiam o poema e compõem a atividade do poeta imprimindo suas marcas digitais no texto. O resultado é um trabalho persistente de *escavar* até conseguir não a explosão impetuosa, pois a opção escolhida é outra, *minar,* sutilmente fazer brotar *o sonho e a lágrima, a vastidão da poesia,* e outra vez evoco algumas possibilidades de sentido deste verbo enquanto marca do trabalho de resistência do africano e dos afro-descendentes em toda a diáspora. – um trabalho, silencioso, astucioso de fazer surgirem, quase imperceptivelmente, momentos de reação.

O *Sol dádiva da negrura* reside além da superfície, brota como resultado de ações de grande significado para a história dos quilombos, dos afro-brasileiros: *escavar* e *resistir* que provoca o *minar* – minar, enquanto abalar as bases de um sistema político e de representação excludente, minar enquanto desconstruir os fundamentos do sistema de valor e significação, enquanto brotar lenta e constantemente a força das marcas identitárias, pois com o diz, ainda, Cuti, em outro momento de poesia, a "árvore da vida/ escreve com suas raízes/ o corpo da minha fala".

A cor e a pele

eu,
pássaro preto,
cicatrizo queimaduras de ferro em brasa,
fecho corpo de escravo fugido
e
monto guarda
na porta dos quilombos.

Adão Ventura

Os textos dos *CN* evidenciam a compreensão de que um dos passos significativos para a implementação de novas políticas de inserção do negro na sociedade brasileira é constituído pela elaboração e divulgação de imagens e discursos, por isto seus autores empreendem um grande esforço para remapear e reconfigurar o imaginário instituído. Entendem que discurso, imagem e poder estão interligados de modo que a intervenção direta dos afro-brasileiros nos discursos e nas várias instâncias de prestígio e de poder é indispensável para que as mudanças ultrapassem o plano do desenho das imagens e organizem "políticas culturais da diferença" que, além de resgatarem a auto-estima, promovam condições políticas e sociais de respeito à diversidade cultural e à igualdade de direitos.

Acreditam na função social da literatura e, por isto, investem no projeto de sugerir, mais que isto, "ensinar" ao leitor as possibilidades de análise e de reflexão crítica dos papéis que ele poderá exercer na sua vida social e política. Deste modo, a meta programática e pedagógica de compor contra-imagens do negro no universo das produções artísticas e acadêmicas ganha contornos definidos nos textos dos jornais e nos depoimentos de diversos militantes do movimento negro.

Estudiosos inseridos no que se denomina contemporaneamente *black studies*, tais como Cornel West, bell hooks e Stuart Hall, têm-se empenhado na discussão de propostas alternativas de "políticas culturais da diferença" que modifiquem os espaços de atuação política e social dos afro-descendentes. De acordo com Cornel West,[1] as lutas dos povos "descolonizados" e os movimentos negros por elas influenciados forçaram um outro desenho geográfico cultural das ex-metrópoles, impelindo-as a discutir temas como identidade, migração, nacionalidade, diferença, exclusão, pós-colonialismo, entre outros. Ele entende que, nas décadas finais do século XX, o movimento negro, por meio das diversas entidades e organizações, deve aceitar os desafios de ordem intelectual, existencial e política que viabilizem ações concretas de alteração das relações de poder; deve também,

> constituir e manter redes discursivas e institucionais [...] e construir respostas mais ambivalentes e multidimensionais que articulem a complexidade e diversidade das práticas negras no mundo moderno e pós-moderno.[2]

Em texto intitulado "What's this 'black' in the black popular culture?".[3] Stuart Hall discute e acrescenta algumas questões ao texto de West. Para ele, se por um lado as etnicidades e culturas marginalizadas passam, hoje, a ter acesso a um certo espaço de visibilidade decorrente, entre outras coisas, "de políticas culturais de diferença", de lutas em torno da diferença e da produção de novas identidades, do aparecimento de novos sujeitos no palco político cultural – fatos que geram mudanças na balança de equilíbrio das relações culturais –, por outro lado, também o que substitui a invisibilidade é uma espécie de visibilidade *cuidadosamente regulada, segregada* e que não pode conduzir o analista nem à negação nem à supervalorização destes

---

[1] WEST, 1995. p.147-171.

[2] WEST,1995. p.161.

[3] HALL, 1996. p. 465-475.

espaços de visibilidade, pois, muitas vezes, a proliferação de diferenças produz um "tipo de diferença que não faz diferença alguma".[4]

Hall faz referência a um ponto extremamente importante para as reflexões sobre a freqüência com que a diferença tem aparecido nos debates e estudos contemporâneos. Na verdade, enquanto tema, a diferença está instalada hoje nas agendas dos vários campos do saber, no entanto, na prática das relações cotidianas, pessoais e institucionais, os estereótipos inferiorizantes e as exclusões continuam a ser os fundamentos estruturantes. Como se agenda e prática pudessem ser mantidas isoladas.

Os estudos sobre o negro, em toda a diáspora, têm-se voltado, pois, para as possibilidades de serem impostas mudanças práticas que, mesmo aparentemente diminutas, interferirão de modo significativo nos moldes representacionais e comportamentais e, ainda, na ordem social, na efetividade das relações sociais.

Pensando em termos do Brasil, a questão da "diferença que faz ou não diferença" cresce em importância no que tange ao fato de alguns símbolos culturais de origem africana serem usados como símbolos nacionais pelos discursos instituídos e, mais especificamente ainda, no tocante à apropriação das imagens identitárias, trabalhosamente construídas pelos negros baianos, pela indústria cultural, como mercadoria de alto valor financeiro e de fácil circulação na *mídia* atual. Em ambas as situações, preocupa-me que a apreciação e a incorporação simbólica da diferença simplesmente simulem a quebra de preconceitos e até possam ser usadas como apologia da democracia racial, sem que se modifique, significativamente, a distribuição de espaços e de poder nos setores privilegiados. Retomando Gramsci, ficam evidentes as estratégias utilizadas pela cultura hegemônica para promover adequações no seu discurso de modo a viabilizar a absorção das mudanças que as pressões do grupo minoritário terminam por promover na organização da sociedade. Interessada em manter seu *status*, essa cultura fará pequenas concessões, modificará discursos, para manter o seu lugar de enunciação. Por outro lado,

---

[4] No original, *a kind of difference that doesn't make a difference of any kind.* (HALL, 1996, p.467).

também os grupos minoritários continuarão sempre a reestruturar suas estratégias para alterar a configuração das forças sociais.

O samba, o futebol e a música, de modo geral, têm-se constituído em degraus de afirmação e de ascensão de afro-brasileiros que, na maioria das vezes, para evitar embaraços ou discriminação repetem e ratificam o discurso da democracia quando afirmam que "nunca foram/ são discriminados". No entanto, fora as estrelas nos seus momentos de brilho e fulgor, a grande maioria dos afro-brasileiros continua excluída das oportunidades e funções sociais mais privilegiadas. Os autonomeados apreciadores de samba, feijoada, acarajé, capoeira, escolas de samba ou dos blocos afros continuam a discriminar os negros e mestiços, com base em critérios raciais. Por outro lado, mesmo concordando com Hall, não há como negar que a presença de afro-brasileiros na mídia nacional, mesmo que estereotipada como sambistas ou jogadores, obrigatoriamente gera mudanças no imaginário e até nas práticas das relações sociais. Esse pensamento não ignora, todavia, a necessidade de aliar a aceitação da afirmação das diferenças culturais e mudanças nas relações de poder de maneira que sejam garantidas possibilidades iguais de acesso à cidadania e aos bens da globalização. Segundo Canclini, o ato de repensar a cidadania

> [i]mplica tanto em reivindicar os direitos de ascender e pertencer ao sistema sóciopolítico como no direito de participar na reelaboração do sistema definindo portanto aquilo de que queremos fazer parte.[5]

Outro aspecto ressaltado por Hall, que gostaria de não perder de vista, diz respeito ao entendimento do significado da categoria "negro". Segundo ele, a expressão não remete apenas à diferença racial ou étnica, mas a um conjunto de diferenças geradas por circunstâncias diversas como a conservação e luta de tradições que sobreviveram na persistência da experiência negra (a experiência histórica do povo negro na diáspora); a estética negra (os repertórios *culturais distintos* fora dos quais as representações da mídia são fabricadas); e as contranarrativas negras. Este conjunto interage e simultaneamente identifica e diferencia os afro-descendentes.[6]

---

[5] CANCLINI, 1996. p. 23.
[6] HALL, 1996. p. 465-475.

Por conseguinte, embora me refira com freqüência a negro/afro-descendente (ou, no caso específico, afro-brasileiro), não deixo de compreender o leque de diversidade das experiências dos africanos e dos afro-descendentes, uma vez que as nossas diferenças são inegáveis e as vivências foram e são diversificadas. A nossa sobrevivência como grupo étnico resultou, portanto, de constantes processos de negociação de posicionalidades e de tipos de diferença nos diferentes espaços em que nos situamos.[7]

Os africanos, dispersos em diferentes espaços, não constituíam uma unidade. A diversidade de etnias convivia e disputava território e poder no espaço geográfico que ficou denominado continente africano. Além disso, os grupos étnicos dominados elaboraram diferentes modelos de negociação e convivência que, por sua vez, geraram diversificadas combinações e processos culturais. Desse modo, a categoria "afro-descendente" significa um repertório variado de tradições e experiências culturais. Por outro lado, qualquer que tivesse sido o tipo de negociação estabelecida no Novo Mundo ou na Europa, os afro-descendentes estiveram e estão sempre colocados em posições de desprestígio e desvantagem – fato que coloca o grupo em uma situação ambígua de, em qualquer espaço, poder ser visto, ao mesmo tempo, como similar e diferente.

Talvez por seus autores terem percebido as dificuldades que os afro-brasileiros encontram para romper com o desprestígio fundamentado ainda em noções de inferioridade biológica e intelectual insistentemente repetidas pela ciência e pelas práticas sociais, os textos do periódico sejam majoritariamente auto-caracterizados como literatura guerreira e combativa, a qual faz uso pródigo de expressões como *luta, grito, força, destruir, lança,* com o objetivo de aliciar seguidores e promover a recusa agressiva das atitudes racistas.

A diversidade de autores e textos dos *CN* aponta para uma compreensão variada de objetivos, concepções e função da literatura, como já apontado quando me referi às contracapas. No primeiro número, o poema "Meu verso", de Cuti (Luís Silva), em linguagem desprovida de qualquer rebuscamento, formula um conceito de literatura negra

---

[7] HALL, 1996. p. 473.

como insurreição contra a invisibilidade, contra a indiferença – uma poesia que evoca o passado histórico de opressão, mas intenta reescrevê-lo sob uma perspectiva de insubmissão. Demonstrando o esforço empreendido pelo grupo para expressar-se e o desejo de fazer uma poesia entranhada na vivência do afro-descendente, o poema sintetiza um esboço do programa do periódico já no seu exemplar inaugural:

> Faço de força
> Meu verso força paredes
> Fácil é feito de osso carne e sangue
> e dum beliscão da Mãe Preta
> Meu verso fala de negro
> Meu verso fala do grito
> que os brancos não escutaram
> porque fecharam os ouvidos
> Meu verso fala do ódio encolhido
> Do nosso olhar espremido
> E lança
> zagaias ao som de batuques
> de noites que não vivi
>
> mas vivem em mim no meu sangue
> aos comandos de Zumbi
> que fala bem alto aos irmãos
> e sorri...
> Sorri...
> Sorri. (CUTI. *CN 1,* p. 47.)

Tentando realizar um trabalho consciente de demolição de "saberes cristalizados", o poema constrói-se como fala incisiva de ruptura com a invisibilidade e indizibilidade, além de trazer à cena dois aspectos importantes da memória cultural afro-brasileira. Em primeiro lugar, ele introduz o tema da não-aceitação passiva dos negros à escravidão: "Meu verso fala do ódio encolhido/ Do nosso olhar espremido/ E lança/ zagaias ao som de batuques" – o olhar guerreiro, capaz de provocar abalos no lugar comum das relações "cordiais" existentes entre senhores e escravos domésticos. Por outro lado, enfoca também um aspecto característico das culturas africanas – a ausência de uma divisão rígida entre os setores sérios, racionais e os setores do prazer e lazer, traço cultural sempre criticado pela tradição ocidental. O empreendimento guerreiro se organiza de modo que prazer, lazer e guerra se juntam.

Entendendo a "negrura" como produto de uma busca consciente e exaustiva de identidade num repertório cultural diversificado e não-hegemônico que foi preservado pela memória, o poema de Márcio Barbosa faz do verso um instrumento de persuasão e apelo à união utópica dos afro-brasileiros na recusa do embranquecimento.

A recusa à pungência do silenciamento e da invisibilidade torna a palavra arma ambivalente, "afago" e "fogo", que abre perspectivas para a crença em uma vida diferente:

> palavra atirada nos muros da pele
> onde a voz é afago
> fogo a demolir as vertigens
> lastro, rastro fértil
> é pasto, negrume afogado em mergulho
> O Poema é espaço
> no sabor deste início
> de um outro amanhã. (BARBOSA, Márcio. *CN 9*, p. 48.)

O ritmo e a musicalidade de origem africana são evocados a partir de versos dotados de melodia e sonoridade repetitivas, similares aos toques dos tantãs e atabaques, os quais convocam e organizam o protesto e constituem-se expediente eficaz de mobilização, "...percussão/ tão pungente quanto o curso do tempo/ irreversivelmente poderoso/ perigosamente calado" (*CN 9*, p. 8).

O poeta Cunha, em "Sou negro", que abre o volume 1 da série dos *CN,* imbuído da urgência de desestabilizar significados cristalizados, inicialmente grita: *"SOU NEGRO como a noite"* e constrói uma auto-imagem que se espalha pela página branca, constituída pela cor da noite, mas também pela África e seus tambores, pelo episódio da escravidão, pelas revoltas e rebeliões escravas, que culmina com a conclusão orgulhosa, *"Sou mais negro que a noite"*.

"Mais negro que a noite" e, portanto, capaz de estruturar um outro espaço de invenção de sentido, de criar uma identidade negra em que os significados negativos de expressões como "negro", "negra", "escuridão" e "preto", instituídos e divulgados pela tradição ocidental, serão modificados. Na tradição literária brasileira, a cor

A COR E A PELE

branca sempre foi utilizada com o sentido de pureza, santidade, perfeição, em oposição ao mistério, ao inescrutável, aliados ao medo e terror inspirados pela cor preta, como ilustram o romantismo e o simbolismo, momentos estéticos em que os valores simbólicos dessas cores são enfaticamente utilizados.

O escritor Cruz e Sousa é apontado como a expressão mais significativa da utilização do branco nos sentidos acima referidos. Segundo estudiosos da obra do escritor, a brancura aparece em seus textos como um dos tropos mais freqüentes, chegando alguns a definir a ocorrência como obsessiva – detalhe bastante citado, de modo diverso, por diferentes leitores da obra do poeta simbolista. Estudos de Andrade Murici, Roger Bastide[8] e Raymond Sayers[9] apontam que, nas últimas obras do poeta, a cor negra é a mais freqüente. Entretanto, é irrefutável que na obra de Cruz e Sousa destaca-se a presença do branco com o significado tradicionalmente instituído de ideal de pureza e requinte, enquanto o negro da noite comparece, ora correspondendo a pecado e fetichismo, ora a vida e energia criativa, talvez um reflexo da ambígua relação do poeta com as duas citadas cores e seus significados estéticos e étnicos arraigados no imaginário ocidental, cujos efeitos ele sentiu na própria pele. Embora o "negro" como energia criativa constitua, para Sayers, uma inovação de Cruz e Sousa, o fato não chegou a obter foros de importância para a crítica nem a promover uma ressignificação da palavra, como o fazem os escritores dos *Cadernos Negros*.

O poema propõe a desestabilização semântica do termo negro, seus derivados e sinônimos, induz a uma espécie de desintoxicação e esvaziamento dos sentidos das citadas expressões tão carregadas de negatividade. Em lugar de tentar apagá-las e substituí-las por outras mais "neutras", os textos dos *CN* propõem a remodelagem e a revisão dos significados da cultura e das palavras ligadas ao campo semântico

---

[8] Bastide procede a um levantamento estatístico e conclui que branco, seus sinônimos e derivados, aparece em *Broquéis* 169 vezes. (In: COUTINHO, 1979. p. 151).

[9] Sayers faz o levantamento na obra completa e constata que negro, seus sinônimos e derivados, aparece 187 vezes com o sentido de noite e treva. (SAYERS, 1983. p. 108).

citado. Compõem uma agenda de uso particular de significados, no qual a *negritude* aparece como um tropo lingüístico encarregado de estabelecer relações com uma rede de outros sentidos indispensáveis para caracterizar o texto que se quer negro – um processo, por meio do qual, *a posteriori*, os sentidos, já cristalizados no imaginário, são remodelados, reescritos com base em outras leituras e experiências. Negro passa a significar, nesse contexto, disposição para a luta pela vida e para atuação nos vários setores de poder.

Obrigados a conviver desde a infância com os sentidos negativos atribuídos a expressões pertencentes ao campo semântico negro, também utilizadas para nos definir e caracterizar étnico-racialmente (negro, preto, escuro, e variáveis), somos colocados diante do dilema: como nos amarmos se o preto é o feio, o perverso, o mal, o pecado? Como conseguir identificação com termos que nos depreciam? Assumindo a "veracidade" dos significados negativos ou depreciativos e colocando-nos como exceção obcecada pela brancura e pelo branqueamento? Ou contestando sua pertinência e construindo uma identidade que resiste e *reconstitui* os significados cristalizados? A opção pelo primeiro caminho parece ter sido tomada consciente ou inconscientemente por alguns escritores negros que decidiram tentar "embranquecer", ratificar a superioridade simbólica do "branco" ou minimizar e até apagar as próprias origens étnicas para melhor se inserirem nas malhas sociais.

Os movimentos negros mantêm a expressão designativa negro para libertá-la dos sentidos inferiorizantes e depreciativos insistentemente repetidos e, principalmente, trazê-la à cena e imprimir-lhe outros. Os signos lingüísticos são retomados e reinscritos no imaginário do grupo étnico como resultado de uma *remodelação a posteriori*, um trabalho constante de perlaboração, definida como "uma repetição, mas modificada pela interpretação e por isso suscetível de favorecer a libertação do sujeito dos seus mecanismos repetitivos".[10]

Em todo o primeiro volume dos *CN,* registram-se oito poemas que se reportam diretamente à definição de negro/negritude, sugerindo a construção de outras significações e a conseqüente invenção de

---

[10] LAPLANCHE & PONTALIS, 1992. p. 33.

A COR E A PELE

uma identidade fincada em pilares de uma outra seleção e leitura de episódios e significados viabilizadores de uma auto-imagem positiva. Expressões como "negrice" e "negritude"e "negrura" passam a compor o repertório vocabular de escritores e de militantes, indicando o lugar de onde falam, a contestação incisiva da representação inferiorizante e do desprestígio da cultura, como signos de afirmação de uma identidade digna. *Negro*, seus derivados e expressões correlatas correspondem aqui à vida, arma de luta e marco identitário.

> É faca escura
> a nossa cor
> rasgando o tempo
> punho risonho
> nocauteando
> a dor e o mal
> nosso negrume:
> rios de ebós
> resplandecente
> a liberdade é nossa luta
> universal. (*CN* 13, p. 39).

Definindo o "negrume" como "rios de ebós", o poema de Márcio Barbosa carrega a expressão de energia e máxima positividade e evidencia, a possibilidade de concretização e expansão do sonho de liberdade dos quilombolas, já que ebó[11] é a expressão iorubá usada nas práticas rituais para referir-se à oferenda apresentada aos orixás para potencialização da força do axé – energias, forças que viabilizam a criação e expansão da vida – um sentido de bênção que se contrapõe àquele de "maldição" da África e dos seus descendentes, herdada do pecado de Cam,[12] como registra o texto bíblico, divulgado e repetido pela memória textual do ocidente.

---

[11] O ebó na tradição religiosa de origem africana "caracteriza a restituição, a promoção e revigoramento da circulação de axé. Os ebós, oferendas com axé, se constituem de substâncias símbolos das forças que governam o universo na relação dinâmica constante entre o orun e o aiyê" (LUZ, 1995. p. 575).

[12] Segundo a tradição judaico-cristã, Cam, um dos três filhos de Noé, teria zombado da nudez paterna, em conseqüência, ele e sua descendência foram amaldiçoados por Noé, condenados a vagar pela terra e a servir aos irmãos, como se pode ler em Gênesis 9: 20-28."A tradição ocidental identificou nos africanos a

Para os escritores do periódico, a negritude consiste na adoção e ressignificação do *ser negro* – um trabalho de revalorização dos múltiplos aspectos da cultura africana, recalcada como primitiva e fetichista, e a construção de um discurso identitário que transcende os estreitos limites da cor da pele e define-se pelo desejo de compor uma tradição de resistência e auto-estima. Decorre, desse intento, o uso de imagens fortes de punho, lança, faca grito para caracterizar a negritude, como pode ser lido no poema "Negro", de Landê Onawale (pseudônimo de Reinaldo Santana de Sampaio), em que a negritude aparece como aquilombamento para a construção de identidade e de resistência.

> Eu sou Negro
> muito mais pelo que penso,
> menos pela cor da pele
> (ou traços que se revelem)
> nesse país de tantos matizes.
> [...]
> Eu sou Negro
> Digo isso ao mundo inteiro.
> Pra me calar, já me prenderam
> Mas prender um Negro é represá-lo...
> [...]
> E eu mino sempre, sempre, sempre
> a todo instante. (*CN* 19, p. 110.)

O poeta destaca o espírito de luta do quilombola; fugir, resistir e minar constituem as ações do negro que evidenciam sua insubmissão e terminam por ameaçar o edifício escravagista. Para o poeta, a identidade afro-brasileira confunde-se com resistência, força *represada* que, constante e imperceptivelmente, foge e transpõe os limites, como fizeram os quilombolas evocados na imagem do "Negro fujão, que.../ acabou por fazer a correnteza", resistência produtiva que rejeita a vitimização e aponta para a possibilidade de *minar,* lenta e persistentemente abalar os sistemas de representação e de poder.

A "negritude" no Brasil ganhará conotações mais amplas que aquelas defendidas pelo movimento negro na França nas décadas de

---

descendência de Cam, construindo uma imagem que foi bastante utilizada na memória textual ocidental até mesmo por abolicionistas como Castro Alves, no seu antológico poema "Vozes d'África".

trinta e de quarenta. Embora evidencie nítidas ligações com o citado movimento, pode ser lida como uma espécie de alternativa ao projeto de embranquecimento da nação, encampado pelas elites brasileiras desde finais do século XIX e repetido à exaustão por intelectuais, políticos e pelas práticas de permissão/proibição de imigrantes e de exclusão dos negros e mestiços.

Negritude de reinterpretação e de valorização de tradições, de apologia dos traços antes menosprezados e que motivavam o complexo de inferioridade. Em alguns momentos, a idéia parece sugerir um certo "essencialismo", entendido aqui como recurso utilizado para a viabilização de agrupamentos, um "essencialismo construtivo e estratégico"que, segundo Hall,[13] não despreza a possibilidade de alianças de vários tipos, com grupos diversos, não acredita que raça constitua essência partilhada por todos os membros de um grupo. Esta negritude construirá, portanto, espaços discursivos que farão dos grupos negros locais produtivos para experiências continuamente avaliadas.

Em "Meu corpo igual", a poeta Conceição Evaristo traz à cena o corpo negro como território de ação, conferindo à escuridão um significado que evoca sonho, desejo e luta. O negrume da noite, já incorporado à tradição poética como assustador e mobilizador de sentidos negativos, reveste-se de outras possibilidades conotativas. O corpo negro como a noite transita entre os sentimentos e ações, como *tela* e *eco* recebe e fixa mensagens dos ancestrais, rompe mistérios, transmite as tradições culturais – um corpo ativo e participante que se expõe como instrumento e espaço viável para a concretização do projeto de construção da cidadania.

> Na escuridão da noite
> Meu corpo igual
> Fere perigos
> Adivinha recados
> Assobios e tantãs.
>
> Na escuridão igual
> Meu corpo noite
> Abre vulcânico
> A pele étnica
> que me reveste.

---

[13] HALL, Stuart. Who needs 'identity'?, 1996.

Na escuridão da noite
Meu corpo igual
Bóia lágrimas oceânico
Crivando buscas e
Cravando sonhos
Aquilombando esperanças
Na escuridão da noite.
(EVARISTO, Conceição. In: *CN* 15, p. 19.)

Para as elites brasileiras, com ambições de uma origem européia, a visibilidade do negro apenas como máquina de trabalho tinha por objetivos restringir-lhe um lugar e papel desprestigiados de trabalhador braçal, e, principalmente, tornar invisível sua presença constrangedora para o seu projeto identitário.

Desse modo, as tradições de origem africana são proibidas em várias províncias, como Salvador, como ilustra um episódio ocorrido no Teatro S. João e narrado por estudiosos da história e cultura na Bahia:

> A interdição do lundu no teatro baiano do século XIX é sintomática da permanente tensão entre palavra e o corpo, entre a matriz ocidental, a cultura letrada, a vontade eurocêntrica das mestiças elites provincianas e as constrangedoras emergências das vertentes culturais africanas ou híbridas, as quais, do século XVI ao presente, persistem no gosto popular e lutam por ocupar espaços públicos de prestígio na cidade, em especial os aparelhos institucionais da cultura. A proibição da entrada dos negros, considerada a sua data, indica o acirramento das formas como a população livre e mestiça articulava o seu "branqueamento" cultural ao apagamento da presença negra.[14]

O corpo do subalterno ou do colonizado funciona, na tradição ocidental, como espaço fundamental na construção de representações majoritariamente negativas. A diferença do corpo negro ou ameríndio foi tema dos mais variados textos dessa tradição, escritos com o objetivo de definir e fixar imagens e, conseqüentemente, lugares sociais. Os jesuítas, os cronistas, os iluministas e os cientistas do século XIX descreveram e divulgaram representações do corpo negro, nas quais destacavam a existência de traços físicos diferentes dos padrões

---

[14] CUNHA, BACELAR & ARCANJO, 1998.

brancos ocidentais – cor, cabelo, nariz e boca, eleitos sinais de deficiência e incapacidade.

Se para a tradição ocidental do século XIX, o corpo negro representava o patológico, era fixado como objeto de estudos da medicina ou da psiquiatria e convencionalmente representado na arte e na ciência como corpo doente, associado ao pecado e aos desvios sexuais,[15] os textos dos *CN* restituem-lhe a saúde, a "normalidade" e a beleza, apreciando-o em sua especificidade e diferença. O cabelo carapinha, o nariz largo ou os lábios carnudos, selecionados para indicar a "diferença" do corpo negro, serão apreciados a partir de outro patamar estético que recupera a dignidade e a auto-estima:

> Olho por olho
>   dente por dente
>   recuperamos o pente
>   ancestral
>   o impossível continha o bonito
>   caracol
>   carapinha
>   bumerangue infinito
> [...] (*CN* 15, p.51.)

A expressão bíblica evocada pelos dois primeiros versos parece querer legitimar a construção identitária, recuperando o pente, o rosto, os cabelos, a tradição, retraçando a auto-imagem; esse discurso reabilita também a presença do corpo na vida sacra e laica do afro-brasileiro e revê, com outro *olho,* a tradição e história do afro-brasileiro. É digno de nota o modo como, em vários momentos, os poetas circulam na utilização de imagens da tradição ocidental, inclusive judaico-cristã, lado a lado com as da tradição africana, evidenciando sua formação cultural ambivalente.

---

[15] Em artigo intitulado "Black bodies, white bodies", Sander Gilman (In: DONALD & RATTANSI (Orgs.), 1992) analisa algumas representações científicas e artísticas da mulher negra e da mulher branca, demonstrando a existência de uma rede de convenções, utilizada pela medicina e pelas artes, no século XIX, com o objetivo de estabelecer contrastes entre as representações das mulheres negras e brancas, sexualizadas e não, prostitutas e puras, associando as negras à corrupção, pecado e doença.

O escritor Muniz Sodré,[16] estudando a cultura afro-brasileira, ressalta que, na tradição de origem africana, o corpo funciona como meio de orientação com referência aos outros. Segundo ele, os movimentos corporais possuem papel decisivo na transmissão dos conhecimentos.

> O saber transmitido pela dança tem tanto a ver com a repetição ritmada de uma memória mítica fundamental para o grupo [...] quanto com ensinamentos presentes relativos, por exemplo, à posição do corpo em face de momentos cruciais como os de proteção à saúde, terapia, júbilo, cultuação, guerra [...], reprodução.[17]

O corpo é *tela*, em imagem de Stuart Hall,[18] na qual se inscreveram as marcas da dominação mas também as marcas da rebeldia e da resistência. Corpo que se manteve forte porque foi capaz de criar alternativas alimentares, sociais e religiosas para sobreviver. Corpo do escravo que, aprisionado, impedido de movimentar-se, busca formas transversais de insurgir-se contra a dominação imobilizadora e recorre à recuperação dos ritmos e das danças africanas (batuques, sambas e danças religiosas, eventualmente permitidos) como tentativa de estruturar "um jogo de descentramento, uma reelaboração simbólica do espaço" que viabiliza a resistência.

Os ritmos, a ginga, as modulações do corpo e da voz, utilizados nos cantos, nas danças e na capoeira, constituem um jogo no qual "[a] força de conviver com a diversidade e integrar as diferenças sem perder o horizonte da matriz simbólica originária é a principal característica".[19] Os africanos e os afro-descendentes, nos vários pontos da diáspora, teceram e ainda tecem, no seu dia-a-dia, vários jogos de assimilação, trocas, ampliação e redução de limites, dissimulações, estabelecimento de ligações inusitadas, todo um jogo de negaceio e concessões por meio do qual o espaço cultural de origem é reconfigurado e restabelecido.

Discorrendo sobre o samba e o corpo do sambista, Muniz Sodré recorre à figura musical da síncopa, presente em determinadas

---

[16] SODRÉ, 1988b.
[17] SODRÉ, 1988b. p. 124-125.
[18] HALL, 1996. p. 470.
[19] SODRÉ, 1988b. p. 130.

formas musicais de origem africana na diáspora para demonstrar o papel desempenhado pela forma rítmica no processo que, neste texto, tenho denominado de negociação entre as tradições de origem africana e a tradição de origem européia:

> No contato das culturas da Europa e África, provocado pela diáspora escravizada, a música negra cedeu em parte à supremacia melódica européia, mas preservando a sua matriz rítmica através da deslocação dos acentos presentes na sincopação. A síncopa, já o dissemos, é uma alteração rítmica que consiste no prolongamento do som de um tempo fraco num tempo forte.[20]

A síncopa, embora não seja um recurso criado pela tradição africana, reflete a relação dual de acatamento e recusa à tradição ocidental à qual as culturas africanas impingem seu tom. Bastante utilizada pela música africana, a síncopa, no samba, no jazz, no blues, no chorinho, exige a participação do ouvinte-receptor, sua presença física, seu corpo (para bater palmas ou fazer a marcação do compasso com o pé, ou para dançar), sua voz para preencher o espaço gerado pelo esgarçamento do tempo musical.

Estudiosos afro-americanos como Baker, West e Gates utilizam-se de metáforas do blues, jazz e *signifying monkey* para caracterizar a produção literária negra como *double voiced*,[21] isto é, resultante de sua dupla relação de aceitação da tradição ocidental imposta e a concomitante atualização e adequação da cultura de origem africana às limitações da diáspora, procedimento usado no período colonial que se transferiu e cristalizou na tradição africana na diáspora.

Evidentemente que, ressaltando aspectos diferenciados da estruturação dual da chamada "produção afro", os autores apontam o trânsito do escritor negro na consciente criação de entrecruzamento com as tradições ocidentais da escrita, da literatura, da cultura e as tradições da oralidade, da música, do improviso e de tradições várias de origem africana.

---

[20] SODRÉ, 1998. p. 25.

[21] GATES, 1988.

COLEÇÃO CULTURA NEGRA E IDENTIDADES

A tradição textual afro-brasileira, que os *CN* desejam ordenar, concentra-se prioritariamente na criação de uma literatura em que o afro-descendente, como sujeito e objeto do discurso, fala de si e insere nesta fala elementos diretamente ligados ao seu cotidiano, tanto no campo do lúdico como no religioso. Não percebo nesta produção, no entanto, a criação de uma linguagem especificamente afro-brasileira, tal como estudiosos afro-americanos referem-se a uma linguagem "afro-americana". Arrisco acrescentar à explicação o fato de que, no Brasil, fala-se uma língua carregada de africanismos e indigenismos, na sintaxe, no léxico e na fonologia, como afirma Yeda Castro nos estudos que desenvolve sobre as marcas das línguas africanas no português falado no Brasil, marcas que tanto o diferenciam do português falado na ex-Metrópole:

> O português do Brasil, naquilo em que ele se afastou, na fonologia, do português de Portugal é, antes de mais nada, o resultado do enfrentamento de duas forças dinamicamente opostas, mas complementares. De um lado, um movimento explícito dos sistemas fônicos africanos em direção ao português, e, em sentido inverso, do português em direção aos sistemas fônicos africanos sobre uma matriz indígena preexistente no Brasil. Conseqüentemente, o português de Portugal, arcaico e regional, foi ele próprio africanizado, de certa forma, pelo fato de uma longa convivência.[22]

Por outro lado, o "domínio" da língua portuguesa, mesmo com as inflexões dos falares africanos, funcionou, no Brasil escravista, como passe hierarquizante dentro do sistema escravista urbano, no qual as diferenças raciais não corresponderam a uma rigorosa segregação cultural. Vivendo no mesmo espaço urbano que os senhores, os negros ladinos ou crioulos, nascidos no país, recebiam tratamento diferenciado e desfrutavam de algumas "regalias", por se mostrarem mais integrados ao universo da cultura dominante, principalmente no tocante à língua e à religião; enquanto os africanos, também chamados "negros mina", que falavam as línguas de seus grupos étnicos, eram tratados com maior brutalidade e definidos como mais "selvagens" ou mais "primitivos".

---

[22] CASTRO. In: MARTINS & LODY, 1999. p. 4-5.

Destaco ainda que o sistema escravista no Brasil preferiu sempre colocar, lado a lado, escravos de procedências étnicas diversas como forma de dificultar a criação de redes de solidariedade e, principalmente, a organização de revoltas, em certos casos incentivando as divergências e rivalidades.[23] Assim, a língua do senhor, com as inflexões das línguas ameríndias e das africanas, mantém-se e fixa-se como língua a ser usada no cotidiano do trabalho, nas práticas sociais institucionalizadas enquanto as línguas da religião, o iorubá e o banto,[24] utilizadas nos rituais, mantêm-se como elo lingüístico com a África e suas tradições a ser estruturado em um diálogo permanente com as várias línguas africanas. Um tipo de elo que alguns poemas e contos procuram restabelecer pelo uso de expressões de origem iorubá, como as saudações aos orixás e outras expressões descritivas do ritual, com o intuito mesmo de preservar a língua de cada grupo étnico.

---

[23] MATTOSO, 1990. p. 105.

[24] Segundo Yeda Castro, as religiões de origem africana configuraram-se como espaços simbólicos de preservação, no português, de um repertório lingüístico que "compreende um vocabulário específico, baseado em sistemas lexicais de diferentes línguas africanas que foram faladas no Brasil durante a escravidão, vindo a constituir o modo de interlocução de seus seguidores e suas divindades. (CASTRO. In: MARTINS & LODY, 1999. p. 1).

Momentos de celebração

Vamos queimar o silêncio
Na fogueira de nossas vozes
Que a labareda ancestral
Permanece viva
E pertence a nós

Franscisco Mesquita

No empenho de recuperar uma memória dignificante, os movimentos negros elegem Zumbi como o herói da resistência negra e o dia de sua morte, 20 de novembro, como o Dia Nacional da Consciência Negra. Esta eleição indica a recusa ao discurso historiográfico instituído, que envolve o 13 de maio em uma teia discursiva quase mítica e propõe a data como a mais significativa para a história dos afro-descendentes no Brasil, enquanto recalca outros fatos históricos também relevantes.

O regime escravista imposto aos africanos consistiu num ato de violência nunca visto contra um povo que foi ultrajado política, social e culturalmente, não em decorrência de ter sido derrotado numa guerra, mas por ter sido eleito pela cultura ocidental como povo destinado a prestar-lhe serviços. É sabido que o estatuto da escravidão era vigente entre os povos desde a Antiguidade, porém fundamentado em bases outras, como a derrota, a dívida e não em uma suposta inferioridade congênita e conseqüente predisposição para o trabalho forçado.

Igreja, intelectuais e cientistas elaboram justificativas para "amenizar" possíveis sintomas de consciência ferida de senhores de escravos e de colonizadores pela exploração dos africanos como escravos ou mão-de-obra barata.

Possuem ou não alma? Precisam ser salvos? Pertencem a uma raça inferior? As raças inferiores não sabem dirigir-se e são destinadas ao escravismo – são algumas das questões levantadas por padres, iluministas e cientistas na busca de justificativas para a escravidão do negro.

O planejamento das comemorações relativas ao centenário da abolição, na década de oitenta deste século, propiciou que os movimentos negros e a academia, notadamente nos campos da História, da Antropologia e da Sociologia, estudassem e revisassem aspectos da escravidão até então minimizados ou silenciados pela história oficial, desejosa de apresentar a abolição, principalmente nos livros didáticos, como ato de bondade da Princesa Isabel. Ambos os setores, com atividades e motivações diferentes, empenharam-se na produção de análises e organização de atividades críticas das descrições quanto nas explicações e análises da escravidão e da abolição realizadas pela história instituída, com vistas a proceder à releitura e à reconstrução da história do negro no Brasil, apontando os diferentes modos de participação do grupo étnico na constituição do país.

Os movimentos negros, há algum tempo, propõem a revisão do significado histórico da abolição e da escravidão e destacam que este fato, consagrado pelos discursos oficiais hegemônicos, não modificou muito a situação dos negros e afro-descendentes, pois que trouxe como desastrosa conseqüência a fixação das práticas discriminatórias. Entendem muitos que a data não pode ser comemorada pela comunidade negra como marco de uma história a ser resgatada, pois negros e negras continuaram a não desfrutar do direito à cidadania, como lembra o poeta Oswaldo de Camargo,

> Em maio sopram ventos desatados
> por mãos de mando, turvam o sentido
> do que sonhamos.
> […]
> Mas a liberdade que desce à praça

Nos meados de maio
Pedindo rumores,
É uma senhora esquálida, seca, desvalida
e nada sabe de nossa vida (*CN* 3, p.125)

O descaso dos senhores e governantes para com o destino dos ex-escravos na rede de relações sociais e de trabalho que se instalava é enfatizado ainda pelos versos do mesmo autor, no poema intitulado "12, 13 e 14 de maio":

No dia 13 de maio pulamos de alegria
Pois tinha chegado a alforria
Pensávamos ter terminado a escravidão
Mas iniciava neste momento mais uma escuridão (*CN* 3, 87.)

O poema de Oliveira Silveira, "Treze de maio", explicita as razões por que recusa fazer da data um marco de celebração para os afro-brasileiros:

Treze de maio traição
liberdade sem asas
e fome sem pão.

Liberdade de asas quebradas
Como
    Este verso.

Liberdade asa sem corpo
que se sufoca no ar
se afoga no mar.

Treze de maio – já dia 14
a resposta gritante:
pedir
servir
calar.
[...] (*Jornal do MNU*, n.14, p. 12.)

Entendo ser impossível negar ou apagar o significado da campanha abolicionista e da abolição para a história do negro no Brasil, mesmo que se registrem as críticas ao processo de inserção do ex-escravo no mercado de trabalho e na sociedade brasileira. Como as datas e os fatos a serem selecionados para a composição da história de um grupo devem ser os mais convenientes para o tipo de imagem que se intenta construir, como os lugares e momentos de celebração devem ser escolhidos, inicialmente, por aqueles que os desejam comemorar, acredito que os aspectos de luta e resistência presentes na história de Zumbi, indubitavelmente, possuem maior peso para a construção de uma memória afro-brasileira combativa do que a história da abolição, principalmente na versão institucionalizada, porém, ambos os fatos são e devem fazer parte da contra-história do afro-brasileiro.

Os autores afro-brasileiros contrapõem à celebração do centenário da abolição a revitalização do papel dos quilombos como espaços de construção de identidades negociadas, resistência e liberdade-lugares, espaço que se tornaram palcos de negociações de múltiplas ordens, desde as comerciais até as identitárias e religiosas, entre outras.

Os textos que se reportam a Zumbi e ao Quilombo de Palmares enfatizam sempre o aspecto guerreiro e mítico na luta contra a escravidão, como pode ser lido no poema "Linhagem", de Carlos Assumpção que, em diálogo com o discurso romântico de construção do herói, assinala a diferença ao definir-se descendente do guerreiro negro e incorporar elementos da tradição religiosa.

Eu sou descendente de Zumbi
Zumbi é meu pai e meu guia
Me envia mensagens de orum
Meus dentes brilham na noite escura
Afiados como o agadá de Ogum
Eu sou descendente de Zumbi
Sou bravo valente sou nobre
Os gritos aflitos do negro
Os gritos aflitos do pobre
Os gritos aflitos de todos
Os povos sofridos do mundo
No meu peito desabrocham
Em força em revolta
Me empurram pra luta me comovem.
Eu sou descendente de Zumbi
Zumbi é meu pai, é meu guia
Eu trago quilombos e vozes bravias dentro de mim
Eu trago os duros punhos cerrados
Cerrados como rochas
Floridos como jardins (ASSUMPÇÃO, Carlos. *CN* 9, p.129.)

O texto intenta constituir uma linhagem guerreira, cujas origens estariam fincadas no herói negro do século XVII, líder do quilombo dos Palmares, do qual são herdadas a resistência e a insubmissão diante das funções e dos papéis sociais destinados ao grupo étnico, e, ainda, a incumbência de, como descendente privilegiado, dar continuidade aos objetivos do ancestral famoso. Por outro lado, a linhagem híbrida do poema manifesta-se na estrutura rítmica que recupera ressonâncias de Gonçalves Dias, para falar de uma afiliação de origem africana. O fato destacado pode ser indicativo do desejo ou da necessidade de produzir um discurso de legitimação da diferença cultural, que opera tanto no campo de disposição para a luta quanto no domínio da sensibilidade. Deste modo, a voz poética explicita a impossibilidade de qualquer pureza ou homogeneidade cultural, afinal o filho de Zumbi recebe as mensagens de orum, tem os dentes *afiados como o agadá de Ogum*, mas também é *bravo, valente, [e] nobre*. Herdeiro das tradições religiosas africanas e, concomitantemente, herdeiro da tradição literária ocidental, o texto constrói um "descendente de Zumbi" que sintetiza em si disposição para o combate emancipatório e para a enunciação de um discurso comovido: *Eu trago os duros punhos/ Cerrados como rochas/ Floridos como jardins*.

A presença freqüente de Zumbi nos textos dos periódicos torna evidente o desejo de construção de um perfil heróico para o componente do panteão afro-brasileiro. O poema "Zumbi é o Senhor dos caminhos", de Jônatas Conceição, apropriando-se de tradição religiosa de origem africana, cria uma atmosfera mítica e eleva o herói negro a uma posição sagrada, atribuindo-lhe um papel de mediador, destinado na tradição religiosa afro-brasileira a Exu – entidade cultuada na abertura do culto ritual do candomblé e considerada propiciadora da aceitação das oferendas, os ebós, pelos Orixás. É Exu, o dono das encruzilhadas, quem despacha e facilita os caminhos para que os Orixás e "seus filhos" estabeleçam contatos,[1] entidade responsável pela solução dos problemas, interpretação de mensagens e encaminhamento

---

[1] Segundo Liana Trindade, Exu representa o "princípio da dinâmica social e da personalidade, expressão simbólica das incertezas humanas, frente ao debate com as condições sociais estabelecidas, afirmação de liberdade e autonomia do ser humano frente às imposições naturais e sociais" (TRINDADE, *apud* SIQUEIRA, 1995. p. 11).

de pleitos.[2] Vale destacar que a crítica literária afro-americana, com Henry Louis Gates Jr., utilizou Exu como tropo literário equivalente à figura do "macaco significador," uma vez que pode ser identificado com a "figura trapaceira da mitologia iorubá". Nessa leitura,[3] são enfatizados os jogos e disfarces usados por Exu para facilitar ou dificultar decodificações, como metáfora para o ato interpretativo. Início e persistência da luta contra a escravidão, Zumbi e o quilombo de Palmares são apresentados como símbolos míticos e históricos.

> Resgatar tua presença
> tua firmeza de propósito
> de amor e liberdade
> pela raça
>
> caminhar na tua ausência
> fazendo dos passos
> de todos os pés
> a certeza de todos os encontros
>
> alcançar teu objetivo
> por essa mesma terra
> que de ti apoderaram
> mas que a ti permanece fiel
> nos objetos marcas caminhos
> de suas entranhas
>
> retomar toda história
> de todos os fatos
> contar todas as verdades
> para todas as idades
> do teu mito que
> para sempre se refaz em
> liberdade liberdade liberdade.
> (CONCEIÇÃO, Jônatas. *CN* 9, p. 76.)

---

[2] Para Santos, na prática religiosa nagô, Exu tem por função "solucionar, resolver todos os 'trabalhos', encontrar os caminhos apropriados, abri-los ou fechá-los e, principalmente, fornecer sua ajuda e poder a fim de mobilizar e desenvolver tanto a existência de cada indivíduo como as tarefas específicas atribuídas e delegadas a cada uma das entidades sobrenaturais" (SANTOS, 1998. p. 132).

[3] GATES. In: HOLLANDA 1992b. p. 206-208.

Resgatar, caminhar, alcançar e retomar são os verbos selecionados pelo poeta para indicar as ações-atitudes que devem ser assumidas e que são esperadas pelo herói. Sugerem um sentido de obrigação de revitalizar o mito, na acepção de elemento organizador do comportamento humano e que confere sentido e valor à existência. A fidelidade ao herói e à tradição se traduz na necessidade de continuar e fazer permanecer o mito.

Dialogando explicitamente com a linguagem e atmosfera características da poesia condoreira dos poemas sociais de Castro Alves, Eduardo de Oliveira, no soneto "Zumbi dos Palmares", também produz uma história de insubmissão e grandeza para o herói:

> Foste um guerreiro audaz e libertário
> Fustigando o label da escravidão
> Sendo a um só tempo, herói e visionário,
> Não pelejaste e nem morreste em vão!
> [...]
> Oh! Caçador de algozes! Como os Andes,
> Tu enfrentaste Himalaias de tiranos,
> Antes que a História fosses entre os grandes! (*CN1*, p. 19.)

Os versos de Sônia Fátima da Conceição sintetizam a "atualização" das reivindicações dos negros – das matas para o asfalto, unindo escravidão e racismo, passado e presente combativos. Focalizam, ainda, as tentativas dos afro-brasileiros para alterar os lugares sociais que a escravidão e, posteriormente, o racismo lhes impuseram:

> Nossa luta deixou de ser
> contra matas serradas
> vegetações turbulentas
> touceiras de espinhos
> flechas, açoites.
> Ela se dá bravamente
> no asfalto, a céus claros
> horizontes abertos.
>
> No entanto hoje
> Não é menos intensa, imperiosa
> Explode ela na garganta do bóia-fria
> Nas veias da doméstica
> e em todas as dignas bocas negras

que sobreviveram
à dizimação da abolição (*CN* 9, p. 18).

A proposta dos *CN* dialoga com a produção acadêmica mais recente, em que escritores como Florestan Fernandes, Célia Marinho Azevedo, Lilia Schwarcz, Maria Helena Machado e Jacob Gorender, entre outros, analisam o movimento abolicionista, divergindo, embora, quanto à intensidade da participação da população na campanha. Todos eles reconhecem o envolvimento dos escravos e libertos nesse episódio histórico.

É inegável que a mobilização dos escravos, em várias partes do país, promovendo revoltas, fugas e organizando quilombos, teve papel significativo na adesão de intelectuais à campanha abolicionista. Tais análises levam a crer que, se não houvesse um clima generalizado de insubordinação dos escravos, ou a intensificação das fugas e a formação de quilombos, os membros da elite intelectual, mesmo considerando a escravidão uma mácula para a nação emergente, não se empenhariam com tal visibilidade na defesa de uma lei que exterminasse a escravidão. Considero decisivo o papel dos movimentos coletivos e individuais dos escravos que terminaram por minar e tornar inviável a manutenção do sistema escravagista, precipitando a culminância do interminável sistema de abolição gradativo, de grande aceitação na classe política e pelo corpo social letrado, no fim do século XIX.

Entretanto, não há como escapar ao registro de dois fatos históricos, primeiro que, desde o início da década de oitenta do século XIX, o número de escravos no Brasil havia sido drasticamente reduzido, em decorrência das fugas registradas em várias províncias;[4] segundo que, na Bahia, desde o início do século XIX, ocorriam revoltas escravas que ameaçavam a estabilidade da instituição e favoreciam a obtenção de alforria e o aumento do número de escravos de ganho; assim, a abolição ocorreu num momento em que o número de beneficiários já era bem menor do que o esperado.

---

[4] Kátia Mattoso, Célia Azevedo e Clóvis Moura são exemplos de estudiosos que apontam o decréscimo do contingente escravo no Brasil a partir de 1850, a ponto de, em 1888, haver um número bem maior de libertos e alforriados do que de escravos. (MOURA, 1994. p.144-149; AZEVEDO, 1987. p. 213; MATTOSO, 1990. p. 9.)

Em texto do início do século XX, a personagem de Lima Barreto, Felizardo, no romance *Triste fim de Policarpo Quaresma,* já aponta a situação de desprestígio a que é relegado o afro-descendente (o trabalhador nacional, como era então chamado) nos programas de crescimento social e econômico do país: "Terra não é nossa... E frumiga?... Nós não 'em' ferramenta... isto é bom para italiano ou 'alamão' que governo dá tudo... Governo não gosta de nós...".[5]

Os grupos hegemônicos, além de responsabilizarem o negro e o índio pela inadequação do país aos almejados padrões civilizacionais europeus, elegem o imigrante europeu como meio de garantir a sua desejada "europeidade", como ilustram as palavras do Decreto Lei 7969/45, citado por Hasenbalg, que visava "garantir à composição étnica da população as características mais convenientes da sua ascendência européia"[6]. Pelas palavras do decreto, os afro-descendentes já estavam "legalmente" categorizados como parte de uma parcela da população indesejável para os projetos do Estado.[7]

Ao analisar a condição de marginalidade dos negros, em São Paulo, no período posterior à abolição, também Florestan Fernandes aponta a permanência de uma definição de posições e papéis sociais diferenciados para negros e brancos, determinados ainda pelo pensamento escravagista:

> A escravidão deformou o seu agente de trabalho, impedindo que o negro e o mulato tivessem plenas possibilidades de

---

[5] BARRETO, 1990. p. 91.

[6] HASENBALG & SILVA, 1988. p. 83.

[7] Célia Marinho de Azevedo, por exemplo, afirma que, se num primeiro momento no século XIX, criaram-se leis e medidas disciplinares com vistas a enquadrar negros e negras como trabalhadores livres, porém, "... num segundo momento, à medida que a possibilidade de uma grande imigração européia tomava corpo, impulsionada por uma corrente de políticos imigrantistas, entre eles também alguns abolicionistas, o negro começa a ser descaracterizado não só enquanto força de trabalho, mas sobretudo como futuro cidadão" (AZEVEDO, 1987. p. 253-254). Os subsídios e benefícios oferecidos aos imigrantes, nas regiões Sul e Sudeste, por menos satisfatórios que tivessem sido, não eram os mesmos destinados ao trabalhador e trabalhadora nacionais, negros e mestiços, que se viam cada vez mais impossibilitados de participar ativamente da vida econômica e social brasileira.

colher os frutos da universalização do trabalho livre em condições de forte competição imediata com outros agentes humanos.[8]

Restava ao ex-escravo manter-se sob a proteção do ex-senhor e continuar na "escravidão", quase de favor, ou sair das fazendas e procurar o trabalho livre que dificilmente encontrava. O brasilianista George Andrews, analisando o fluxo imigratório ocorrido no Sul e Sudeste do Brasil de 1890 a 1930, cita o artigo intitulado "A segregação do liberto", publicado no Jornal *A Província de São Paulo,* em 22 de maio de 1889, o qual descreve a situação do trabalhador negro no Brasil:

> O trabalhador nacional *abandonou* a posição conquistada, *fez-se substituir* pelo imigrante, *forçou* o proprietário a *decidir-se* por este. [...] O vazio deixado pelo primitivo trabalhador foi preenchido para sempre... O liberto está portanto segregado, inutilizado, perdido para a vida productiva.[9]

Pela leitura do trecho, percebe-se, além do "cumprimento da profecia", (o trabalhador negro é ainda hoje majoritariamente excluído do mercado de trabalho formal e das oportunidades educacionais) que o articulista coloca o negro como agente do processo de exclusão; afinal, o proprietário, empregador, simplesmente vê-se obrigado a escolher o "melhor empregado" e excluir aquele que optou pela segregação e desemprego. É evidente que esse e outros textos possuem uma fundamentação de base racial que intelectuais, proprietários de terra e empregadores desejam camuflar, uma fundamentação que está calcada nas bases do discurso colonial e que definirá a estrutura das relações e das posições sociais nos contextos coloniais e pós-coloniais.[10]

---

[8] FERNANDES, 1978. v. 1. p. 52.

[9] *Apud* ANDREWS, 1988. p. 101 (Grifos da autora).

[10] A longa digressão histórica está diretamente ligada ao fato de este ser um trabalho que também deseja interferir nas formas de representação e análise da história dos afro-brasileiros, e por esse motivo quer explicitar alguns dos mecanismos utilizados pelo discurso hegemônico para construir sua versão da história do negro no Brasil e para 'justificar' a exclusão do negro do mercado de trabalho e dos direitos de cidadão. Ressalto, todavia, que, desde o início do século XX, vários grupos se organizaram, com pouco êxito, no intuito de alterar a configuração da sociedade brasileira.

Outro fato histórico revisto e reescrito por escritores dos *CN,* com o objetivo de compor a memória do afro-brasileiro, é a revolta dos Malês. Míriam Alves, no poema "Mahin amanhã", vê no acontecimento uma forma de ressaltar a possibilidade de união dos negros, de procedências diversas e defensores de concepções ideológicas divergentes com o objetivo de construir um movimento de luta pela cidadania:

> Há revoada de pássaros
> Sussurro, sussurro:
> "- é amanhã, é amanhã
> Mahin falou, é amanhã
> A cidade toda se prepara
> Malês
> bantus
> geges
> nagôs
> vestes coloridas resguardam esperanças
> aguardam a luta
> Arma-se a grande derrubada branca
> A luta é tramada na língua dos Orixás (*CN*9, p. 46).

A revolta organizou-se sob a bandeira da possível união de todos os africanos para a tomada de poder da cidade da Bahia. No poema, o elemento unificador é a "língua dos Orixás", uma língua da religião, que possibilitaria atenuarem-se as divergências em prol de um objetivo maior a ser perseguido: derrotar o inimigo comum, o branco, e tomar o poder, tomar a cidade do Salvador, fazer da grande massa negra que habitava e circulava pela cidade e pelo Recôncavo baiano os donos da cidade. Os dois últimos versos dão conta deste empenho político organizado em bases religiosas. A "derrubada branca" tanto pode ser lida como a derrota dos senhores, brancos, quanto como uma referência às batas brancas (abadás) utilizadas pelos crentes muçulmanos ou, ainda, pode indicar a cor usada pelos devotos de Oxalá, o maior dos Orixás. Mesmo que alguns textos históricos registrem a proeminência dos muçulmanos na Revolta da Bahia, e embora tenha passado para a história com a denominação Revolta dos Malês, Pedro Calmom, no seu romance *Os Malês,* escrito na década de 30 do século XX, fala da união de vários grupos étnicos, tanto adeptos

MOMENTOS DE CELEBRAÇÃO

da religião do candomblé quanto da religião muçulmana, sob a liderança de Luiza Mahin. Segundo o romance, a líder do movimento teria conseguido a adesão dos Malês com a promessa de que, uma vez dominada, a religião oficial da cidade seria a muçulmana; posição que será, de certo modo, confirmada pelo historiador João Reis, um dos pesquisadores e estudiosos do fato histórico.

A conspiração Malê foi denunciada, os objetivos não foram alcançados, entretanto, ficou provado que as possibilidades de sucesso de uma revolta escrava seriam bem maiores, caso as uniões se tornassem mais freqüentes – um temor sempre subjacente nos atos e discursos dos senhores.

Ocorrida em Salvador, a 25 de janeiro de 1835, data da festa dedicada a Nossa Senhora da Guia, e antecedida por várias outras no século XIX, a insurreição contou com a participação de vários grupos étnicos africanos residentes em várias cidades do Recôncavo. Os líderes do movimento tinham por meta a tomada da cidade, *uma Bahia só de Africanos* e a instalação de um governo africano muçulmano (malê). Segundo João Reis, apesar de ser denominada revolta dos Malês, apesar dos documentos escritos em árabe apreendidos, e de possuir uma liderança muçulmana,

> [...] a revolta foi planejada como uma aliança entre Malês e demais africanos; e efetivamente não foram apenas os Malês que saíram às ruas naquela madrugada de 25 de janeiro. O levante interessou a africanos de diversas origens e persuasões religiosas, e seus organizadores contavam exatamente com a constituição desse fronte africano.[11]

O estudo desse episódio tem sido alvo de interesse de historiadores como Décio Freitas, além do citado João Reis,[12] que buscam discutir a existência de alianças entre os grupos étnicos africanos da Bahia do século XIX, assim como foi, também, motivo de preocupações das autoridades baianas do citado século quanto às possibilidades de alianças e acordos entre os negros (africanos e crioulos) que circulavam pelo Recôncavo baiano. O texto de Miriam Alves traz

---

[11] REIS, 1986. p. 150.
[12] FREITAS, 1978.

à cena também outro nome histórico-mítico da revolta dos Malês, Luiza Mahin, mãe do tribuno e poeta Luís Gama e motivo de polêmica entre os historiadores quanto à sua efetiva participação na revolta.[13]

Reitero que, de acordo com a formulação da maioria dos escritores dos *CN*, o estabelecimento de laços com a "Mãe-África" não significa a adoção extemporânea de comportamentos ou valores africanos, mas refletem a compreensão de que o negro brasileiro herdou e adaptou à sua vivência no país uma variedade de costumes e rituais africanos que cruzaram e circularam pelo Atlântico e pelos caminhos brasileiros. Estas tradições, já modificadas, servirão de matriz para a construção de uma outra identidade múltipla e posicional, como exemplificam os versos do poema "Meu rosário", de Conceição Evaristo, em que a poetisa descreve-se híbrida, transitando entre os cantos de Oxum e os padre-nossos e ave-marias na construção de sua identidade afro-brasileira – não mais propriamente africana e jamais cópia exata da tradição hegemônica do território da diáspora, como diz a poeta: "Nas contas de meu rosário eu canto Mamãe Oxum e falo padre-nossos, ave-marias."

O deslocamento geográfico obriga as culturas da diáspora a assumirem um perfil mais conservador. Vivendo isoladas do meio cultural ativo, obrigadas a um contato cotidiano com culturas estrangeiras, elas precisam ser mais cuidadosas na preservação dos traços mantidos pela memória, os quais, em geral, não passam pelo processo natural de atualização vivenciado pela a cultura e pelas tradições no seu território de origem – daí a diáspora construir, muitas vezes, um perfil idealizado do território e da cultura de origem.

---

[13] O Arquivo Publico da Bahia possui vasto material sobre o fato histórico, inclusive comunicados e bilhetes, escritos em línguas árabes, trocados entre os participantes da revolta.

Trânsitos da diáspora: Bahia [(África-Europa) e América]

O escritor Paul Gilroy, no seu livro *The Black Atlantic: Modernity and Double Consciousness*, discorre sobre o conceito de diáspora nos estudos sobre os afro-descendentes, tendo em vista os deslocamentos, viagens, conexões e intercâmbios que acontecem através do Atlântico entre as culturas negras e outras culturas. Ele rejeita as projeções de diáspora que privilegiam os percursos e troca efetivados entre a África e os Estados Unidos, "projeções afro-centradas", acrescenta que o conceito não deve reportar-se necessariamente a um único local ou exclusiva nação, mas sim contemplar as trocas efetivadas entre Caribe, Estados Unidos, Europa e África, e enfatiza que sua utilização do conceito de diáspora leva mais em consideração o *status* simbólico do que idéias fundamentadas em uma essência racial. Em decorrência do uso que faz do termo, ele propõe que, ao falar de diáspora, considere-se também o conceito de *Black Atlantic* construído, tendo-se em vista a realidade dos negros que transitam e transitaram pelo Atlântico Norte, estabelecendo conexões e linhas de comercialização e trocas.[1]

Diáspora e Atlântico Negro, segundo Gilroy, apresentam-se como conceitos férteis para a discussão dos mecanismos de construção das identidades negras na Inglaterra. No entanto, seu caráter transnacional e as inegáveis aproximações que podem ser realizadas entre a história dos negros no Reino Unido e dos negros no Brasil, aliados

---

[1] GILROY, 1993.

aos intuitos comuns de estruturar uma identidade negra transnacional, permitem ampliar o território de abrangência do *Black Atlantic* para ler e analisar as experiências dos afro-brasileiros, tanto na evocação dos percursos dos navios negreiros e das negociações que desde então aí se estabeleciam, quanto nos variados tipos de intercâmbios que se efetivaram e ainda se efetivam entre africanos, afro-brasileiros e afro-americanos e culturas que cruzaram e ainda hoje cruzam todo o Atlântico.

Reitero que não perco de vista o fato de os processos de diáspora variarem de acordo com as realidades históricas, socioculturais ou políticas de cada espaço com o qual o povo em diáspora se relaciona e, portanto, não ignoro as especificidades das relações sociais e interétnicas que ocorrem no Brasil, geradas que são em universos culturais diferenciados.

A compreensão da experiência de diáspora rechaça etnocentrismos, possibilitando uma análise mais abrangente não só das "adequações" que as várias etnias transplantadas realizaram com o fim de assegurar a sobrevivência em terra estranha mas também de negociações de ordens diversas, voluntárias ou não, estabelecidas nas conexões com as culturas ocidentais e as culturas indígenas da Colônia Portuguesa na América.

A diáspora abriga em si as idéias de perseguição, escravidão, trabalho forçado, discriminação e genocídio. O termo é utilizado nos estudos históricos prioritariamente com referência aos judeus, mas, já no século XVIII, o marinheiro, ativista político na luta pela abolição e escritor negro Olaudah Equiano e, no século XIX, o pensador e escritor negro Edward W. Blyden e o médico, jornalista e abolicionista Martin Delany começaram a estabelecer aproximações entre as discriminações sofridas pelos judeus e as impostas aos negros – relação que será posteriormente desenvolvida por vários outros escritores, entre eles Paul Gilroy, no livro já citado, e James Clifford no livro *Routes: Travel and Translation in the Late Twentieth Century*.[2]

A diáspora africana instituiu-se, pois, como conseqüência do comércio internacional de seres humanos que forçou africanos de etnias,

---

[2] GILROY, 1993; CLIFFORD, 1997.

costumes e tradições religiosas diferentes a tecerem laços de união independentes das diferenças de procedência e de genealogia, laços que se fixam a partir de novos vínculos gerados pela situação diaspórica.

Os povos forçados à dispersão constroem, em geral, uma identidade fundamentada na certeza da utilidade e da necessidade de negociar certos aspectos da cultura de origem como mecanismo para garantir a sobrevivência. Para Hall, a diáspora define-se "pelo reconhecimento de uma necessária heterogeneidade e diversidade, por uma concepção de 'identidade' que vive com e através, não apesar, da diferença (convive e atravessa, não obstante, a diferença)".[3] Considerando diáspora como conceito posicional e estratégico, entendem-se as razões pelas quais as experiências trocadas entre afro-brasileiros e africanos, afro-americanos ou caribenhos são igualmente importantes para a formação do que irá ser desenhado como identidades negras e identidades afro-brasileiras.

Hall destaca a existência de dois vetores operativos que emolduram a identidade cultural dos afro-caribenhos: de um lado, estaria o "vetor da similaridade e continuidade" e, de outro, o da "diferença e ruptura". A experiência de diáspora obriga o povo disperso a estabelecer uma "dupla" relação com a cultura para a qual é deslocado, forçando o estabelecimento de uma negociação entre "similaridade e continuidade" e "ruptura e diferença". Impossibilitado de viver sua cultura e tradição em outro país, o povo em diáspora incorpora elementos da "cultura hospedeira", faz adaptações nas suas práticas e costumes. Valendo-se da possibilidade de atualização dos mitos e rituais, as concessões são efetivadas, os empréstimos são feitos e a cultura e a tradição revitalizadas e preservadas.

Tal posição de Hall quanto à caracterização cultural dos afro-caribenhos permite pensar que também aqui a "diferença persiste no interior e ao lado da continuidade", simultaneamente. As três principais presenças que estariam constituindo a identidade afro-caribenha, a saber, a "Presença Africana", a "Presença Européia" e a "Presença Americana" são as mesmas que, em diferença e similaridade, estão presentes no traçado da identidade cultural afro-brasileira, fornecendo-lhe

---

[3] WILLIAMS & CRISMAN, 1994. p. 402.

Trânsitos da diáspora: bahia [(África-Europa) e América]

o tom de cultura híbrida e o caráter identitário diversificado. Desse modo, ainda segundo Hall,[4] em texto de 1989, (*"New Ethnicities"*), as afinidades, histórica, política e culturalmente, não são estáticas ou "naturais" e podem ser construídas tendo-se em conta as diferentes posições e histórias dos sujeitos, viabilizando falar-se de identidades negras no Brasil e em outros países sem que se caia em essencialismos redutores.

As trocas e os intercâmbios ocorridos no campo da produção textual e no setor musical são sintomáticos dessa cadeia de inter-relações e cruzamentos. Os bens simbólicos atravessam o Atlântico e as barreiras lingüísticas, sendo "lidos e entendidos" de modo diverso por consumidores brasileiros, ingleses, franceses etc., que retiram de cada texto as "lições" de que necessitam para afirmação de suas identidades e efetivação de suas lutas. Textos de Garvey, Césaire, Fanon, Bob Marley e Mandela circularam e circulam também por várias regiões do Brasil, influenciando e sendo reescritos por várias gerações de afro-descendentes, entre eles, o poeta Jamu Minka (José Carlos Andrade) para quem Bob Marley e seus tambores são "filhos diretos dos antigos tantãs/tesouros de mãe África trazidos pelos avós", mix de tradição oral africana e dos avanços tecnológicos ocidentais:

> versão moderna do milenar griot misturando alegria e consciência no caldeirão eletrônico das cordas como poções mágicas dos velhos feiticeiros pra curar os venenos da besta-fera ocidental. (*CN* 5, p. 33)

É marcante a influência que os escritores negros no Brasil receberam das literaturas africanas escritas em língua portuguesa que chegavam ao Brasil por meio de jornais, revistas e livros, ou ainda a influência das traduções de Fanon e de textos de Garvey e Du Bois que circulavam no movimento negro no Brasil desde a década de trinta. Na citada década, alguns membros de entidades negras no Brasil, como Correia Leite, consideravam-se garveístas e criaram no Jornal *O Clarim d'Alvorada* um grupo no qual "havia uma seção que se chamava Mundo Negro, o nome do jornal do Garvey",[5] colocando

---

[4] HALL, In: MORLEY & CHEN. 1996.
[5] LEITE & CUTI, 1992. p.195.

em evidência as vinculações indiretas que o movimento negro no Brasil estabelecia com o congênere norte-americano.

Sob certo ângulo, talvez se possa afirmar que o desejo de Garvey, enraizado no conceito de Pan-Africanismo, era que os africanos da diáspora retornassem para a África e construíssem todos, conjuntamente, um reino africano que recuperasse a antiga glória do continente. Os objetivos políticos e econômicos do movimento e de seu líder não foram atingidos. No entanto, é inegável que o garveísmo teve fundamental influência na elaboração de uma narrativa de libertação que redesenhou a consciência de seus membros e simpatizantes. Confrontando a ideologia da supremacia branca, o movimento colaborou para reverter as representações que a cultura ocidental forjou para o africano e para os afro-descendentes. A intensidade dessas contribuições pode ser notada na influência do Pan-Africanismo e da Negritude nos movimentos negros no Brasil.

No tocante à *negritude*, é sabido que nomes como Roger Bastide e Abdias do Nascimento fizeram circular o termo, no Brasil, por volta da década de 40-50. Os escritores e militantes negros que ouviram e se apropriaram da expressão *negritude* adaptaram seu significado aos objetivos e especificidades do movimento local, despojando-o de algumas das conotações sugeridas pelo movimento da França.

A negritude (ou suas variações negrícia, negrice, negrume, negrura) proposta pelos textos em foco possui um sentido diretamente ligado ao esforço de configurar um outro desenho identitário negro; negritude significando a leitura ativa das tradições culturais de origem africana que foram menosprezadas ou silenciadas e agora reivindicam espaço e visibilidade.

Por outro lado, também o periódico *Nêgo,* boletim do MNU-Ba, no seu número 1, publica sugestões de leitura que passam por *Obras escolhidas* de Amílcar Cabral, *África-literatura-arte e cultura,* organizado por Manoel Ferreira, e, no número 3, o livro *Peles negras, máscaras brancas* de Fanon, entre outros, o que comprova a circulação de idéias que se processa através do *Black Atlantic.*

Já no campo musical, as trocas efetivadas entre a música negra, produzida na Bahia, Rio de Janeiro e São Paulo, e as músicas africanas, afro-caribenhas e afro-americanas que funcionam como de instrumentos

TRÂNSITOS DA DIÁSPORA: BAHIA [(ÁFRICA-EUROPA) E AMÉRICA]

catalisadores de construção identitária são por demais conhecidas; mas podemos citar os intercâmbios entre o jazz, o reggae, o soul, o break, o funk e o hip-hop como outros exemplos ilustrativos. O depoimento de dois *rappers* atuantes no movimento contemporâneo *hip-hop* também ilustra a forma de compreensão da diáspora como associação e circulação transnacional de bens simbólicos entre comunidades negras e mestiças que vivenciam problemas similares no mundo urbano nas suas tentativas de organização, negociação e combate contra a pobreza, violência, racismo e desigualdades. Edy Robson e Preto Ba, componentes do grupo Uafro, assim se expressam na edição especial da revista *Caros amigos* de setembro de 1998: "O hip hop chegou até nós.[...] Ele não chegou como é hoje, era o soul, o funk pra curtir nos bailes. [...] A música black vem vindo, isso nunca pára, é coisa de negro". As palavras parecem evocar o conceito de *Black Atlantic,* proposto por Gilroy, com destaque para os constantes e contínuos cruzamentos e comercializações, trocas de bens simbólicos e de formas de luta dos negros pela liberdade e cidadania que se realizam entre Caribe, África e Estados Unidos, através do Atlântico.

O exemplo fornece espaço para a alternativa de pensar a experiência dos afro-descendentes em termos de um conceito de diáspora que possibilite discutir identidade negra fora de molduras que se concentrem na contraposição entre dicotomias, como sugere Gilroy, ou que se fixem apenas em "unidades" de bases nacionais. Além de Gilroy, também o antropólogo James Clifford propõe que se faça uso da imagem da diáspora para discussão das ligações entre histórias de poder. E afirma ainda que diáspora designa transnacionalidade e movimento mas também lutas políticas para definir como comunidades distintas em históricos contextos de deslocamentos se reorganizam, "a associação com outra nação, região, continente ou força histórica universal (como o Islã) confere peso adicional às reivindicações contra uma hegemonia nacional opressora".[6] Clifford afirma que a consciência de diáspora constrói-se negativamente, com a evocação de experiências de discriminação e exclusão e, positivamente, por meio da identificação com forças históricas mundiais e político-culturais.

---

[6] CLIFFORD,1977. p. 255.

Conceito de utilização estratégica, diáspora congrega os afro-descendentes espalhados nas várias partes do mundo, possibilitando a ampliação dos diálogos, intercâmbios culturais e também de agendas de combate à discriminação e ao racismo de que são vítimas. As diferenças culturais não impedirão a construção e preservação dos laços, é o que afirma a poetisa Conceição Evaristo no poema "Malungo, brother, irmão". Provenientes de espaços e etnias diversas, os companheiros de infortúnios nas viagens dos navios negreiros estabelecem um outro tipo de laço (são malungos). O fato de falarem línguas diferentes e viverem hoje sob variadas situações sociais não deve constituir empecilho para que se criem, entre africanos e afro-descendentes, "parentescos" identitários similares àqueles que superavam as diferenças étnicas e eram estabelecidos pelos malungos – africanos a caminho da diáspora –, vínculos capazes de, a partir do infortúnio da viagem no mesmo navio, criar identidade e solidariedade estratégicas, independente de fronteiras étnicas e lingüísticas:

> No fundo do calumbé
> nossas mãos ainda
> nem ouro nem diamante
> espalham enfeites
> em nossos seios e dedos.
> [...]
> No fundo do calumbé
> nossas mãos sempre e sempre
> espalmam nossas outras mãos
> moldando fortalezas esperanças,
> heranças nossas divididas com você:
> Malungo, brother, irmão. (*CN*, 19. p. 24)

A religião e os folguedos de origem africana, circunstancialmente permitidos ao negro na diáspora no Brasil, constituíam formas de manutenção dos vínculos com as suas tradições e culturas de origem. Discriminadas como religiões "menores", elas terminaram por se firmar em várias regiões do Brasil como elemento articulador de identidades, influenciando e sendo influenciadas pelas religiões cristãs. Por meio das práticas religiosas, os negros reviviam na clandestinidade os ritos e mitos, prestavam culto aos deuses e retomavam, desse modo, a linha do relacionamento comunitário tradicional.

De rosários e de contas

Rosário rezado
reisado
negro a desfiar...
há estória em gêge
praça pedra a pedra
conta
a
conta.

Miriam Alves

Na vida dos povos africanos em diáspora no Brasil, as linhas do relacionamento identitário eram retraçadas na Bahia e em outros espaços, pelos fios e fios de miçangas enrolados nos corpos. Os africanos usavam colares feitos de búzios (rosário de ifá) e de contas coloridas como forma de apontar pertencimentos e devoções religiosas; entretanto, o sistema "educativo colonial", desde logo, procurou ensinar aos africanos que as contas faziam parte da devoção católica, tentando outra reconfiguração do seu sentido.

A cultura religiosa católica tecerá laços cristãos para os negros por meio da criação de igrejas e irmandades "dos pretos", entre elas destacando-se as de Nossa Senhora dos Rosários dos Pretos. Seria ela diferente da outra Nossa Senhora? Menos exigente na defesa dos seus fiéis e protegidos? Menos sensível aos sofrimentos e agruras da vida de um escravo?

O discurso do padre Vieira expõe os artifícios retóricos utilizados para conduzir a interpretação do estado do escravo na sociedade católica, uma interpretação que não motivasse o questionamento da infinita bondade e justiça do Senhor nem incitasse os africanos a almejar a alteração da sua situação de desprestígio:

> [...] deveis dar infinitas graças a Deus por vos ter dado conhecimento de si, e por vos ter tirado de vossas terras, onde vossos pais e vós viveis como gentios; e vos ter trazido a esta, onde instruídos na fé, vivaes como christãos, e vos salveis. [...] *e que farão assim ajoelhados? Não baterão as palmas como costumam, mas fazendo oração levantarão as mãos ao mesmo Deus.*
>
> [...]
>
> Não se pudera, nem melhor nem mais altamente, descrever que coisa é ser escravo em um engenho no Brazil. Não ha trabalho nem genero de vida no mundo mais parecido à Cruz e Paixão de Christo, que o vosso em um d'estes engenhos. [...] Bem-aventurados vós se soubereis conhecer a fortuna do vosso estado, e com a conformidade e imitação de tão alta e divina similhança aproveitar e santificar o trabalho.[1]

Lido hoje, o texto de Vieira chega a soar-me estranho: como agradecer ao Deus do amor e da misericórdia pelos benefícios do desterro, dos castigos, do cativeiro, do trabalho forçado e da desumanização? Como entender os mistérios e milagres do Rosário que elege uns para senhores e outros para escravos? Por outro lado, o desejo de ensinar outros costumes está evidente principalmente na "correção" do sentido do ato de ajoelhar-se.

O rosário cristão, introduzido na cultura dos afro-descendentes, é pretexto para que Conceição Evaristo deslize, suba e desça, desfie as suas contas e brinque com as possibilidades de significados da expressão "contas/contar" e ofereça, conta a conta, verso a verso, uma descrição de "um rosário dos pretos" – constituído *de contas negras e mágicas.* Ao desfiar suas contas em "Meu rosário", ela fala de percursos, histórias, identidades, alegrias e frustrações que são também meus e de outros afro-brasileiros:

---

[1] VIEIRA. Sermão XIV, v. 11, p. 303 e 309, 1951(grifos da autora).

Do meu rosário eu ouço os longínquos batuques do meu povo e encontro na memória mal-adormecida as rezas dos meses de maio de minha infância. As coroações da Senhora, onde as meninas negras, apesar do desejo de coroar a Rainha, tinham de se contentar em ficar ao pé do altar lançando flores. As contas do meu rosário fizeram calos nas minhas mãos, pois são contas do trabalho na terra, nas fábricas, nas casas, nas escolas, nas ruas, no mundo. (*CN*, 15, p. 23)

As miçangas ou contas, conhecidas e utilizadas pelos povos africanos como marcas externas de preservação de seus vínculos identitários e das afiliações míticas, serão "aproveitadas" pelo padre Vieira para delinear um discurso construtor de outra marca identitária. As contas brancas opacas de Oxalá, as vermelhas de Xangô, as brancas transparentes de Yemanjá, as azuis claras de Oxóssi, fragmentos da religião dos Orixás, trazida juntamente com os africanos e recriada no Brasil, compunham a indumentária das negras como se fossem meros adereços apenas. Interessado num processo pedagógico com base nas comparações e identificações, o padre Vieira procurou atribuir ao uso dos adereços um sentido católico, ensinado no seu sermão XXVII da série Maria Rosa Mística:

As voltas de contas que trazeis nos pulsos e ao pescoço (fallo com as pretas) sejam todas das contas do Rosário. As do pescoço cahidas sobre os peitos, serão a marca do peito: [...] e as dos pulsos como bracelletes, serão a marca do braço [...] e uma e outra marca, assim no coração como nas obras, serão um testemnuho e desengano publico para todos, de que já estão livres vossas almas do captiveiro do demonio e do peccado, para nunca mais o servir.[2]

Para o jesuíta, uma vez instaurado o processo de ressignificação, as contas, símbolos dos pertencimentos étnicos, passam a símbolos da "libertação do paganismo", do pecado e do demônio, tornam-se marcos de ruptura com as tradições de origem africanas e adoção do catolicismo; no entanto, "obedecendo" à orientação dos jesuítas, *as pretas* continuaram utilizando as contas dos Orixás (em

---

[2] VIEIRA, 1951. Sermão XXVII, v. 12, p. 356.

DE ROSÁRIOS E DE CONTAS

geral sob as roupas) juntamente com as do rosário católico, prestando, assim, culto às divindades das duas tradições religiosas – um procedimento idêntico à síntese do panteão dos Orixás e à reconfiguração do espaço sagrado do terreiro africano efetivados com o objetivo de reinstalar e preservar, de acordo com as limitações da situação, seus marcos da memória cultural na diáspora.

Pressionados pelos colonizadores, cientes das dificuldades do enfrentamento direto, os africanos no Brasil procederam uma reelaboração de seus cultos e produziram "um jogo de contatos com vista à preservação de um patrimônio comum na origem embora diversificado na especificidade do ritual".[3] O jogo negociado em que ambas as partes, mesmo que uma seja majoritária, farão concessões e adequações, é muito bem figurado pelo poema "Meu rosário". Analisado como parte do processo de adaptação à nova realidade, este jogo faz parte de um mecanismo de aproveitamento das brechas do sistema a fim de manter os cultos e outras tradições. Como pontua Hall, a hegemonia cultural não fixa papéis definidos de hegemônico e subordinado, mas consiste num equilíbrio instável de estruturas e configurações de poder sempre ajustáveis.[4]

As proibições dos cultos, vigentes até o século XX, por exemplo, motivaram várias tentativas de soluções negociadas, buscadas na "proteção" de elementos dos grupos prestigiados ou ainda mediante o pagamento de taxas de licença de funcionamento e mesmo da supressão de determinados elementos do ritual, de modo que o templo de culto, o terreiro, e os bens simbólicos pudessem reinstalar a atmosfera mítica da cosmovisão étnica. As contas desse "rosário dos pretos" quebram a tradicionalidade do rosário católico composto apenas de padres nossos e ave-marias; nele, *cant[a-se] Mamãe Oxum e fal[am-se] padres-nossos, ave-marias*, mesclam-se a tradição de origem africana e a tradição ocidental branca. As contas mágicas do rosário misto permitirão a circulação de energias diversas pelo corpo dos fiéis, possibilitarão um longo percurso passado a dentro, ativando memórias e lembranças distantes e recentes – traços cujas marcas evocam desde *os longínquos batuques* festivos e/ou sacros que se

---

[3] SODRÉ, 1988b. p. 57.

[4] HALL. In: MORLEY & CHEN (Eds.) 1996. p. 468.

estendiam pela madrugada, nos quais os Orixás faziam do corpo dos fiéis, instrumento, para aconselhar, contar histórias, desvendar intrincados segredos; até as especificidades das discriminações raciais à brasileira, que restringem e hierarquizam as possibilidades de intervenção e participação ativa dos afro-descendentes na vida do país, escondendo-os sempre nos lugares desprestigiados das fotografias nacionais: "[as] coroações da Senhora, onde as meninas negras, apesar do desejo de coroar a Rainha, tinham de se contentar em ficar ao pé do altar lançando flores".

Conceição Evaristo, verso a verso, em "Meu rosário", explorando as possibilidades conotativas da palavra "conta/contar", descreve débitos, créditos, responsabilidades, marcas, apreços e sofrimentos, rosário negro que, toque a toque, constrói um perfil híbrido, afro-brasileiro, e, por outro lado, "dá conta" das nossas histórias passadas e presentes, nem sempre vividas de modo tão amistoso e harmônico:

Meu rosário é feito de contas negras e mágicas.
Nas contas de meu rosário eu canto Mamãe Oxum e falo padre-nossos, ave-marias.
Do meu rosário eu ouço os longínquos batuques do meu povo e encontro na memória mal-adormecida. As rezas dos meses de maio de minha infância. As coroações da Senhora, onde as meninas negras, apesar do desejo de coroar a Rainha tinham de se contentar em ficar ao pé do altar lançando flores.
As contas do meu rosário fizeram calos nas minhas mãos, pois são contas do trabalho na terra, nas fábricas, nas casas,nas escolas, nas ruas, no mundo.
As contas do meu rosário são contas vivas.
(Alguém disse um dia que a vida é uma oração,eu diria porém que há vidas-blasfemas.)
Nas contas de meu rosário eu teço entumecidos sonhos de esperanças.
Nas contas de meu rosário eu vejo rostos escondidos por visíveis e invisíveis grades e embalo a dor da luta perdida nas contas do meu rosário.
Nas contas de meu rosário eu canto, eu grito, eu calo.
Do meu rosário eu sinto o borbulhar da fome no estômago, no coração e nas cabeças vazias.
Quando debulho as contas de meu rosário, eu falo de mim mesma um outro nome.

DE ROSÁRIOS E DE CONTAS

E sonho nas contas de meu rosário lugares, pessoas, vidas
que pouco a pouco descubro reais.
Vou e volto por entre as contas de meu rosário,
que são pedras marcando-me o corpo-caminho.
E neste andar de contas-pedras, o meu rosário se transmuda
em tinta, me guia o dedo, me insinua a poesia.
E depois de macerar conta por conto o meu rosário, me acho
aqui eu mesma e descubro que ainda me chamo Maria.
(*CN* 15, p. 23-24)

Rosário negro/ reisado nagô, como descreve Miriam Alves, mantendo o mesmo tom místico no poema "Passo, Praça". Os *CN* narram
letra a letra (em diferentes caligrafias), conta a conta (de formatos e em
disposições variadas), as histórias de lutas, rostos fictícios e reais, mas
também reivindicam, cobram as contas pelos trabalhos impostos. Transitam entre sonhos, desejos, esperanças e denúncia, não deixam, entretanto de, vivamente, caminhar para contar as *contas-pedras,* as pesadas e elevadas contas difíceis de serem quitadas: "fizeram calos nas
minhas mãos, pois são contas do trabalho na terra, nas fábricas, nas
casas, nas escolas, nas ruas, no mundo". Formaram-se calos nas
mãos, nos pés, na mente, no olho e no peito daqueles que, devido a
uma série de fatores, rezam o rosário de outro modo e contas que, uma
vez maceradas, extraído seu sumo e despida a casca superficial, des-
velam outras histórias, em que sujeito e objeto se confundem para
apresentar um outro lado da parcialidade.

O rosário composto de rezas católicas e cantos dos Orixás do
poema "Meu rosário" é posto lado a lado do "Rosário rezado/ Reisado nagô" de Miriam Alves para que os dois poemas falem das histórias contadas em jeje, longas histórias jamais esquecidas por gerações que carregam no peito e nas costas, sensíveis e resistentes,
séculos de tentativas de expressão, de gritos silenciados e de pequenas vitórias que, algumas vezes, mudaram os rumos dos ventos. Essas histórias e estórias que falam do Brasil, narradas em uma língua
portuguesa larga e intensamente influenciada pelas línguas africanas
que, por força do contato e da resistência, moldaram o português brasileiro, trazendo a musicalidade de suas línguas tonais,[5] emprestando

---

[5] CASTRO, 1991.

palavras que, de tanto tempo incorporadas à língua portuguesa do Brasil, já nos soam brasileiras.[6]

Porém, se rezar o rosário indica crença e dedicação religiosa, às vezes não tão espontânea, não é a prática católica que determina o rezar de rosários e terços como forma de o fiel purgar os pecados cometidos e confessados? O ato de rezar o rosário é também um castigo, uma fatura a ser paga pelo transgressor pecador. Esse pesado rosário-punição e devoção, de santos e orixás, é apresentado por Conceição Evaristo e Miriam Alves como motivação para cantos e contos.

Os três terços que compõem o outro rosário, o dos pretos, contam histórias – de navios, de viagens, de outros mares, humilhações, violência e exclusão; histórias de fugas, lutas, matas, quilombos e resistência; histórias de outros contadores, agora sujeitos e objetos da narrativa, interessados em compor outras versões, outras identidades e outros discursos nos quais são cobradas e prestadas contas, narrados contos e ensinadas lições. Conta a conta, também eu circulo pelos textos-rosários que repetem rezas, gritos e reivindicações, histórias, subindo e descendo, macerando presente e passado, retiro e acrescento contas nas quais os fragmentos da vida vão sendo desfolhados e dão corpo a vozes que escavam, às vezes sem querer, também a mim e às minhas histórias: pedra a pedra, conta a conta, *conta por conto[s]*.

Os contos e contos, aos quais são atribuídas responsabilidades utilitárias e pedagógicas, propositadamente, pintam rápidos painéis, nos quais narrador e provável leitor identificam-se pela origem étnica e também pela similaridade dos problemas vivenciados em decorrência dessa origem. A experiência vivenciada pelo narrador, enquanto mais velho ou mais "vivido", ou mais atento, será compartilhada com o leitor, recuperando, de certa forma, o valor da experiência e a utilidade da narrativa[7] – o que não implicará o mero restabelecimento da narrativa tradicional.

---

[6] De acordo com Yeda Castro, palavras como mocotó, samba, marimbondo, cochilo, dengo e caçula, já assimiladas pela língua portuguesa, são palavras originárias das línguas africanas e constituem marcos explícitos do processo de africanização pelo qual passou o português no Brasil.

[7] Refiro-me aqui aos traços da narrativa tradicional levantados por Benjamin no seu famoso texto "O narrador, observações sobre a obra de Nikolai Leskov". (Cf. BENJAMIN, *et al.* 1983. p. 57-74).

DE ROSÁRIOS E DE CONTAS

Nos periódicos, as narrativas sugerem uma compreensão do ato de narrar como programático e pedagógico, interessado na fixação de uma memória. O narrador dos contos que compõem os números pares dos *CN* compartilha suas experiências, apresenta flashes cotidianos comuns aos negros e mestiços na sociedade do país, com o intuito de ordenar e organizar uma memória, de transmitir os seus saberes de conselheiro experiente, não necessariamente mais velho. Os textos mantêm traços de uma tradição não ainda de todo perdida, e objetivam, com essa prática, arregimentar aliados, reconstruir uma tradição da oralidade que perpassa tanto a cultura de origem européia quanto a cultura de origem africana.

Utilizando a linguagem escrita, o narrador acalenta o desejo de aproximar-se a tal ponto do leitor/ouvinte que consiga atingir e interferir na sua maneira de posicionar-se no mundo. Seu objetivo é "ensinar" o leitor a entender sua história como continuação da história exemplar que foi narrada e estimular o seu desejo de atuar na vida política.

Os traços do narrador da tradição oral, o narrador clássico,[8] descrito e valorizado por Walter Benjamin, em oposição ao narrador do romance, podem caracterizar o narrador de grande parte dos contos. Ele possui um saber vivido, legitimado pela experiência, e acredita na utilidade desses saberes para os seus leitores/ouvintes. Deste modo, sua narrativa estará carregada de suas marcas pessoais e da intenção de orientar e sugerir comportamentos. Embora não contenha todos os traços selecionados por Benjamin para caracterizar o narrador clássico, ao narrar a experiência de jovens desintegrados da sociedade, de amores infelizes, de personagens antigos, o narrador dos *CN*, em geral, emite opiniões, insere-se nos acontecimentos, faz críticas, tece as histórias do seu grupo étnico. Reside aí a utilidade da narrativa: ensinar, passar a experiência para outros que, por sua vez, memorizarão e reproduzirão, com o mesmo objetivo, o fato narrado. O interesse em tornar evidente a utilidade da narrativa é que faz o narrador repetir seus conselhos, pois, segundo Benjamin,

> clara ou oculta, ela (a narrativa) carrega consigo sua utilidade. Esta pode consistir ora numa lição de moral, ora numa indicação

---

[8] BENJAMIN, 1983. p. 57-74.
[9] BENJAMIN, 1983. p. 58.

prática, ora num ditado ou norma de vida – em qualquer caso o narrador é um homem que dá conselhos ao ouvinte".[9]

Nesse aspecto, a narrativa interessada e comprometida com um fim pedagógico, descrita por Walter Benjamin, pode gerar veios de aproximação com as narrativas dos *Cadernos Negros*.

As experiências particulares do militante afro-brasileiro, atento aos discursos que refletem os desenhos culturais, na sua complexidade e limitações, constituirão as contas, os fios de histórias compostas de fatos, mitos e crenças. Caberá ao narrador reunir e colecionar os fios do passado para rememorá-los e torná-los lições de vida.

Fios como os trançados pelo narrador do conto "Foram sete" que, jogando com as possibilidades de significado do número sete na tradição de origem africana no Brasil, apresenta um episódio envolvendo os sonhos, anseios e o cotidiano de três garotas, moradoras de um barraco do morro. Luanda, personagem narrador, inicia seu discurso com um curto parágrafo que insere o leitor em uma atmosfera mística: "Coral piou no mato alto. O dia terminara mal" (é por demais conhecido o uso na literatura popular e nas instituídas do pio de determinados animais como prenúncios de mau agouro). Por todo o conto, as referências a seu Sete,[10] protetor das três irmãs, pontuam a manutenção de um clima fantástico, e é a ele que Luanda pensa em recorrer ao pressentir o que pode acontecer com a irmã de doze anos, constantemente assediada pelo personagem Safa-Onça descrito como: "Branco, macho e rico, seu passatempo era descabaçar menininhas, assim falavam todos, assim sabiam todos, assim calavam todos". Os pressentimentos de Luanda tornam-se realidade e, ao saber do que ocorrera com sua irmã, ela, como possuída pelo "seu Sete", vinga o estupro da irmã e narra estupefacta:

> Foi quando o raio cortou os céus e dividiu meus pensamentos que foram indo, indo, e só voltaram quando os vizinhos começaram a gritar que eu acabara com o seu Safa-Onça. [...] E muita gente aguçada pela curiosidade e que, por falta de detalhes, apenas zumbiam em meus ouvidos: "Foram sete... Foram sete..." (VIEIRA, Lia. In: *CN* 14, p. 41.)

---

[10] Nas tradições de umbanda, por vezes seu Sete é identificado a Exu, uma identificação talvez decorrente do fato de na caracterização da entidade religiosa estar presente, por diversas vezes, a referência a este número.

DE ROSÁRIOS E DE CONTAS

O número sete comparece, outra vez, no conto " Sete viagens coletivas". Aqui também é possível evocar os sentidos do sete, como número cabalístico revestido de uma certa magia para as tradições africanas e também para as ocidentais. Sete é o número das espadas e dos caminhos do império de Exu,[11] mas sete contém ainda o sentido de perfeição na tradição judaico-cristã – a sétima narrativa (talvez como o sétimo dia, o sétimo selo ou a sétima trombeta bíblicos), como uma narrativa privilegiada, uma vez conhecedora das outras versões, seria a mais perfeita? A mais completa? A narrativa das sete espadas de Exu?

Seis personagens realizam um mesmo trajeto em uma viagem de ônibus e, no conto, apresentam as suas versões do fato de uma passageira exigir que a sua cadeira, comprada antecipadamente, fosse limpa. Aflora, nas narrativas, o modo como personagens negros e brancos reproduzem as representações esteriotípicas negativas dos negros nas suas relações cotidianas. O narrador, embora apresente seis versões do episódio, intitula seu texto de "Sete viagens coletivas", como a convocar o leitor a ser o autor da que falta, construindo-a a partir da sua interpretação e reflexão particulares sobre as narrativas apresentadas. O narrador limita-se a reproduzir as seis interpretações como um jornalista observador que omite seu parecer sobre os fatos.

Conto a conto, os *CN* pretendem-se sementes por germinar e organizam seu programa de transmissão de experiências, seu projeto didático de discutir facetas variadas das experiências dos afro-brasileiros e as dificuldades em concretizar o projeto de atuar no traçado e na organização política do país. Embora os Estudos Culturais os tenham apontado como falhos, e no decorrer da história têm demonstrado que o são, os projetos de redenção e resgate dos espaços e vozes dos grupos minoritários ainda se constroem com base numa crença em crescimentos e progressos que chegam mesmo a contradizer alguns dos objetivos propostos. Acredito que este fato seja mesmo o resultado de uma impossibilidade de as mudanças e alterações nas agendas político-sociais acontecerem fora dessa perspectiva.

O ato de contar possibilita unir os traços e organizar sua própria história de vida, catar e colar os fragmentos da memória para compor

---

[11] SANGIARDI. Exu, o deus da ordem. *Leitura,* São Paulo, ano 7, n.74, jul. 1988. p.10.

um desenho, nada inocente, que ressalta ou esquece tudo que interessa ou não ao perfil, à memória que se deseja fixar. O ato de esquecer, aqui considerado elemento produtivo e indispensável para o traçado deste perfil, atinge, deliberadamente ou não, determinadas partes da história (que são esquecidas ou deixadas de lado). Esquecer e lembrar, ações diversas que, em conjunto, possibilitam dar feição de quadro não lacunar à história construída, permitem estabelecer conexões, eleger precursores e construir uma tradição afro-brasileira. Considerando, ainda, os objetivos dos periódicos e das experiências cotidianas do narrador e do seu grupo étnico, são trançadas histórias de amor, de desventuras, de sofrimentos, de combates e também de alegrias e vitórias de personagens que mesclam memória e esquecimento, passado e presente.

Os povos na diáspora, diferentemente do que pensaram as elites colonizadoras, não são tábula rasa, mas inscrevem a si e às suas culturas no corpo da tradição que lhes é imposta. Os arranhões e cortes, consciente e inconscientemente realizados pela cultura minoritária, deixam marcas indeléveis e incontestes inventando, na diáspora do Brasil, o reisado nagô. *Rosário rezado/reisado* que narra uma história de sofrimento e de insubmissão mas também de alegrias e realizações, "apesar da cruz (cristã) pesar":

> Paissandu a Praça
> Passo no Paissandu
>   a Praça
>   há Pedra
>   há
> Rosário negro a desfiar...
> há estória
> Paissandu a Praça
> Passo
> Ouço
> Rosário rezado
>   Reisado
> negro a desfiar...
> há estória em gêge
> praça pedra a pedra
> conta
> a

conta
Conta
das costas que não se curvaram
conta
ah!
Conta
apesar da cruz (crista cristã) pesar
apesar
conta
rosário rezado
  Reisado nagô
conta a conta
conta. (ALVES, Mirian. In: *CN* 17, p. 40-41.)

O peso da cruz cristã sugere à leitura, pelo menos, três qualidades de fardo: primeiramente, o peso do trabalho forçado imposto aos nossos ancestrais sob o sistema escravocrata; em segundo lugar, remete para o conjunto de castigos impingidos como meio de forçar a desumanização e coisificação do escravo; em terceiro, o peso da imposição de uma língua, uma cultura, uma forma de vida e de uma religião fundamentadas em bases alheias e totalmente desconhecidas, mas que precisavam ser o mais rapidamente "aprendidas" para garantir a sobrevivência.

Para os senhores, contudo, os africanos eram considerados objetos, ou, no máximo, seres humanos inferiores, por mais que fossem adestrados na cultura, língua ou tradição branca. Por maior habilidade que demonstrassem no processo de tradução cultural, eles consitituiriam apenas uma "diferença que é quase a mesma, mas não exatamente'" – "quase o mesmo, mas não brancos".[12]

Entretanto, devido à ambivalência do conceito de mímica proposto por Bhabha, se leio o processo do ponto de vista dos afrodescendentes, posso ver nessa *mímica* também a atuação da cultura dominada que, ainda de acordo com o autor, simultaneamente revela e desestabiliza a autoridade do discurso hegemônico. O africano e seus descendentes aprendem, transformam, utilizam, torcem, distorcem, remodelando a tradição imposta e, recusando a curvar-se

---

[12] BHABHA, 1998. p. 130 e p. 135.

plenamente, camuflam a insubmissão e impõem sua feição e marcas ao discurso imposto, fraturam-no, tornando visível a atuação da alteridade – *rosário rezado/* reisado *nagô*. Essa prática será lida pelo discurso instituído de um modo produtivo para os objetivos da versão hegemônica, isto é, será "entendida" como demonstração da incapacidade para o aprendizado, sendo utilizada como fundamento para as representações e as estratégias discriminatórias.

O peso da escravidão modifica-se e atualiza-se no século XX, e muitos discursos expõem o modo como os afro-brasileiros têm tentado combater a exclusão, mas como lembram os versos de Miriam Alves, muitas *costas não se curvaram* e seus descendentes empreendem hoje uma luta pela emancipação, herdeiros que são de vozes revoltosas e rebeldes, como as "Vozes-mulheres" de Conceição Evaristo. Através de cinco tempos, gerações diferentes (a da bisavó, da avó, da mãe, a voz da poetisa e a voz da filha), as vozes assumem modulações diversas em sintonia com a época e as condições político-sociais, constituindo sua biografia. As vozes das mulheres assumem atitude obediente em um momento de revolta tímida; em outro, um tom guerreiro, tudo sintetizado no eco da *vida-liberdade* da última geração que funde e herda o vigor de todos os tempos. "Vozes-mulheres" em seis momentos que não posso deixar de registrar:

> A voz de minha bisavó ecoou
> criança
> nos porões do navio.
> Ecoou lamentos
> de uma infância perdida.
>
> A voz de minha avó
> ecoou obediência
> aos brancos-donos de tudo.
>
> A voz de minha mãe
> ecoou baixinho revolta
> no fundo das cozinhas alheias
> debaixo das trouxas
> roupagens sujas dos brancos
> pelo caminho empoeirado
> rumo à favela.
>
> A minha voz ainda

DE ROSÁRIOS E DE CONTAS

ecoa versos perplexos
com rimas de sangue
    e
    fome.
A voz de minha filha
recolhe todas as nossas vozes
recolhe em si
as vozes mudas caladas
engasgadas nas gargantas.

A voz de minha filha
recolhe em si
a fala e o ato.
O ontem – o hoje – o agora.
Na voz de minha filha
se fará ouvir a ressonância
o eco da vida-liberdade. (*CN* 13, p.32-33)

O choro, a submissão, a revolta contida, as palavras poéticas, a atuação, e As vozes-mulheres, diversas e fragmentadas, espalham-se pelos *CN* persistentemente. Conceição Evaristo, Miriam Alves, Esmeralda Ribeiro, Sônia Fátima e entre outras são múltiplas, dissonantes e melodiosas vozes, semelhantes e diferentes, frágeis, tímidas e resistentes, atentas, sensíveis e cheias de esperança "ao escrever a fome, a dor, a vida. Os textos forjam vozes persistentes que ressoaram e ressoam na construção de outras vozes. Conta a conta, algumas descrevem-se em ânsias de mudanças, transformações de lugares e modos sociais – uma vontade de poder mudar, de construir-se outra.

A estruturação do poema "Vários desejos de um Rio", de Esmeralda Ribeiro, também presente no volume 19 (dividido em três partes que, por sua vez, dividem-se em duas outras, introduzidas alternadamente por versos iniciados pela expressão: *eu queria* ou *eu não queria),* questiona o perfil de subjetividade da mulher negra em oposição ao modelo almejado pela voz poética. Por meio do uso das expressões citadas, o poema descreve o oscilar entre as reações existentes que são recusadas, e, por outro lado, as situações sonhadas, as quais não aparecem no poema com qualquer possibilidade de modificarem seu estatuto. O tempo verbal utilizado – pretérito imperfeito –, que a entender com Mattoso Câmara, "tem o emprego 'metafórico' para indicar modalmente a irrealidade"[13] – parece ratificar a fixação em um determinado modelo de subjetividade. Presa a certas imagens da infância, a voz poética procura interpretá-las, entendê-las, mas com quem está a chave? É o canto que vai insistentemente permear, de modo questionador, as estrofes.

As imagens de águas incertas, rios e mares desgovernados, abismos e comportas compõem uma subjetividade que, modelada, recebida e consumida pelas configurações étnicas e de gênero, foi construída como irrepresável – capaz de surpreender e de ameaçar a estabilidade da sobrevivência. As águas referidas, sempre agitadas, fornecem a possibilidade de imaginar-se um sentido de forças, impetuosidade, irracionalidade, de destino ignorado e ameaçador. O texto parece rejeitar uma versão de subjetividade feminina marcada pelas emoções no modo de conceber e representar o mundo e as relações, no modo de enfrentar os conflitos e de movimentar-se nos tecidos sociais. A voz do texto rechaça o perfil em que predominam as emoções impulsivas e incontidas, para ansiar por uma racionalidade que, entretanto, se configura no plano do desejo irrealizado.

> Eu não queria ter em mim
> águas incertas
> laços de tormentas
> mares de castelos movediços
> abismo obediente
> nem saber que atrás de mim
> há comportas como ninhos de serpentes.
> [...]
> Eu não queria ter em mim
> mar vermelho alquimia do tempo
> corredeira freqüente
> sina de fêmea
> desejo no fogo da quimera
> nem pérola d'olho em lágrimas. (*CN*, 19, p. 65.)

O desejo, quase impossível de realizar, explicita-se em imagens que se contrapõem às anteriores, sugerem o aprendizado sistemático de estabilidade, de constância e de racionalidade – uma vontade de

---

[13] CÂMARA, 1970. p. 100.

dirigir seus atos e reações, que não fora construída nos embates cotidianos de menina, adolescente, moça ou mulher negra.

> Eu queria entender
> esta cantiga de crianças:
> "A menina pretinha será rainha, olê, seus cavaleiros!
> mas está presa no castelo, olê, olê, olá!
> e porque ela não foge? olê, seus cavaleiros!
> mas com quem está a chave? olê, olê, olá!"
> [...]
> Eu queria aprender o beabá
> navegar no mar do conhecimento
> meu corpo desvendado
> mergulhar no meu rio
> mas... aprendi a amar.
> [...]
> Eu queria
> ondas silenciosas dentro do meu Rio
> aquelas que batem e voltam
> levando minhas barquinhas de sonhos.
> [...]
> Eu queria
> Depois de aplacar o vendaval,
> Depois de matar as travestidas baleias,
> descansar no leito da noite.
> (EVARISTO, Conceição. In: *CN* 19, p. 65-67.)

A vontade de redesenhar a si e às suas representações é permeada por versos que reproduzem canção infantil e nos quais a personagem da canção e a do poema transmudam-se: primeiramente, ouve-se na cantiga de rodas que "a menina pretinha será rainha", depois a "Menina de Rua" canta que "a moça preta será rainha" para a menina de tranças concluir que "a mulher negra será rainha". No entanto, nenhuma delas poderá exercer o reinado porque todas estão "presas no castelo" do qual não podem fugir porque não se sabe "com quem está a chave". Reféns do passado e do presente, como as personagens dos contos de fadas, sempre brancas, as personagens negras, em três momentos existenciais diferentes, menina, moça ou mulher estão impossibilitadas de modificar seu estatuto de prisioneiras.

As vozes-mulheres são também depositárias das memórias e herdeiras de uma tradição africana em que a mulher tem uma função sagrada, assume o papel de guardiã das tradições e da memória. Esta é a voz-mulher do poema "A noite não adormece nos olhos das mulheres", de Conceição Evaristo. A subjetividade feminina construída e aprendida não é rejeitada nem entendida como algo doloroso. A "convencional" presença de uma certa instabilidade emocional de "lua fêmea, semelhante nossa" é carregada de otimismo e muito bem aceita.

A idéia de lembrança/memória cola-se à imagem de mulher/fêmea, construída como ser vigilante, guardiã das histórias e das memórias pontuadas pelo lapso das lembranças, desenhada como força capaz de superar até as inevitáveis limitações físicas ou sociais, sem menosprezar as marcas de uma subjetividade construída com ênfase na emoção e nos sentimentos. O poema se constrói na expectativa de fincar marcos memoráveis de um passado construtor.

> A noite não adormecerá
> jamais nos olhos das fêmeas
> pois do nosso sangue-mulher
> de nosso líquido lembradiço
> em cada gota que jorra
> um fio invisível e tônico
> pacientemente cose a rede
> de nossa milenar resistência (*CN* 19, p. 26.)

Os textos acima citados sugerem uma discussão do processo de construção e de aceitação ou recusa de uma subjetividade de gênero e etnia que não é configurada como processo individual e solitário, desenvolvido pelo desejo de ser ou não ser, agir ou não agir de uma forma determinada. A subjetividade de gênero e etnia resulta, antes, de um trabalho contínuo e cotidiano de reelaboração de modelos, significados e atitudes desenhados e aprendidos no tecido das várias formas de convívio experienciadas pelos sujeitos e pelos grupos.

Os poemas organizam um coral de vozes jamais totalmente silenciadas que se mostram e fazem história, uma história também minha, a provar que o rosário de contas-pedras, usadas como adereços (pedras de colar), contas pedras pesadas, difíceis de serem conferidas ou postas à vista, também *se transmuda[m] em tinta,[...]*

DE ROSÁRIOS E DE CONTAS

guia[m] o dedo,[...] insinua[m] a poesia. A poesia afro-brasileira, construída que é nas encruzilhadas de um repertório cultural diversificado, continua a transitar, às vezes mais à vontade, outras de modo meio "envergonhado", constrangida, ainda, devido aos anos de aprendizados ocidentais, entre territórios sagrados de Mamãe Oxum, Oxossi e Ave-Marias.

As forças cósmicas que regem o universo e também os ancestrais coletivos são cultuadas pelas religiões de origem africana. No Brasil, esta tradição sofre transformações decorrentes da necessidade do o negro "jogar" com as ambigüidades do sistema, necessidade que "emergia tanto de formas originárias quanto dos vazios suscitados pelos limites da ordem ideológica vigente".[14]

Pressionados pelos colonizadores, cientes das dificuldades do enfrentamento direto, os africanos reelaboraram o culto dos Orixás e dos ancestrais e, ainda segundo as palavras de Sodré, produziram "um jogo de contatos, com vistas à preservação de um patrimônio comum na origem (embora diversificado na especificidade do ritual)".[15] A síntese do panteão dos orixás, a reconfiguração dos terreiros, o uso dos rosários e das contas, a manutenção da língua africana nos rituais e a africanização da sintaxe e do léxico da língua portuguesa constituem ilustrações dos lances efetivados nesse jogo de sobrevivência.

Esse processo, algumas vezes visto como sincretismo, mimetismo ou adaptação, resultou do aproveitamento das brechas do sistema para manter o culto e outras tradições. As proibições de culto, por exemplo, constituíram sempre motivo para várias tentativas de negociação por meio da busca da proteção das elites, do pagamento de taxas ou licenças, ou ainda da supressão ou adequação de determinados elementos do ritual.

---

[14] SODRÉ, 1988a. p. 123-124.
[15] SODRÉ, 1988b. p. 57.

Terreiro
que fez batuque e dança a guerra

Não a luz que nasce
a cada dia
em qualquer poente.
Não a luz feita
sob o canhão e o crucifixo
Não a luz do seis dias...
mas aquela
de Totens
de Olurum.

Abelardo Rodrigues

O terreiro, local de culto e convívio, reinstala a atmosfera mítica da cosmovisão nagô, por meio da conexão que efetiva entre o afro-descendente, a terra, a mata e as forças da natureza, – "[*É*] uma África qualitativa que se faz presente, condensada, reterritorializada".[1] É o templo de culto e o espaço de preservação dos bens simbólicos onde são praticados e forjados os princípios básicos dos rituais e da coesão grupal. Os versos de Oliveira Silveira descrevem o espaço mítico de culto:

Um casarão ao centro
do quarteirão
Paredes fortes, muros, cercas-vivas.
Árvores, muitas árvores
ao redor.

---

[1] SODRÉ, 1988b. p. 52-53.

E boa vizinhança. Negra.
Lá dentro, abafado somente
por essas barreiras naturais,
o pulsar forte e vivo dos tambores
no tórax da noite. (*CN* 3, p. 117)

Fundamentadas em princípios organizacionais diferentes dos pertencentes às religiões judaico-cristãs, as religiões da tradição africana possuem um corpo de entidades sagradas ligadas à terra e à natureza. As entidades supremas comem, dançam e interagem com seus adoradores, estabelecendo com eles um tipo de relação inconcebível na tradição de culto de origem judaico-cristã. Os movimentos do corpo na dança e na música, importantes elementos do ritual de culto e de conexão com as entidades e as energias do cosmos, a livre expressão dos movimentos do corpo no culto e fora dele, constituem traços da tradição africana enfaticamente combatidos pelas religiões cristãs, avessas à liberdade de expressão corporal.

Vale ressaltar todavia que, apesar das críticas e perseguições desenvolvidas pelos órgãos institucionais até meados do século XX, as religiões dos afro-descendentes persistirão no quadro religioso do Brasil, devido à habilidade de negociação dos seguidores no uso do "sincretismo", que viabilizou o apoio de políticos e intelectuais interessados na prática ou estudo das culturas e religiões de origens africanas.[2]

Alguns poemas e contos publicados nos *CN* empenham-se no uso tanto de expressões de origem iorubá como também no uso de personagens, nomes, narrativas e enredos que evocam elementos das tradições de origem africana, uma forma de preservar e ativar a presença destes elementos no repertório textual do país.

O conto "Outra história de amor", de Márcio Barbosa, publicado no volume 4, perpetua pelo registro escrito a narrativa mítica dos amores de Ogun e Xangô por duas belas mulheres do panteão, Oxum e Iansã. O personagem-narrador propõe-se inicialmente a contar a história dos amores, ciúmes e desencontros das personagens Inila e Agbalê, mas entrecortará a narrativa com a história da tradição dos

---

[2] Podemos citar como exemplos Edison Carneiro, Arthur Ramos, Roger Bastide, Pierre Verger, Jorge Amado, entre outros.

Orixás, estabelecendo uma linha de similaridade entre a personagem Inila e Oxum – uma forma de resgatar, pela escrita, as narrativas míticas do universo cultural africano.

O poeta Oubi Inaê Kibuko (Aparecido Tadeu dos Santos), no projeto de definição de uma identidade negra transnacional, além de adotar um pseudônimo étnico de origem africana, registra as relações entre as mudanças no elenco de seus heróis e o ato de assumir uma identidade negra afro-descendente. Para o poeta, a identidade dos afro-brasileiros ultrapassa os limites políticos-espaciais de nação, e sugere a construção de uma idéia de povo em diáspora, quase parafraseando o desejo do poeta africano Agostinho Neto, "transformado em força/inspirando as consciências desesperadas":

> na minha verde-clara infância
> vestido em fantasia eu imitava
> barman, capitão américa, superman...
> hoje, maduro e escurecido
> trajando realidade sigo Zumbi
> Agostinho Neto, Luther King, Mandela...
> imortais guerreiros do meu povo
> (KIBUKO, Oubi Inaê. In: *CN* 13, p. 71.)

A adoção de pseudônimos de origem africana pelos escritores é uma das formas de explicitar as marcas da identidade étnica mas esta também se manifesta na utilização de nomes de origem africana para as crianças. O volume 11 ilustra, de modo bem interessante, esta preocupação de tornar visíveis tais marcas identitárias. A capa e as folhas iniciais do volume citado apresentam fotografias de crianças negras, a maioria delas com nomes de origem africana, cujos significados aparecem explicados, evidenciando o desejo de reivindicar uma identidade étnica pela ativação dos signos culturais diferenciadores.

Se alguns poetas sentem e divulgam as marcas de uma cultura africana que persiste como suplemento à cultura brasileira, outros, como Magdalena de Souza, mostram-se nostálgicos de "marcos originários", para ela, perdidos:

> A África...
> Gente, a grandiosa e
> Gigantesca África

> Sim, descendo de africanos
> Mas , não sei mais nada
> Até o toque do tambor
> O vento levou
> E a minha língua, meus
> Dialetos
> Meus costumes, tradições. (*CN* 3, p. 103.)

A poeta identifica-se com uma ascendência africana, mas parece não perceber que o toque do tambor, a língua iorubá e os costumes não morreram, pelo contrário, estão vivos e atuantes; ganharam vitalidade e permanência justamente porque se modificaram e passaram por processos de articulação que os revestiram de outras formas e *nuances*.

O texto de Márcio Barbosa, no entanto, aponta a existência de uma ligação físico-corporal entre os negros e a África. O sujeito poético sente as "marcas" da tradição africana ancestral: atabaques, voz, corpo, canto, tudo remete a uma ancestralidade expressa na *"voz deles (que) canta em nosso corpo"*:

> Debaixo de nossa pele
> E dentro
> De nossas veias
> Correm rios africanos
>   Somos Canto
> Somos o riso de um atabaque
> Feito do couro negro
> De nosso corpo
> E da voz
> Que nasce em nossas almas
> [...]
> Um tan-tan bate em nosso peito
> E nos dá a força
> De nossos mortos
> Ah Nossos Mortos, Nossos Mortos
> A voz deles canta em nosso corpo
> E assim
> Cantamos também. (BARBOSA, Márcio. In: *CN* 5, p. 40)

O tambor, o tantã e o atabaque constituem símbolos de uma tradição mística fincada na luta, no culto, na dança, inseparáveis sempre

– "filhos diretos dos antigos tantans/tesouros de mãe África trazidos pelos avós". Os tambores são instrumentos de convocação para o canto e a dança religiosos ou de lazer mas também para conclamar à luta pela libertação colonial e são utilizados por vários poetas como dispositivo simbólico de incentivo à afirmação étnica, o que envolve estes instrumentos musicais de grande significado simbólico para os universos culturais africanos e da diáspora.

São antológicos os versos do moçambicano José Craveirinha, nos quais o poeta se transforma em acorde guerreiro incessante na busca da liberdade do regime colonial português:

> Ó velho Deus dos homens
> Deixa-me ser tambor
> Corpo e alma só tambor
> Só tambor gritando na noite quente dos trópicos
> (*apud* FERREIRA, p. 328.)

Os versos motivam diálogos intertextuais com vários outros poetas africanos e afro-descendentes. O poeta Márcio Barbosa, em explícito diálogo com o poeta moçambicano, constrói "Um canto de liberdade" e apela para o povo negro:

> Ergue
> Tua voz de tambor
> E canta
> Povo, ergue alto
> Tua voz de tambor
> E atira ao céu
> E ao coração destes cruéis homens
> Teu canto de selva africana. (*CN* 5, p. 40)

Em "Batuque", o tambor que o poeta carrega no peito liga-o à ancestralidade guerreira e impulsiona-o também a arregimentar *irmãos de todas as cores* na caminhada contra a opressão, um tom que denuncia as duplas ligações do poeta com o movimento negro e com a solidariedade universal de classe da programática marxista:

> Tenho um tambor
> Tenho um tambor
> Tenho um tambor dentro do peito

Tenho um tambor
É todo enfeitado de fitas
Vermelhas
Pretas
                    Amarelas
        E brancas
Tambor que bate batuque
Batuque bate
Que evoca
Bravuras
Dos nossos
Avós
Tambor que bate que bate que bate
Que bate o toque de reunir todos os irmãos de todas as cores
sem
distinção. (ASSUMPÇÃO, Carlos. In: *CN* 7, p. 21)

Os atabaques e tambores de vários tipos são bastante usados na tradição da música e da dança africana de toda a diáspora e têm sido explorados pela indústria cultural para compor um estilo musical em geral definido como "negro" ou afro. Entretanto, eles são também instrumentos sagrados de culto e aparecem no poema de Celinha (Célia Aparecida Pereira) compondo o prelúdio invocatório para que Xangô, Oxum, Exu e Nanã, membros do panteão sagrado, compareçam e manifestem seus dons e poderes no ritual e nas possibilidades de realização no cotidiano:

Ao toque do tambor africano
Nada impedirá
A divindade dos sentimentos de Oxum.
A senhora das Tarde, Oiá, Te abraça
E as Águas da Terra para o Céu
Oxumaré acende o arco–íris do meu coração
deslumbrando o meu pensamento.
Xangô faz justiça com o fogo
da dinastia dos heróis lutadores
Nanã desperta a memória ancestral.
Nos caminhos, nas encruzilhadas, nas estradas
a Liberdade de Exu
segue a força de nosso sentir

Ogum nos aconselha a escolher
novos rumos para seguir e ser feliz
Emi Neji Ogum Lacae Oxim Molé
(Eu te Saúdo, Ogum, Rei da Luz)
(CELINHA. In: *CN* 15, p.16.)

O dia-a-dia do afro-brasileiro que o texto de Carlos Assumpção – "Poema do amargo cotidiano" – apresenta, não parece ter a interferência direta dos Orixás, mas denota a cristalização dos estereótipos inferiorizantes nas relações sociais que se manifesta na atuação contemporânea dos representantes do poder do Estado (polícia, entre outros) e a sua antológica ação contra os negros e pobres. Ilustra a manifestação da desigualdade racial determinante de que os negros sejam condenados com mais freqüência, estejam mais susceptíveis de serem abordados pela polícia e tenham maiores dificuldades de acesso à escola e ao trabalho, como demonstram pesquisas dos já citados Carlos Hasenbalg e Nadya Castro.[3] Nesses textos, os autores apontam para os mecanismos discriminatórios cristalizados no tecido social brasileiro e acobertados pelo discurso da democracia racial. Os carros, os olhos e as armas de fogo, diferentemente de Xangô – o orixá que faz justiça com fogo –, estão direcionados contra "zé tambor e contra sua cor suspeita de carvão".

Lá vem o carro de fogo
Cuidado, zé tambor
zé tambor, cuidado
Lá vem o carro de fogo
Lá vem os homens de olhos de fogo
Mãos vermelhas e armas de fogo
[...]
esses homens, zé tambor,
não conhecem mais seus irmãos
esses homens de fogo e aço
se transformaram em robôs
que se lançam furiosos contra seres sem proteção
que se lançam furiosos principalmente contra ti
contra ti principalmente, tambor, cor suspeita de carvão
(ASSUMPÇÃO, Carlos. In: *CN* 9, p. 131)

---

[3] HASENBALG, 1992; e CASTRO, 1998.

O poema questiona a violência policial contra os afro-brasileiros, um problema que aflige grande parte da população jovem reiterada e cotidianamente tratada como *suspeita até que prove o contrário*. A violência contra os jovens afro-brasileiros tem atingido tais níveis que, como anteriormente ressaltei, as pesquisas promovidas por órgãos diversos já evidenciam o seu componente étnico, fato até então negado pela maioria dos discursos institucionalizados.[4]

Nem a destruição dos documentos referentes à escravidão e à história dos negros no país, nem as tentativas de desprestigiar os valores culturais puderam apagar a memória cultural (identitária) que os grupos africanos insistentemente recriaram, fizeram circular e cultuaram na diáspora. Como acontece com o desenho de qualquer identidade, em alguns momentos, determinados fatos e aspectos da história são, consciente e inconscientemente, relegados pela memória seletiva do grupo, por se mostrarem desinteressantes ou inúteis para os objetivos do traçado identitário. O esquecimento é componente imprescindível à existência da memória, como já ressaltaram vários autores, pois ela jamais poderia registrar e trazer à mão todos os momentos vividos. Seletiva, ela escolhe o que se mostra mais fértil para as imagens que se deseja construir. Sem memória e sem esquecimento, não haveria história, não haveria vida humana.

O processo de redefinição de identidades afro-brasileiras também ocultou, omitiu, "esqueceu" aspectos e elementos culturais que foram combatidos ou rejeitados pelos grupos com os quais tiveram que manter contato, notadamente o grupo hegemônico; muitas vezes, a supressão ou aparente "esquecimento" de um dado do ritual

---

[4] É interessante que os meios de comunicação de massa, entre eles o jornal *Folha de São Paulo* e o jornal *A Tarde*, comecem, nos momentos de preparação para as Comemorações dos 500 anos, a apontar grande número de negros discriminados pela polícia e pelos empregadores, fato já denunciado pelo movimento negro desde a década de setenta. No entanto, vários setores da vida intelectual e política continuam a recusar o enfrentamento de situações como - além da violência policial – o desemprego, a educação e habitação como problemas diretamente ligados à questão étnica. A quase unanimidade de pessoas contrárias a qualquer forma de ação compensatória pela exclusão dos afro-brasileiros dos direitos à cidadania ilustra as bases das análises da situação efetivadas pela mídia e por parte da intelectualidade brasileira.

revela-se um mecanismo utilizado para garantir a sobrevivência de outro traço ou dado cultural mais significativo.

Fundindo a história da África, escravidão, quilombos, revoltas escravas, tradição religiosa de origem africana, acontecimentos históricos e eventos simbólicos, os textos tentam representar as investidas individuais e coletivas do negro para inserirem-se, de modo suplementar, na sociedade brasileira. O periódico *Cadernos Negros* busca configurar uma memória múltipla, composta de histórias de deuses seculares, de homens diversos empenhados em produzir uma história ampla do afro-descendente no Brasil, a qual abarque *glórias do bem e do mal,* segundo Cunha (Henrique Cunha Jr.):

> Não importa o antepassado
> Rei glorioso ou escravo abatido no tronco
> Não importa o antepassado
> Jogos de armas
> Riscos de chicote
> Cabeça erguida, majestosa
> Antepassados donos das glórias do bem e do mal
> Homens donos de si
> Donos da liberdade de suas idéias
> Isto é o que importa (In: *CN* 3, p. 44.)

Assim, os velhos, o avô ou a avó são apresentados como detentores e transmissores de uma memória que não pode ser esquecida. Tendo como "modelo" a tradição oral, alguns narradores tomam o lugar dos mais velhos para substituí-los no ofício de contar histórias e experiências. Atualizam o modelo, pelo uso da linguagem escrita, e sugerem reconfigurar a "continuidade" da tradição, a exemplo do conto "O avô", de Abayomi Lutala (Pedro Aparecido Palermo), publicado no volume 10 dos *CN*.

O personagem-narrador explicita a cadeia de transmissão oral de uma memória ancestral da qual ele é a parte mais recente:

> O velho fizera incutir em minha cabeça de jovem e iniciante das coisas do mundo o orgulho, admiração e sobretudo respeito por tal povo sagaz e obstinado. Povo esse de que, graças à imposição dos velhos deuses e orixás, descendíamos diretamente. (*CN* 10, p.10.)

TERREIRO QUE FEZ BATUQUE E DANÇA A GUERRA

Ele evoca as recordações e imagens da infância que se formaram a partir das narrativas da dominação e esfacelamento da África e dos africanos pelo imperialismo europeu que lhe foram contadas pelo avô.

> E à medida que ouvia, formavam-se imagens como a reforçar o que ele dizia [...] Podia ver em minha mente a distante África, seus planaltos e planícies desafiando o tempo, sua gente, suas danças e ritos seculares e a pele negra como a noite brilhando bonito ao sol opulento e sensual. Sim, a mãe-terra existia tanto em minha imaginação como geograficamente, não sendo de forma alguma, portanto, mera invenção do bom cocuana.
>
> [...]
>
> À noite realizava-se o culto e as obrigações aos orixás, os antepassados eram venerados ao som dos atabaques, curas eram feitas e graças alcançadas. (*CN* 10, p. 10)

Pelo fato de ter sido receptor das narrativas dos orixás que se reportavam à escravidão, à vida de Zumbi dos Palmares, ao exemplo dos quilombos, o personagem-narrador sente-se responsável pela fixação e transmissão da memória afro-brasileira, pela preservação *da glória e das tradições de seu povo,* uma espécie de "missão" assumida de modo prazeroso, quando registra e reproduz partes dessa memória.

Predomina nos contos que falam do passado ou das tradições religiosas, a narrativa em primeira pessoa, principalmente naqueles textos de mais evidente interesse na formação do leitor. Ao assumir a posição de "testemunha" ou protagonista, o narrador garante maior credibilidade à narrativa, intensifica os núcleos de verossimilhança e assume um papel de orientador e conselheiro. Já os contos que abordam temas e fatos mais recentes, como a atuação discriminatória dos policiais, a vida de marginalidade de afro-brasileiros, preferem as narrativas em terceira pessoa e o narrador onisciente.

O reconhecimento da experiência ordenada pelos ancestrais constitui-se instrumento de incentivo à luta emancipatória, que aponta para mudanças na vida presente e futura. Para Jamu Minka (José Carlos de Andrade), as marcas da tradição africana que permanecem constituem o resultado de uma transmissão sobrenatural, estimuladora de ações para a construção de identidades:

nossos avós relembrados
elixir mágico bebido na fonte raiz ancestral
pra virar do avesso o passado (*CN* 5, p.30)

A reverência ao saber dos velhos, segundo Marco Aurélio Luz, organiza a vida das sociedades africanas tradicionais e das comunidades dos terreiros de candomblé:

> [é] do culto dos ancestres que deriva o valor da ancianidade institucional. O poder social é resultante da possibilidade dos notáveis serem lembrados e cultuados por sua descendência e pela comunidade após a sua morte como ancestre e continuar, enquanto tal, participando das realizações que empreendeu visando expandir a vida dos seus dependentes.[5]

Os mais velhos têm, portanto, a função mítico-mística de reter e transmitir as tradições e a sabedoria da experiência de cooperação, lealdade e liderança e, por isso, devem ser venerados pelos mais jovens, principalmente por aqueles que ouviram e presenciaram os acontecimentos ou os seus resultados. Os ancestrais mortos por vezes "retornam" ao mundo dos vivos para transmitir e ensinar sua sabedoria, sugerir formas de atuação aos descendentes, fazendo dos seus fiéis instrumentos de contato com a realidade cotidiana. Nos seus versos, Carlos Assumpção sente-se comprometido com a voz da *Mãe África violentada,* enraizada na luta dos ancestrais:

> Eles é que me mandam falar
> Sobre milhares e milhares de homens negros assassinados
> Nas fazendas
> Nos quilombos
> Nas insurreições urbanas
> Apesar de eu ser tão limitado
> Os ancestrais fazem de mim seu instrumento
> Me fazem portador de sua mensagem. (*CN* 7, p. 20.)

A instauração de uma memória de bases étnicas africanas é lida, no presente trabalho, como construção de desenho de contra-imagens do negro que, de modo similar às contranarrativas sugeridas

---

[5] LUZ, 1995. p. 121.

por Bhabha, "evocam e suprimem suas fronteiras totalizadoras – tanto reais quanto conceituais – perturbam aquelas manobras ideológicas através das quais as 'comunidades imaginadas' recebem identidades essencialistas".[6]

As contra-imagens do negro serão compostas a partir do resgate e da releitura do passado, dos traços desqualificados para a elaboração de outra identidade – sem contorno fixo, múltipla, relacional e móvel, mas que descentrará a imagem desenhada pelo estereótipo inferiorizante. Elas constituem imagens outras, alternativas, geradas no interior de um processo de convivência, às vezes problemática, com a cultura ocidental hegemônica. Nesse processo, a cultura hegemônica não será apagada ou esquecida, ela estará lado a lado e em competição com a cultura minoritária que reivindica um espaço, não desqualificado, para expresssar-se.

Os traços físicos e culturais, antes rejeitados e recalcados por serem considerados desprovidos de beleza, ganham outro sentido e passam a ser assumidos como marcas identitárias. A apreciação dos cabelos crespos, da cor da pele e das religiões e a narração de acontecimentos históricos sob a perspectiva da tradição afro-brasileira serão considerados meios de consolidação da identidade étnica que ressignifica a tradição e os seus paradigmas. O trançado dos cabelos será apresentado também como ponto de partida para o traçado de um discurso de inserção do grupo na construção de uma identidade nacional heterogênea, constituída também de evocações de uma história, de uma sensibilidade africana que se fixa em outro território.

A inserção proposta pela maioria dos textos dos *CN* aponta para a possibilidade de as lições do passado orientarem o presente. O projeto emancipatório dos periódicos sugere ainda um modelo ontológico que acredita nas potencialidades do mundo invisível e sobrenatural, traço rejeitado e condenado pelo pensamento racionalista ocidental, que também não é abandonado pelos escritores. Desta forma, predominam nos textos metáforas e imagens que transitam entre a cosmologia africana e a ocidental.

As linhas desenhadas pelo traçado podem ser lidas como construtores simbólicos dos caminhos percorridos pelos africanos e seus

---

[6] BHABHA, 1998, p. 210.

descendentes que trabalharam, exploraram minas, terras e contribuíram com seu trabalho, seu vigor, suas culturas e suas tradições para a construção da sociedade, da cultura e da *riqueza* da nação brasileira.

> trançar teus cabelos negra, é
> Recordar canções
> Ardentes dos dias de sol e das frias
> Noites dos tempos [...]
> > É traçar as linhas
> > Do mapa de uma nação.
> > > É escrever em tua cabeça
> > > Uma negra canção
> (CELINHA. In: *CN* 7, p. 25)

Tecendo e desenhando de um modo particular história, memória e identidades que jogam com a diversidade cultural do país, as tranças são cantadas em outros textos e sugerem aos poetas caminhos de beleza, poesia e sedução.

PARTE III

A PALAVRA CRÍTICA

Nêgo: palavras da Bahia

Um exército de palavras
se faz necessário
para o nosso querer.
E que façamos guerrilhas
Contra essa calmaria geral.
Há que pintarmos
um novo quadro
de momentos
que foram eternidades
em nossa pele

Abelardo Rodrigues

Em julho de 1981, três anos após a fundação do Movimento
Negro Unificado, a sua seção Bahia lançou *NÊGO: Boletim Informativo do MNU-Ba.* Apresentado em formato duplo ofício com média de
oito folhas por número e uma tiragem de três mil exemplares, contando
com a participação de militantes e simpatizantes do movimento, o
periódico publica matérias e informações sobre os mais diversos
assuntos ligados a tradições e culturas negras. Os textos discutem
temas de interesse da população afro-descendente na Bahia, como
racismo, história, situação da mulher negra, saúde, trabalho, religiões, carnaval e violência policial contra negros e mestiços, entre outros assuntos. Inicialmente apresentado como boletim informativo, o
periódico divulgava as atividades culturais promovidas pelas diversas entidades negras de Salvador e também noticiava os seminários
ou encontros nacionais ou regionais por elas organizados.

O título, segundo depoimento de Jônatas Conceição, foi escolhi-do tendo em vista a conotação afetivo-carinhosa que a expressão "nêgo" possui em contextos informais no Recôncavo baiano. No en-tanto, posso ler a utilização do termo também como uma tentativa de corroer e desconstruir o sentido depreciativo incrustado na expressão.

O periódico *Nêgo* ratifica as proposições e objetivos do Movi-mento Negro Unificado e dedica-se a "discutir aspectos da vivência, luta histórica dos negros em Salvador e no interior do estado", empe-nhando-se ainda na formação ideológica deste segmento étnico, pois acredita ser necessário que "todos os negros participem da luta con-tra o racismo, o preconceito racial e todas as formas de discriminação e exploração" (*Nêgo* n. 1, p. 1).

O Movimento Negro Unificado Contra a Discriminação Racial (MNUCDR), posteriormente Movimento Negro Unificado (MNU) é criado em São Paulo em 1978 e, em sua carta de princípios, documento aprovado em assembléia nacional, apresenta como objetivos gerais:

> [...] o combate ao racismo onde se faça presente; a luta cons-tante contra a discriminação e preconceito racial e toda forma de opressão existente na sociedade brasileira; bem como a mobilização e organização da comunidade negra na luta de emancipação política, econômica, social e cultural. (Carta do MNUCDR, p. 3)

Constituído por "núcleos de luta" – uma apropriação termino-lógica dos movimentos de esquerda organizada –, mais tarde denomi-nados secções, o MNUCDR organiza-se em vários estados como São Paulo, Rio de Janeiro, Bahia e Minas Gerais. O movimento empenha-se na denúncia de atos de racismo e discriminação racial, em viabilizar a defesa dos direitos dos negros na sociedade brasileira e em apoiar todas as reivindicações dos setores populares pela cidadania plena; auto-apre-senta-se, ainda, como desvinculado de grupo político-partidário, o que não o impede de expressar uma nítida intenção de participar ativa-mente da vida política nacional, nem de evidenciar, pela linguagem e forma de organização e atuação, as fortes ligações com os movimen-tos de esquerda no Brasil.

As capas do periódico são elaboradas de modo a despertar o leitor para os temas considerados fundamentais pelo MNU, tais como a releitura dos resultados e conseqüências da abolição da escravatura no Brasil, a denúncia da opressão continuada aos negros, a contestação da violência policial contra negros e mestiços e a corrosão da estereotipização negativa do grupo étnico.[1] Inicialmente, as matérias publicadas são curtas, utilizam linguagem menos elaborada, accessível a um leitor de formação intelectual média. Entretanto, a partir de 1986 e principalmente quando se torna um periódico nacional, os textos tornam-se mais extensos, e a ênfase recai sobre questões políticas diretamente ligadas à eleição de candidatos negros e à participação dos afro-brasileiros nos partidos políticos. Os textos voltam-se para a discussão e análise de teorias e propostas de combate ao racismo e à exclusão do negro nos vários setores da sociedade, principalmente nos campos da política. São debatidos assuntos como patrimônio cultural afro-brasileiro, influências e determinações do conceito de raça e de classe no desenho das relações raciais no Brasil e estratégias de viabilização da efetiva atuação do negro nas decisões da vida política do país.

Os textos do jornal *Nêgo* tornam-se marcos do processo de construção de uma produção intelectual afro-brasileira, interessada em participar, de modo criativo, dos debates sobre identidade brasileira, cidadania, racismo e vida cultural e política. Acredito que estes projetos possam estar diretamente relacionados com o crescimento intelectual e com a consolidação dos objetivos políticos dos editores e membros da entidade, que viam no periódico o espaço para debater suas posições e questionamentos relativos ao lugar da questão racial no pensamento produzido pelos partidos de esquerda, um tema que não dispunha de espaços nos debates nem nas publicações da maioria dos partidos ou tendências nas quais eles militavam ou militam.

O jornal torna-se, então, o espaço para a discussão e "adequação" entre a formação marxista dos escritores e sua compreensão da categoria "raça" como elemento significativo na inclusão/exclusão na sociedade.

A história do hoje chamado *Jornal do Movimento Negro Unificado* pode ser dividida em três fases. A primeira compreende o período

---

[1] Algumas capas aqui reproduzidas podem dar uma sucinta idéia deste objetivo que leio nas capas do periódico.

NÊGO: PALAVRAS DA BAHIA

entre julho de 1981 e outubro de 1986, no qual são publicados onze números sob a denominação *Nêgo – Boletim do MNU-Bahia*. Como periódico regional, baiano, a tiragem média nessa fase era de três mil exemplares. A partir de maio de 1987, tem início a segunda fase, o Boletim passa a ser denominado *Nêgo – Jornal Nacional do Movimento Negro Unificado*, ocorre um aumento na tiragem, que passa a cinco mil exemplares, e a edição do periódico fica sob a responsabilidade das seções nacionais da entidade, porém a redação e a distribuição permanecem na Bahia. Em maio de 1989, o editorial do número 16 explica que, por decisão do Congresso do MNU, o periódico passa a chamar-se, na sua terceira fase, *Jornal do Movimento Negro Unificado*, abandonando a denominação *Nêgo*, vigente até aquela época. O editorial ratifica o compromisso da publicação com os princípios do Movimento Negro Unificado e seus objetivos de combater o racismo no Brasil.

Nos onze números em que é apresentado como periódico da Bahia, são publicadas algumas seções mais ou menos permanentes: "Cultura", algumas vezes intitulada "Poesia da gente", na qual, desde o número 3, são publicados poemas, letras de músicas de blocos afros, de autoria de escritores ligados a entidades negras na Bahia; a seção "Fala crioulo", instituída a partir do número 5, em que são entrevistadas personalidades negras das mais variadas posições socioculturais, a respeito de questões relativas à política, aos movimentos negros, ao racismo, à consciência negra etc. Nessa seção, foram entrevistados membros da diretoria dos blocos afros Olodum e Ilê Obá, representantes da histórica Sociedade Protetora dos Desvalidos, o candidato negro a governador da Bahia, em 1986, Edvaldo Brito, sindicalistas, profissionais liberais, candidatos a outros cargos eletivos, artistas e líderes negros; e, ainda, uma seção composta de sugestões de leitura de livros e revistas sobre assuntos relativos à História da África, história do negro no Brasil, visando à formação e atualização do leitor e do militante em particular. É digna de nota a participação ativa do Grupo de Mulheres do MNU nos números do boletim publicados na Bahia. Nos onze primeiros números, são publicadas sete matérias assinadas pelo grupo, discutindo ou relatando uma série de questões de interesse da mulher negra, tais como aborto, anticoncepção, esterilização, trabalho, além das orientações sobre direitos da mulher e cidadania.

Do número 1 ao número 5, predominam as discussões de questões mais ligadas às culturas de origem africana e ao desejo explícito de conscientização da comunidade negra no tocante ao mito da democracia racial brasileira e à importância de se resgatarem os fatos históricos que possam contribuir para o desenho de uma história do negro que se constitua em motivo de orgulho de sua participação na construção do país.

Desde o segundo número, o periódico evidencia a preocupação de construir uma memória histórica honrosa para o afro-brasileiro, mediante o resgate de fatos e heróis da sua história e das lutas pela liberdade. No volume citado, a ênfase recai sobre o 20 de Novembro – Dia da Consciência Negra; a capa do número é alusiva à data e são divulgadas as atividades previstas para a semana de comemorações. Nesse número, Wilson Santos redige um texto em que enfatiza as omissões e "erros" cometidos pelos livros didáticos, no tocante à história do negro, representando-o sempre de forma estereotipada, seja como o submisso escravo no passado, ou exercendo sempre funções subalternas e desprestigiadas no presente ou, ainda, depreciando-lhe os traços físicos e heranças culturais. O autor do texto apresenta o quilombo de Palmares como marco das lutas dos negros pela liberdade e justifica a escolha do dia da morte de Zumbi, o último grande líder de Palmares, para o dia da Consciência Negra, como "uma maneira de homenagear todos os heróis negros, nossos irmãos esquecidos pela história oficial, que sempre lutaram pela liberdade" (*Nêgo*, n. 2, p. 3). O quilombo de Palmares e Zumbi são eleitos pelo periódico, e pelo movimento negro em geral, como marcos simbólicos da memória combativa dos negros pela liberdade e pela cidadania.

Não tenho dúvidas quanto à pertinência e à validade da tentativa de o periódico estabelecer os fundamentos históricos para a construção de um discurso identitário que conteste a estereotipização negativa. A história de todos os povos, toda a história, é construída a partir da seleção e organização dos acontecimentos, datas e personagens que devem ser lembrados, em sintaxes que forjem qualidades e virtudes das quais o povo, o grupo, ou a nação possam se orgulhar.

A memória de Palmares tem sido revista pela historiografia brasileira por meio de pesquisas de alguns estudiosos,[2] entretanto, segundo o periódico, foi o grupo gaúcho Palmares, com base em pesquisas na historiografia, que iniciou, em 1971, a comemoração do dia 20 de novembro como marco da história do negro no Brasil, promovendo recitais, palestras e debates. A partir de 1978, o MNU propõe a data como Dia Nacional da Consciência Negra, e o movimento negro no Brasil passa a festejá-la (*Nêgo,* n.14, p. 3).

Exemplos de luta silenciosa e persistente, os quilombos espalharam-se por várias regiões do país durante o período escravocrata, e hoje constituem-se marcos exemplares da insubmissão do grupo étnico à escravidão e de estratégia de luta pela construção da liberdade. Os chamados "remanescentes dos quilombos", pequenos povoados habitados, em sua maioria, por descendentes de ex-escravos e localizados em regiões periféricas de pequenas cidades do interior, constituem espaços ricos de demonstração de resistência, construção de uma memória a ser revista e celebrada e também de luta pela cidadania. Em quatro dos seus números (números 13,16, 18, 21), o periódico registra notícias e move ações de apoio e assessoria ao empenho dessas populações na conquista da posse das terras em que residem há mais de um século, ações que culminaram na inserção de um artigo na Constituição Federal referente à posse das terras dessas comunidades.

Desde a década de 30 do século XX, os quilombos e as revoltas de escravos vêm sendo sistematicamente pesquisados por vários estudiosos.[3] Martiniano Silva, contrariando a idéia de que os quilombos só existiram em algumas regiões, defende o ponto de vista posteriormente comprovado por outros estudos, de que também na Região Centro-Oeste existiram quilombos, e procede a um mapeamento dos seus remanescentes para demonstrar "a unidade na distribuição de escravos em todo o território nacional" (*JMNU,* n. 13, p. 9). O autor cita livro de sua autoria, *Sombra dos Quilombos,* publicado em 1974,

---

[2] CARNEIRO, 1966; FREITAS, 1991, entre outros.

[3] Arthur Ramos, Edison Carneiro, Roger Bastide, Clóvis Moura, Décio Freitas e João Reis são exemplos de escritores que enfatizaram, com viés diferenciados, a resistência escrava.

o qual registra a existência de vários quilombos na região situada entre os Estados de Goiás e Minas Gerais.[4]

Os remanescentes dos quilombos do Calunga (Nordeste de Goiás), a comunidade de Oriximiná (no Pará) e a de Rio das Rãs (no Oeste da Bahia) são apresentadas no *Jornal* como exemplos de várias outras comunidades negras que lutam, ainda, pela posse das terras em que viveram seus antepassados, embora a Constituição, nas suas Disposições Transitórias, já lhes tivesse garantido esse direito. O livro organizado por Reis & Gomes[5] descreve as atividades de povoamento do espaço geográfico brasileiro realizado pelos quilombolas, aponta e confirma a existência de alianças entre eles, os libertos e brancos das várias regiões do Brasil, alianças estabelecidas a partir de troca de mercadorias e mesmo de informações sobre as tropas de repressão. Outrossim, ratificam a idéia divulgada nos discursos não institucionalizados de que, nos quilombos, habitavam africanos e afro-descendentes, mestiços e indígenas.[6] As histórias dos quilombos, fornecidas pela narração oral dos idosos que, por mais de oitenta anos, vivem nessas comunidades e pelas pesquisas e leituras de documentos históricos, permitem a construção de imagens dos quilombos como experiência multiétnica de intercâmbio cultural, de resistência e de intervenção na vida política na colônia e no império.

Ainda no mesmo propósito de incentivar a construção de uma auto-estima positiva para os afro-descendentes e de contribuir para a organização de reações à dominação, é evocada e registrada no periódico a participação de escravos e negros livres nas insurreições ocorridas no Brasil, com destaque para a Revolta dos Búzios e a dos Malês, além da revolta da Chibata, entre outras. Estudiosos como João Reis e

---

[4] Mais recentemente, em 1996, João Reis e Flávio Gomes organizaram e lançaram uma coletânea de estudos sobre os quilombos em várias regiões do Brasil, intitulada *Liberdade por um fio,* na qual demonstram como a historiografia mais recente tem procurado estudar os quilombos através da apreciação de seus universos simbólicos, contextualizando-os, desvelando as estratégias de sobrevivência utilizadas pelos negros nas relações que estabeleceram com as comunidades vizinhas e também as formas de repressão usadas pelas autoridades, com o objetivo de garantir o 'direito' dos proprietários de escravos.

[5] REIS & GOMES, 1996.

[6] REIS & GOMES, 1996. p. 17.

Clóvis Moura demonstram o modo como os participantes da Revolta dos Búzios foram influenciados pelas idéias da Revolução Francesa e pela atmosfera de revoltas contra o regime colonial e contra as condições de vida na Colônia, predominantes nos fins do século XVIII.

Na mesma linha, nos números 17 e 18, textos de autoria de Clóvis Moura e Jônatas Conceição descrevem a Revolta dos Búzios, também chamada Revolta dos Alfaiates, ou Conjuração Baiana, ocorrida em Salvador, em 1798. Clóvis Moura salienta o "profundo significado de reivindicação social e étnica do movimento e a origem plebéia e não-branca das lideranças" (*Jornal do MNU*, n. 17, p. 9). Esse fato confere singularidade e importância maior para os objetivos programáticos do periódico e de outras entidades como o bloco afro Ilê-Aiyê, que elege a Revolta dos Búzios como seu tema para o carnaval de 1991, destacando os nomes dos líderes negros e mestiços mortos e incentivando seus compositores a abordarem o tema nas letras das músicas do bloco para o carnaval.

Como já destaquei, o movimento negro acredita na utilidade de se traçar um passado histórico dignificante dos negros, a fim de alterar a imagem inferiorizante que há séculos vem sendo construída e repetida pelo discurso ocidental. Alguns usaram o expediente de estudar o Egito e sua tradição para construir uma linhagem cultural negra distante do estereótipo de selvageria e primitivismo, outros acreditam na possibilidade de se explorar uma solidariedade racial para a construção de um passado que interfira positivamente na construção da auto-imagem; o *Jornal do MNU*, entre outras medidas, encampará o incentivo à implantação da disciplina História da África nas escolas. O tema aparecerá nos números 9, 12, 14 e 16, nos quais são descritos os esforços envidados para que a disciplina seja implantada como optativa nos currículos das escolas públicas do Estado em Salvador[7].

A primeira proposição do debate caracteriza "o sistema de ensino brasileiro como um dos principais instrumentos ideológicos de inferiorização do negro, bem como de distorção e ocultamento de sua verdadeira história aqui e na África" (*Jornal do MNU* n.12, p. 8), e

---

[7] Esforço que terá sua validade reconhecida ou com a promulgação da Lei 10.639, de janeiro de 2003 que institui a obrigatoriedade ao ensino das disciplinas História e Cultura Afro-brasileira no ensino fundamental e médio.

sugere o estudo da história da África como instrumento para favorecer a construção da auto-estima do negro e, por outro lado, incentivar o respeito à diferença. O assunto retorna ao periódico no número 14, no qual são descritas as dificuldades encontradas pelas escolas para a implantação da disciplina, insistindo, o autor do texto, na proposta de "uma escola e currículo pluriculturais como uma forma de contemplar o processo civilizatório de todos os povos constituintes dessa nação" *(Jornal do MNU,* n.14, p. 9). Após campanha realizada junto às escolas e às autoridades competentes, a disciplina foi inserida no currículo de algumas escolas públicas; entretanto, o número 16 já notifica sua supressão das grades curriculares.

Os textos referentes ao ensino da História da África explicitam o desejo de ampliar o raio de atuação do *Movimento* e de interferir nas instâncias de decisão de objetivos e metodologia do ensino de primeiro grau do país para que seja contemplada a sua diversidade cultural. Os livros didáticos, principalmente os utilizados no primeiro grau, veiculam informações e imagens depreciativas dos afro-descendentes,[8] baseadas em estereotipizações inferiorizantes, o mesmo acontecendo com a mídia. A História do Brasil não se pode fixar apenas na história dos colonizadores; a história dos negros, dos índios ou das mulheres compõem as várias micro-histórias que também fazem parte do passado e do presente. Contudo, a implantação da disciplina exigiria um prévio e cuidadoso trabalho de formação do profissional que fosse ministrá-la, uma rigorosa atenção à fundamentação teórica e ao material didático a ser utilizado, a fim de que a disciplina viesse mesmo a atingir os objetivos de promover uma compreensão da África, como série de etnias, culturas e línguas diferentes que não podem mais ser vistas de modo plano e homogeneizante.

---

[8] Ana Célia Silva, membro do MNU, escreve uma dissertação de mestrado posteriormente publicada, em 1995, em Salvador – *A discriminação do negro no livro didático* – em que analisa o modo como o grupo étnico é representado em vários livros didáticos utilizados da primeira à quarta série do primeiro grau.

NÊGO

Boletim do Movimento Negro Unificado-Bahia-Nº 6

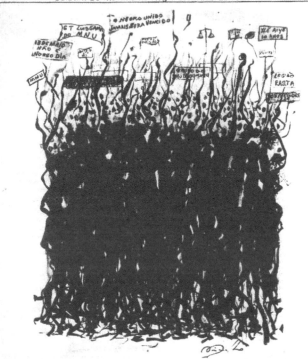

SPD:
Histórias de
lutas negras

MNU:
Nós e as Diretas -já

TURISMO:
quem lucra com
a nossa cultura?

Jornal Nacional do Movimento Negro Unificado. Nº 16, junho/julho/agosto de 1989. NCz$ 1,00.

onze anos de luta

A mudança de nome do nosso jornal também representa nossa disposição em mudar as formas de resposta aos desafios que a difícil conjuntura brasileira apresenta.

Desde a criação do MNU, naquele histórico 18 de junho de 1978, já se passaram 11 anos. Ao longo deste tempo, nossa luta ampliou-se nos vários cantos do Brasil, através de diferentes grupos e entidades. Mas por outro lado, os mecanismos e práticas racistas também tornaram-se mais cruéis.

A violência policial contra o negro, antes restrita a algumas capitais brasileiras, hoje constitui-se numa prática aceita em todos os estados. Os assassinatos de presos ou de suspeitos são mostrados na grande imprensa como prova de eficiência do aparato policial. Assim, a fúria assassina da polícia é mascarada em promoção da ordem e proteção à sociedade.

As imagens da televisão não deixam dúvidas quanto à origem racial das principais vítimas das enchentes e desabamentos, comuns nos períodos de chuva intensa. São milhares de negros em todo o país, à mercê da irresponsabilidade de governantes, eleitos diretamente em processos eleitorais antidemocráticos, porque historicamente sempre privilegiam os donos do poder econômico e seus representantes.

Este processo de eliminação lenta, hoje assume uma feição ainda mais ameaçadora com as ações de "planejamento familiar". Estas, nada mais são do que a concretização da política de controle da natalidade, que o governo nega no discurso, mas permite na prática. Milhares de mulheres negras são esterilizadas diariamente, o que garantirá, a longo prazo, uma radical diminuição no ritmo de crescimento da população negra brasileira. Nós negros somos, portanto, bodes expiatórios dos problemas sociais que consomem o Brasil. Assim, busca-se eliminar uma população aos poucos, já que não há interesse em atacar os problemas em suas verdadeiras causas.

Onze anos depois do estabelecimento da questão racial como uma luta política importante, já não somos barrados em boates, hotéis e restaurantes de alto luxo com tanta frequência. Entretanto, o racismo se sofistica em resposta aos avanços de nossa luta.

A insensibilidade diante desta situação não se restringe apenas aos setores ligados às classes dominantes. A solidariedade dos setores progressistas, embora tenha crescido, ainda revela que falta muito para que se atinja uma compreensão mais aprofundada sobre o papel que o negro tem a desempenhar no interior da luta política. Até o momento do fechamento desta edição, havia grandes dificuldades para a indicação de Benedita da Silva, militante negra do movimento social, como candidata à Vice-Presidente na chapa da Frente Brasil Popular. Estas dificuldades evidenciam a resistência generalizada, em redefinir o lugar que o negro ocupa na sociedade.

Por isto, nossa tarefa principal deve apontar para a afirmação da QUESTÃO RACIAL como QUESTÃO NACIONAL. Para pensar um Brasil diferente, é preciso considerar a situação da população negra como um eixo fundamental. As mudanças nas concepções e nas práticas inferiorizantes que envolvem nosso dia-a-dia na sociedade, sem dúvida, facilitarão o processo de desmantelamento do sistema de exploração e de opressão que se abate sobre a maioria do povo brasileiro.

A LUTA CONTINUA.
A VITÓRIA É CERTA.

 ■VIOLÊNCIA

Prisões arbitrárias, torturas e mortes: a polícia aterroriza a comunidade negra oprimida. pg. 10

 ■ÁFRICA

"Capitão África", herói de uma história-em-quadrinhos, projeta de verdade valores africanos ou é uma expressão de cultura neocolonial? pg. 3

 ■RELIGIÃO

O Candomblé é a força que anima, guarda e mantém o núcleo de identidade do povo negro. pg. 8

 ■CALUNGA

A construção de uma barragem ameaça a sobrevivência do Calunga, um ex-quilombo no nordeste de Goiás. pg. 6

1º PÁGINA- *JORNAL DO MNU* - Nº 19 - MAI/JUN.1991 (Carlos Moura)

Cultura e indústria cultural

Os blocos afros na Bahia são apresentados no periódico como espaços revitalizadores da música, dança e identidade afro-brasileiras, e seus programas e atividades indicam uma tentativa de reverter a estereotipização negativa e tornar a exclusão produtiva. Fundindo música, dança e reivindicação política, os blocos foram criados como resposta à proibição dos negros participarem dos chamados "blocos de branco" no carnaval da Bahia. Reagindo à exclusão de base racista, alguns negros da classe média operária de Salvador propuseram-se a assumir a identidade negra depreciada e, reconstruindo significados e tradições, despertando uma auto-estima elevada, o Ilê-Aiyê dará origem a vários outros blocos, entre os quais o Malê, o Olodum e o Araketu. Na sua primeira apresentação nas ruas de Salvador, durante o carnaval de 1975, o Ilê-Aiyê enfatiza a beleza negra, veste uma indumentária inspirada nas vestimentas africanas e apresenta-se:

> [...]
> é o mundo negro
> que viemos mostrar pra você
>
> Somos crioulo doido
> somos bem legal
> temos cabelo duro
> somos black pau.[1]

---

[1] Letra da música, *Que bloco é esse?*, de autoria de Paulinho Camafeu.

O *Jornal do Movimento Negro Unificado* noticia as atividades de ensaio e registra as letras de música de blocos afros, incentivando a participação de seus leitores nas suas programações, como forma de promover *a conscientização* dos afro-brasileiros em geral. Os editores parecem tentar estabelecer vínculos entre os grupos do movimento social e popular e as propostas do MNU. Tal fato pode ser constatado através das entrevistas com os membros dos Racionais MC's e com alguns dos membros do MST, nas quais o entrevistador mostra-se interessado em viabilizar possibilidades de intercâmbio entre os grupos e a entidade.

No caminho que procura o estabelecimento do diálogo com outros grupos da vida político-cultural do país, o periódico entrevista, em 1996, membros do grupo de rap Racionais MC's, um dos importantes grupos do movimento hip-hop no Brasil. É interessante o modo como o grupo posiciona-se diante das relações com seu público alvo, "o povo comum, que não tem estereótipo de africano ou europeu". No decorrer da entrevista, esse povo comum é descrito numa perspectiva que utiliza simultaneamente as categorias de raça e classe:

> O Racionais fala do povo negro, do povo pobre, do presidiário, da criança de rua, e aí nós não olhamos a cor. Infelizmente quem está por cima é o branco, quem tem o dinheiro na mão é o branco, quem domina a TV e o rádio é o branco, mas lá em baixo não tem só negro, tem também o branco, embora o Movimento Negro conteste, tem o mestiço, que existe mesmo no país, e é gente que não serve pra comercial de basquete nem de surf, fica no meio termo. (*Jornal do MNU*, n. 22, p. 6.)

As palavras do membro do grupo musical explicitam umas das dificuldades encontradas na discussão das desigualdades raciais no Brasil: ouve-se com certa freqüência que a exclusão não se dá por motivo racial e explica-se com o fato de também existirem brancos e mestiços em situações desprivilegiadas; omite-se, entretanto, que a proporção de negros e mestiços nestes lugares sociais é muito maior, e ainda, que, para o discurso racista, o mestiço funciona como um instrumento de hierarquização da discriminação e exclusão, como afirma J. C. Gomes dos Anjos em artigo publicado no número 21 do periódico.

Essa faceta do debate constitui também um problema para o Movimento Negro unificado que, nos seus textos, não estabelece distinção entre negros e mestiços – todos são considerados negros, uma vez que são afro-descendentes e também discriminados e excluídos dos direitos à cidadania. Entretanto, é fato notório que, no discurso e na prática cotidianos, esta não é a "classificação" predominante, como pode ilustrar o resultado do PNAD de 1976 com suas 136 designações para o quesito cor, na pesquisa realizada pelo IBGE. Devido à forte depreciação de que os negros somos vítimas; devido às especificidades do racismo brasileiro fundamentado basicamente na cor, ou melhor, nos gradientes de cor, todos aqueles que podem deixar de ser vistos/definidos como negros o fazem como forma de minimizar a intensidade desta discriminação.

Como inserir os mestiços nas reivindicações de cidadania propostas pelo Movimento Negro no Brasil se eles não se sentem, não se identificam como afro-descendentes na maioria das situações?

Acredito que a tese da mestiçagem forjada e apresentada pela intelectualidade brasileira desde o século XIX, devido às suas ambigüidades, tem colaborado para dificultar a construção de um discurso identitário afro-brasileiro que poderia gerar significativos ganhos políticos para o grupo étnico. Os debates quanto à possibilidade de desfrutar dos ganhos políticos, sociais e econômicos, advindos da valorização da cultura afro-brasileira, aparecem no número 6, em artigo de Hamilton Vieira (do Grupo Negro do Garcia), intitulado " O negro e a indústria do turismo", no qual é discutida a apropriação das manifestações culturais de origem africana pela indústria cultural baiana e a concomitante exclusão da comunidade negra dos benefícios advindos dessa apropriação. Ao texto não pode ser atribuído um caráter segregador ou intenções puristas, e sim a percepção de que a inclusão da cultura e da tradição de origem africana não tenha viabilizado, como conseqüência, a inclusão dos afro-descendentes no mercado de trabalho e nos benefícios socioeconômicos dela resultantes.

Partindo da afirmativa de Antonil de que "os escravos são as mãos e os pés do senhor de engenho", Hamiltom detém-se na enumeração e análise de situações em que o afro-descendente continua sendo o motor para que outros indivíduos obtenham grandes lucros, repetindo a relação estrutural de exploração dos escravos. Faz referência aos cartazes de publicidade, às festas de largo, às baianas de acarajé, às instituições culturais e de pesquisa, como espaços em que são repetidas imagens estereotipadas do negro exótico e ingênuo.

O texto, publicado em 1984, põe em cena um dos problemas que nos fins dos anos 1990 vem sendo discutido por alguns setores organizados da sociedade de Salvador. Apesar de o processo de construção da "baianidade" efetivar-se sobre fundamentos de apropriação de aspectos da cultura e tradição afro-descendentes, o afro-brasileiro continua a exercer um papel subalterno no mercado, repetindo a "natural" fragmentação das oportunidades educacionais e de trabalho no Brasil. O autor questiona a condição de "objeto" e invisibilidade em que é colocado o afro-brasileiro nos vários setores públicos e observa que a imagem do negro, o mais das vezes desenhada a partir dos estereótipos do sorriso fácil e da sensualidade acentuada, é utilizada nas várias formas de publicidade e venda do turismo por empresas como a Bahiatursa (órgão oficial de turismo no Estado), e paradoxalmente, os negros e negras não são vistos atuando profissionalmente nem mesmo nos órgãos públicos que vendem essas imagens da Bahia.

O texto de Vieira organiza-se como denúncia e discussão do "lugar" destinado aos negros e à diferença, na vida cultural e no mercado de trabalho no estado, e conclui, enfatizando a necessidade de serem repensadas as relações entre poder, cultura e política no interior e no exterior das entidades negras, conclamando-as a se deterem na reflexão sobre as vinculações existentes entre cultura e política. Pois é impossível agir "como se cultura e política fossem elementos isolados ou como se fosse possível falar de um desses elementos desprezando o outro" (*Nêgo*, n. 6, p. 9).

A polêmica na análise das relações entre cultura e política nas entidades negras vem se estruturando desde o século XIX, quando entidades como a Sociedade Protetora dos Desvalidos na Bahia foram "proibidas" de envolvimento com questões sociais e políticas. Em decorrência disso, as irmandades negras foram obrigadas, muitas vezes, a camuflar seus objetivos e atividades para garantir seu intento de "proporcionar um espaço social necessário à coesão do negro para formar correntes de libertação e re-estruturar seus valores" (*Jornal do MNU*, n. 9, p. 8). A prática de as autoridades do estado tentarem manter as entidades negras em um "lugar a-político" teve seus reflexos tanto na organização dessas entidades do início do século passado, quanto na decisão da Polícia Federal da Bahia que, quando da fundação do Ilê Aiyê, impediu que o bloco fosse registrado como Poder Negro, sob a alegação de que o nome comportava conotações negativas e "alienígenas". A imprensa baiana, à época, apoiou e incentivou a proibição, apontando possíveis e inconcebíveis intenções "subversivas" de vincular a situação do negro brasileiro à do negro americano (*Nêgo*, n. 3, p. 2; n. 14, p. 7).

De fato, as comparações entre as manifestações de "racismo" no Brasil e nos Estados Unidos constituíram uma profícua linha de pesquisa nos dois países, a maioria dos estudos apontando, inicialmente, para a excepcionalidade do caráter "amistoso" e harmônico das relações raciais no país, onde nunca existiu uma legislação escrita estabelecendo uma separação racial. São antológicos os estudos de Donald Pierson, Carl Degler, Marvin Harris,[2] entre outros. Posteriormente, mais precisamente após a pesquisa da Unesco da década de 50, outros estudos têm apontado o caráter não tão democrático dessas relações, porém, mesmo nas décadas mais recentes, escritores americanos como Brookshaw, Andrews, Hanchard ainda se debruçam sobre a literatura ou a história dos afro-brasileiros, com o intuito de explicar e estabelecer paralelos entre as possibilidades de expressão e atuação dos afro-descendentes nos dois países. Os estudos dos brasilianistas, como são chamados, muitas vezes se equivocam por utilizarem padrões de análise que não dão conta das especificidades existentes nas relações raciais nos dois países e terminam até por motivar avaliações quanto à pior ou melhor forma de racismo.

Entendo que não cabe o epíteto melhor ou pior para qualificar manifestações racistas, pois o racismo é um só, abominável em qualquer das suas manifestações ou *nuances*; qualquer desqualificação ou exclusão de indivíduos com base nas diferenças étnico-raciais ou quaisquer outras constitui, no meu entender, ato de racismo e deve ser igualmente abominado. As diferenças nas manifestações de racismo

---

[2] DEGLER publicou em 1971, *Nem preto nem branco:* escravidão e relações raciais no Brasil e nos Estados Unidos; HARRIS publicou em 1967 *Padrões raciais nas Américas,* e Pierson, *Brancos e pretos na Bahia.*

existem e são decorrentes, o mais das vezes, das especificidades da organização política, social ou econômica de cada sociedade, mas não permitem qualquer gradação quanto às conseqüências do racismo, sempre cruéis e desastrosas para a humanidade.

Os discursos da imprensa, da literatura e dos órgãos governamentais, entre outros, são os lugares de divulgação institucionalizada de um certo discurso racial no Brasil, fundamentado no mito da democracia racial e da existência de oportunidades iguais para todos. Este discurso, de certo modo, dificulta o encaminhamento de muitas lutas empreendidas pelos movimentos negros, constituindo parte de uma espécie de projeto de evitar a intensificação das discussões políticas sobre as relações raciais no país. A imprensa que, em consonância com os discursos institucionalizados, manifestou-se contrária à fundação do bloco Ilê-Ayê, omitiu-se e omite-se em discutir a prática seletiva dos, já popular e criticamente denominados "blocos de branco", que recusavam e recusam a participação de negros e mestiços.[3]

De acordo com Silva & Hasenbalg, o conceito de democracia racial,

> [ao] forjar uma nova auto-imagem para o país,[...] acenava para duas das raças fundadoras, negros e índios, bem como a seus descendentes miscigenados, com a sua incorporação simbólica à nação. Seduzia simultaneamente os brasileiros brancos com a idéia da igualdade de oportunidades existente entre pessoas de todas as cores, isentando-os de qualquer responsabilidade pelos problemas sociais dos não-brancos.[4]

Estudos críticos e de análise das desigualdades raciais no Brasil, desenvolvidos após a última década de setenta, têm enfatizado as marcas de exclusão social e racial como traços característicos da

---

[3] No carnaval de 1999, em Salvador, vários negros e mestiços denunciaram, através de entrevista ao programa Fantástico, da rede Globo, que suas inscrições de participação em alguns blocos de carnaval foram rejeitadas sob alegação de que não havia mais vagas, entretanto, outras pessoas não-negras inscreveram-se dias depois da recusa e suas inscrições foram aceitas. A publicação do fato gerou um Fórum de discussão da questão promovido pela Prefeitura de Salvador e por entidades organizadoras do carnaval, com vistas a 'evitar' a repetição de episódios dessa natureza.

[4] SILVA & HASENBALG, 1992, p.140.

sociedade brasileira. O racismo no Brasil "passou rapidamente, nos anos recentes, a ser teorizado como um racismo assimilacionista, do ponto de vista cultural, e excludente, do ponto de vista socioeconômico".[5]

Até mesmo a chamada grande imprensa brasileira já aponta o Brasil como um país "cordialmente" racista[6]. Em pesquisa realizada em 1995, o repórter Fernando Rodrigues chega a uma conclusão similar à de Florestan Fernandes quanto ao "preconceito de ter preconceito". Segundo a citada pesquisa, "os brasileiros sabem haver, negam ter, mas demonstram, em sua imensa maioria, preconceito contra negros.[7]

Em conseqüência dessa ambivalência parece haver um senso comum disseminado na sociedade, de que as entidades e movimentos negros devem restringir sua atuação e atividades à área das promoções culturais e festivas e abster-se dos debates de cunho político-identitário – uma tentativa de manter intactas as relações de poder e continuar fixando os lugares sociais. A concordar com Stuart Hall, os setores hegemônicos parecem compreender que o "'Negro' [...] tornou-se parte de uma prática organizada de lutas, requerendo a construção da resistência negra assim como o desenvolvimento de novas formas de consciência negras".[8] E, desejosos de manter intacto o quadro de desigualdades sociais e raciais, procuram inviabilizar e mesmo coibir tais organizações.

Quinze anos depois do artigo de Hamiltom Vieira, o tema da apropriação da cultura e exclusão dos afro-descendentes dos ganhos econômicos e sociais continua a intrigar estudiosos do assunto. O quadro já apresenta mudanças em exemplos pontuais, pois jogadores, cantores afro-descendentes começam a ter visibilidade no processo de mobilidade social de negros e mestiços. No entanto, a considerar as estatísticas, ainda é pequeno o percentual de afro-brasileiros compondo a classe média no Brasil.[9]

---

[5] GUIMARÃES, 1996, p. 5.

[6] Cf. Pesquisa Data Folha publicada no Jornal *Folha de S. Paulo*, em 25 de junho de 1995, sob o título "Racismo Cordial".

[7] RODRIGUES. In: *Racismo cordial*, p. 11.

[8] *Apud* ANTHIAS, 1993. p. 40.

[9] *Revista Veja,* ago. 1999. p. 62-67.

O texto de Vieira parece ter obtido repercussão, pois a partir do número 7 (nov. 1984), o *Jornal do MNU* publica uma série de matérias ligadas à constituinte, eleições, *apartheid*, mercado de trabalho, pacote econômico, reforma agrária, entre outros termos, que evidenciam o interesse do grupo em promover mudanças na organização da sociedade.

O MNU de São Paulo assina, no número seguinte, um artigo em que discute a participação da comunidade negra na "construção de uma nova sociedade em que possamos participar em condições de igualdade com os outros segmentos sociais" e propõe que a comunidade negra se organize a fim de indicar alternativas para a efetivação de mudanças na sociedade. O desejo de participação efetiva nas instâncias de poder evidencia-se mais intenso a partir dos números seguintes, como se o periódico ingressasse em uma nova fase de sua agenda.

A seção "Fala crioulo" do boletim de número 11, em longa reportagem, aborda o tema das eleições de 1986 e divulga as candidaturas de dois militantes do MNU: Luiza Bairros, candidata a deputada estadual, e Luis Alberto, candidato a deputado federal constituinte pela Bahia. A comissão editorial explica a apresentação dos dois candidatos, alertando não só para o compromisso deles com as propostas de mudança social, mas também para

> [...] a contribuição que os oprimidos em geral, e os homens e mulheres negros em particular podem dar para a construção de uma nova sociedade. É nosso dever, portanto, divulgar entre nossos leitores uma proposta que consideramos legítima porque rompe com todos os modelos a que estamos habituados as ver, e que têm transformado as eleições numa cópia mal acabada de exercício de democracia. (*Nêgo*, n.11, p. 5)

O *Jornal Nacional do Movimento Negro Unificado:* política e discussão identitária

A transformação do periódico Nêgo em *Jornal Nacional do MNU,* em 1987, marca a já citada ênfase quanto às possibilidades de atuação dos afro-brasileiros na vida política, questionando-se as relações entre raça e classe, questionamento que sempre esteve presente nos debates da esquerda e nos movimentos negros no Brasil dos fins da década de setenta em diante.

É inegável que a grande maioria dos pensadores/escritores do movimento negro ou dos estudos negros (*black studies*) têm ou tiveram sua formação política em partidos de esquerda, de orientação marxista. Isto marca decisivamente não somente o tom e o vocabulário dos seus discursos, mas também algumas das posições por eles assumidas e defendidas. Acrescente-se que os movimentos africanos pró-independência tiveram um embasamento ideológico marxista e muitos dos seus líderes foram filiados a Partidos Comunistas, embora a partir de um certo momento possa ser registrada uma espécie de desencanto e desagrado de grupos negros locais no tocante à forma como os partidos políticos de esquerda tratam a questão racial, a maioria das vezes reduzindo-a a questões econômicas e de classe.

Grande parte dos textos, assinados ou não, permite atestar os vínculos dos militantes e simpatizantes da entidade com uma análise da sociedade que aponta para a luta de classes e os fundamentos econômicos como parâmetros determinantes para a compreensão e para a alteração das forças no corpo social. A partir de um certo momento, entretanto, os textos reivindicam um lugar e um tratamento diferenciado para o tema raça. Em entrevista publicada no número 13, de outubro de 1987, por exemplo, a então deputada e posteriormente vice-governadora do Rio de Janeiro, Benedita da Silva, propõe a participação do militante negro nos partidos políticos, mostrando-se consciente de que o socialismo só resolverá a questão racial e de gênero se esses excluídos estiverem representados nas estruturas do poder. Para ela,

> [...] a questão da discriminação racial é muito atribuída não só a uma questão cultural, mas à própria questão de poder – e se a nossa questão passa pela questão do poder tem que passar pelos partidos políticos. [...] O partido político é uma instância de poder e de decisão sobre políticas que poderão pesar a favor ou contra os negros. (*Jornal do MNU*, n. 13, p. 12)

Membro do Partido dos Trabalhadores, a primeira deputada negra do Brasil justifica a sua filiação ao PT, pelo fato de considerar contempladas nas propostas do partido as questões que lhe interessam, a saber, o trabalhador, o negro e a mulher.

O discurso de Benedita constitui-se em marco significativo da compreensão dos militantes do MNU quanto à necessidade de envolvimento dos negros brasileiros na vida político-partidária – a percepção de que o negro precisa constituir-se em agente do processo de mudança e atuar nas instâncias de poder em todos os níveis possíveis – uma atuação que signifique acesso e intervenção nos momentos decisórios das esferas públicas. Benedita entende que rejeitar a posição de subalternidade leva a provocar alterações nas estruturas de poder, pois amplia a idéia de resistência de modo que ela passe a significar também participação e disputa pelo poder.

Criticando a continuidade da exploração do trabalho negro no Brasil, o editorial do número 15, publicado em novembro de 1988, sugere que os membros do MNU e os negros em geral votem "em candidatos saídos da luta do povo e com ela comprometidos", na expectativa de que tais candidatos incorporem a seus projetos e programas a questão racial. Entretanto, em textos publicados nos números 17, 18 e 20, constata-se um certo desapontamento e reação ao desinteresse dos partidos políticos para com as especificidades da questão racial.

No número 17, uma "Carta aberta ao PT" exige do Partido dos Trabalhadores uma reflexão quanto aos mecanismos de discriminação racial que estariam sendo utilizados na recusa a discutir o nome de Benedita da Silva como vice-presidente na chapa Frente Popular, que disputou a presidência da República em 1988, sob alegação de que o partido desejava "ganhar a eleição e não fazer raiva à burguesia" (*Jornal do MNU*, n. 17, p. 10). Membros do Partido dos Trabalhadores e do Movimento Negro, que assinam a carta, apontam os comportamentos, atitudes e palavras de alguns membros do partido que os levaram a concluir pelas bases discriminatórias da recusa do nome de Benedita da Silva. Os militantes questionam: estaria o PT ratificando os estereótipos, reproduzindo os mecanismos de exclusão e preocupado em atender às expectativas de uma determinada classe social? O Partido dos Trabalhadores não responde à carta nos números seguintes nem, ao que se saiba, em outro veículo de comunicação.

No mesmo número do periódico, Edson Cardoso, membro do MNU de Brasília, assina a matéria intitulada "O embranquecimento que nos desune", na qual chama a atenção para o fato de o pensamento marxista compreender a pertinência da articulação étnica ou racial, embora, segundo ele, "a leitura mal feita" do pensamento marxista acredite ser descabida a reivindicação de uma articulação de bases raciais. O autor conclama os militantes negros a participarem do processo de construção "de uma ideologia étnica transformadora", a fim de superar os mecanismos de representação coletiva afetada pela "agressão étnica", atribuindo ao sistema de representações do negro e à deturpação do pensamento marxista a responsabilidade pelo fato de alguns afro-brasileiros identificarem-se com o discurso da esquerda e recusarem-se a compreender e a aderir ao MNU. Em tom de persuasão e apelo, Cardoso procura evidenciar a possibilidade de se inserirem as reivindicações do movimento negro no pensamento marxista e denuncia a assimilação da teoria do embranquecimento por negros militantes de partidos de esquerda, sindicatos e movimentos sociais que evitam e recusam-se a discutir a necessidade de inventar-se uma identidade afro-brasileira, criando "obstáculo ao fortalecimento de uma articulação étnica capaz de transformar um movimento negro de massas numa força revolucionária" (*Jornal do MNU*, n. 17, p. 10). O texto considera o pensamento marxista e os partidos políticos como espaços legítimos para as reivindicações do movimento negro. As preocupações de Cardoso deixam transparecer um dos intensos pontos de atrito nas discussões e trato dos partidos de esquerda com a questão da discriminação racial – um debate que atinge os partidos de vários países.

No tocante aos partidos de esquerda no Brasil, a discussão torna-se mais tensa porque, além de alguns militantes desses partidos acreditarem que a solução da questão de classe resolveria os problemas de racismo e discriminação racial, muitos setores da sociedade brasileira sempre tiveram interesse em divulgar e institucionalizar o "mito da democracia racial", o que só tem contribuído para dificultar o enfrentamento do problema.

Por outro lado, a apreciação cuidadosa do quadro étnico e da divisão de poder no interior dos partidos políticos no Brasil indica que, embora participem intensamente das atividades dos partidos, embora alguns tenham tido acesso a oportunidades educacionais, os afro-brasileiros, principalmente aqueles que inscrevem seus rostos nos seus discursos, são mantidos em posições subordinadas nos cargos de direção dos partidos, fato denotativo de que as práticas partidárias continuam uma tradição excludente, já cristalizada no imaginário da sociedade. O texto de Cardoso parece tentar reverter a constatação angustiada de que, nem mesmo nos espaços político-sociais onde são propostas mudanças radicais, o racismo e a discriminação racial conseguem ser discutidos de modo a promover alterações nos comportamentos cotidianos.

Josafá Mota, militante do Estado de Pernambuco, parece responder, de modo explícito, ao texto de Cardoso em artigo intitulado "O MNU e as ideologias brancas" (*Jornal do MNU*, n. 18), no qual critica a participação dos membros do MNU nos partidos de esquerda, que não conseguem compreender as especificidades das questões raciais e sua importância para as lutas dos afro-brasileiros. Para ele, "a causa do negro jamais deve ser encarada como adendo da chamada luta geral".

Considerando o discurso da teoria da mestiçagem um instrumento utilizado para manter o afro-brasileiro à margem da vida social e política, Mota denuncia a indiferença dos partidos de esquerda para com a questão racial e defende "a filosofia libertadora do Pan-Africanismo, essa, sim, nossa, genuína, concebida a partir da luta do nosso povo, na África e na diáspora, e tão bem entendida por Biko e pelos Panteras Negras" (*Jornal do MNU*, n. 18, p. 11). Para ele, um movimento de raízes africanas que priorize as questões étnico-raciais apresenta-se como a única alternativa para que as lutas dos negros pela cidadania sejam devidamente encaminhadas.

O Pan-Africanismo, proposto por Josafá Mota como um caminho para o movimento negro, possui raízes nos fins do século XIX, e vem sendo analisado, relido, criticado, reavaliado por várias tendências dos estudos contemporâneos, algumas vezes sendo até combatido pelos "equívocos" cometidos, ao acreditar na existência de uma "essência" negra e na escolha das estratégias para promover a união solidária dos negros da diáspora e a valorização de suas raízes africanas. Entretanto, é inegável que se constitui marco de estímulo e incentivo relevantes para a proliferação de movimentos negros que visem à resistência e à atuação dos negros na África e na diáspora.

Os objetivos do Pan-Africanismo podem ser resumidos na tentativa de centralizar esforços para que os afro-descendentes se unissem no reconhecimento de que era necessária a colaboração de africanos e afro-descendentes para a construção de uma frente racial, de cunho emancipatório, que atuasse no campo político, econômico e cultural. Caracterizou-se como uma reação à pretensa superioridade da cultura e da história ocidental (branca), a partir da exposição das potencialidades dos afro-descendentes.

Os Congressos realizados em Londres (1900), Paris (1919), Londres e Bruxelas (1921), Londres e Lisboa (1923) e Nova York (1927) divulgaram as teses do movimento, fundamentadas na crença da existência de uma ligação cultural-racial entre os africanos e afro-descendentes da diáspora, ligação a ser explorada pelos negros de todo o mundo com o fim de promover a integração e a valorização dos afro-descendentes na cultura ocidental da qual tanto eles quanto a sua cultura já são partes constituintes.

Mediante os discursos de Du Bois foi divulgada a noção de "consciência racial" (*race consciouness*), entendida como o reconhecimento das similaridades e especificidades étnicas que estimulou a concretização de ações com vistas à ascensão e à defesa do grupo. O movimento incentivou também a organização dos afro-descendentes para resgatar seus valores, tradições e cultura dos "escombros da história". Lemelle & Kelley, em *Imaginig home*, propõem uma revisão do Pan-Africanismo e o definem como "a construção e reconstrução de uma identidade diaspórica produto do capitalismo racial, hegemonia cultural e auto-atividade".[1]

O movimento Pan-Africanista não pode ser visto como bloco único ou monolítico, pois a crença na existência de características comuns aos afro-descendentes e as propostas de construção dos elos de solidariedade e de promoção do processo emancipatório dos afro-americanos e dos afro-descendentes, em geral, divergiam significativamente quanto às estratégias. Os líderes mais importantes – Booker Washington, Du Bois e Marcus Garvey – representam também as suas principais tendências. Garvey, acreditando em uma raça pura, tenta promover a volta dos afro-descendentes da diáspora para a África como meio de os negros ficarem livres da discriminação e imperialismo ocidentais. Barbara Bair estuda a tendência garveísta e assinala que as propostas de Marcus Garvey (*go back to Africa*) não atingiram seus objetivos na área política e econômica, no entanto,

> ... na retórica, ritual e filosofia, o Garveismo obteve sucesso na criação de uma poderosa narrativa de libertação que redesenhou a consciência política dos seus adeptos, reverteu as construções brancas de valor e influenciou as ações de uma nova geração de Africanos que fazem os movimentos anticoloniais de independência, uma realidade.[2]

O nome mais famoso do Pan-Africanismo, porém, é o de Du Bois, escritor incansável, defensor da idéia de que a história dos negros na África e na diáspora é parte legítima da história do Ocidente, e autor da tese da *double consciousness,* que estaria presente na alma (*soul*) de todo discurso e prática dos negros. Para Gilroy,[3] Du Bois desenvolveu um modo de análise e compreensão da história política e cultural dos negros no Ocidente que era capaz de sustentar-se sobre as diferenças dos outros e dos negros na África, no passado e no presente. Em seu *The souls of Black Folk,* Du Bois desenvolve a idéia da *double consciousness* do afro-americano e explica-a como

---

[1] LEMELLE e KELLEY (Eds.), 1994. p. 2.

[2] LEMELLE & KELLEY (Eds.), 1994. p. 123.

[3] GILROY, 1993.

...a sensação de estar sempre olhando para si mesmo através dos olhos dos outros, de medir sua alma pela medida de um mundo que olha com divertido desprezo e piedade. A pessoa sente sua dubiedade – Um americano e um Negro; duas almas, dois pensamentos, dois inconciliáveis esforços, dois antagônicos ideais em um corpo escuro, cuja força tenaz é o que o impede de ser rasgado.[4]

Posteriormente, esta idéia será desenvolvida por outros estudiosos, enfatizando a coexistência da cultura ocidental e das culturas de origem africana no âmbito do que convencionalmente se denomina cultura negra. Para o escritor africano Kwame Appiah, crítico do Pan-Africanismo, existe a possibilidade de construir-se uma identidade africana, entretanto, para que ela

> ...nos confira poder, o que se faz necessário, eu creio, não é tanto jogarmos fora a falsidade, mas reconhecermos, antes de mais nada, que a raça, a história e a metafísica não impõem uma identidade que podemos escolher, dentro de limites amplos instaurados pelas realidades ecológicas, políticas e econômicas, o que significará ser africano nos anos vindouros.[5]

Por outro lado, para os povos da diáspora negra, a solidariedade nas lutas contra o racismo constitui-se elemento capaz de promover mudanças significativas inegáveis no desenho das relações de poder.

Além do Pan-Africanismo, os ecos do movimento da "Negritude" também chegaram ao Brasil. As publicações *Revue du Monde Noir*, *Légitime Défense* e *L'Étudiant Noir* foram os veículos mais significativos das idéias do movimento estético-político que enfatizava a necessidade de reabilitar a cultura e a identidade negra, o qual é conhecido como a Negritude francesa, que tem em Léon Damas, Aimé Césaire e Léopold Senghor os seus grandes escritores. Por outro lado, a *Anthologie de la nouvelle poésie nègre et malgache de langue française,* organizada por Senghor e publicada em 1948, com prefácio de Sartre, intitulado "Orphée Noir", dá início a uma série de polêmicas quanto às idéias e objetivos do movimento, principalmente no tocante à tese de que existiria uma essência negra.

---

[4] DU BOIS, 1994. p. 2.

[5] APPIAH, 1997. p. 246.

O termo "negritude", cunhado pelo movimento ocorrido na França, ganhou conotações diferenciadas das apresentadas pelos textos dos fundadores. Escritores de vários países da diáspora, Brasil entre eles, passaram a utilizar a expressão para descrever suas lutas específicas contra o racismo, por identidade cultural e poder político. Os sentidos iniciais foram distendidos e acrescidos de outros, decorrentes das especificidades histórico-político-culturais de cada vivência e cada época. Por outro lado, da mesma forma que o Pan-Africanismo, a Negritude muito contribuiu para a arregimentação de grupos em prol da construção de identidades culturais negras.

Lilyian Kestelot, estudiosa da história da Negritude, acredita que se pode falar de três visões de *negritude*, visões complementares e não-antagônicas que apontam para uma ação humanística. Por meio de entrevistas realizadas com autores em 1959, ela identifica as três concepções. Para Césaire, a experiência da Negritude consistia primariamente na constatação dos efeitos da colonização e do racismo, revolta contra a situação experienciada e aceitação da responsabilidade pelo destino de sua raça. Já para Senghor, a primeira responsabilidade do movimento residia na recuperação do patrimônio cultural e do espírito da civilização da África. Enquanto Damas, defendendo sua condição de negro e guianense, propunha a rejeição da assimilação dos valores ocidentais, vistos como empecilhos à espontaneidade.[6] Como se pode perceber, não havia homogeneidade quanto aos propósitos da Negritude, nem mesmo no interior do movimento nas décadas de 30 e 40. Tal fato incentiva os debates e as discussões em torno do caráter essencialista e abstrato do movimento. Interessa-me apontar que os movimentos negros ocorridos nos Estados Unidos e na França influenciaram, direta e indiretamente, a criação e o desenvolvimento de movimentos negros na diáspora brasileira no seu desejo de quebrar as barreiras para a inserção do negro na sociedade, e, posteriormente, no desejo de dignificar e voltar a assumir as suas origens africanas.

Alguns dados obtidos por meio de depoimentos de membros do Movimento Negro no Brasil, desde a primeira metade do século, mostram como há muito tempo os cruzamentos e intercâmbios entre

---

[6] KESTELOT, 1991. p. 119-120.

os negros da diáspora brasileira, européia e americana se efetivam através dos mares do Atlântico.

O primeiro exemplo dessas negociações ocorridas através do *Black Atlantic* é citado pelo jornalista e militante do movimento negro no Brasil, Correia Leite. Segundo ele, o Pan-Africanismo chega ao Brasil por meio de traduções de textos e informações sobre o movimento negro americano,

> Mario de Vasconcelos, [...] lá da Bahia ele começou a mandar colaboração já traduzida para o nosso jornal sobre o trabalho do movimento negro nos Estados Unidos e outras partes. O Clarim d'Alvorada começou a publicar artigos do Marcus Garvey e de outros negros, bem como artigos sobre as teses de um congresso que houve nos Estados Unidos e que se opunham à cultura do branco, aos ensinamentos do branco.[7]

Ou, ainda, o depoimento do mesmo Correia Leite sobre os ecos do movimento da Negritude, em 1950, no "I Congresso do Negro Brasileiro", organizado pelo Teatro Experimental do Negro (TEN), em que Ironides Rodrigues profere conferência intitulada "Estética da Negritude". Segundo Leite, "Ironildes Rodrigues já tinha traduzido o ensaio Orfeu Negro de Jean Paul Sartre, publicado no Jornal *O Quilombo*. Foi daí que se começou a falar muito de Negritude no meio negro".[8]

O estudioso Kabengele Munanga analisa os *usos e sentidos* da *negritude* e afirma que, em certo sentido, o objetivo do movimento da *negritude* é primeiramente "de proclamar a originalidade da organização sócio-cultural dos negros para, depois, sua unidade ser defendida através de uma política de contra-aculturação, ou seja, desalienação autêntica".[9]

Seguindo esse raciocínio, tanto o Pan-Africanismo como a Renascença do Harlem e a Negritude e, ainda, a Imprensa Negra, o Teatro Experimental do Negro e as várias entidades do Movimento Negro constituem o grande movimento da Negritude nos empreendimentos que desenvolveram ou desenvolvem para recuperar a memória da

---

[7] LEITE & CUTI, 1992. p. 77.

[8] LEITE & CUTI, 1992. p. 160.

[9] MUNANGA, 1986. p. 56.

história da África e da diáspora e viabilizar a participação ativa dos afro-descendentes nas sociedades em que vivem. Semelhantemente ao Pan-Africanismo, talvez não se possa falar de Negritude, mas de Negritudes, como resultado das apropriações e adequações dos significados do termo às necessidades político-culturais dos afro-descendentes na diáspora.

A proposta de Josafá, apresentando o Pan-Africanismo como modelo de atuação, talvez devesse ser melhor discutida, haja vista que a prioridade no encaminhamento das questões étnico-raciais não pode ignorar a necessidade de se levar em consideração a realidade político-social na qual os negros da África e da diáspora estão inseridos. O Pan-Africanismo seria, no seu entender, uma das frentes de luta mais gerais, o que não dispensaria a organização de movimentos locais, no plano micro, que viabilizassem uma atuação mais voltada para as questões mais específicas de cada grupo.

O artigo de Josafá Mota recebe críticas de alguns leitores interessados em aprofundar o debate sobre a maneira de as esquerdas lidarem com a questão racial, como ilustra a carta do primeiro vice-presidente do PSB/RS, solicitando o aprofundamento da discussão. Em outro artigo, publicado no número 19 do *Jornal do MNU*, Josafá rebate as críticas que lhe foram feitas e detém-se longamente na explicação de alguns conceitos, tais como "civilização branca" e "esquerda branca", apontando a inoperância da categoria classe para a análise e compreensão das relações entre negros e brancos na sociedade brasileira. O texto parece, em certos momentos, dialogar com uma tendência no pensamento marxista que considera necessária a ruptura definitiva *com reducionismos de ordem econômica e de classe na análise do racismo*. O autor acredita que, se o movimento negro se tornasse uma tendência dentro do partido, poderia desfrutar de maior espaço de poder político e, assim, ampliar as possibilidades de concretização dos projetos de atuação do grupo.

A ênfase na especificidade das reivindicações étnico-raciais e a constatação de que a atual organização dos partidos de esquerda não comporta uma discussão do tema trazem para essa reflexão aspectos dos debates sobre raça e classe no pensamento marxista na contemporaneidade, mais especificamente, a questão da dependência ou autonomia existente entre as duas categorias.

É impossível não reconhecer que, embora esteja hoje totalmente desacreditado em certos meios científicos e intelectuais, o conceito de raça continua a ser usado por muitos segmentos como elemento definidor de inclusões e exclusões. As manifestações discriminatórias de base racial continuam a ocorrer em vários países como a indicar que raça e, também, o racismo permanecem forças vitais crescentes nas sociedades contemporâneas.[10]

Estudiosos como John Solomos, Michel Wieviorka, Taguief, David Goldberg, Stuart Hall, Octavio Ianni, Carlos Hassenbalg, Antônio Sérgio Guimarães e entre outros têm-se debruçado sobre a questão, no intuito de alertar sobre a presença do racismo na estruturação do pensamento e da sociedade ocidentais. Discutem as relações existentes entre raça, economia, classe, identidades e discursos políticos e evidenciam algumas divergências na maneira como definem raça, seus usos e significados nas sociedades. Alguns desses estudiosos afirmam que devido às multifacetadas formulações históricas, é impossível falar-se de um único e monolítico racismo e, conseqüentemente, os conceitos de raça e de racismo não podem ser reduzidos a relações econômicas, políticas ou de classe.

Hall questiona o modo como o racismo estrutura as relações sociais capitalistas e a maneira como ele é produzido e reproduzido em sociedades ou instituições específicas, analisando a sua influência sobre os modos pelos quais as noções de classe, de política e de gênero e outras relações sociais são realmente vivenciadas.[11] Já Gilroy, em *There ain't no Black in the Union Jack*, considera que o problema primário para a análise do materialismo histórico deve ser a maneira pela qual significados raciais, solidariedade e identidades provêem as bases para a ação.[12] "Raça" é uma categoria política que pode acomodar vários significados que são, em troca, determinados pela luta. Para Gilroy, raça é parte da cultura e não da ideologia, o que se contrapõe ao pensamento dos que acreditam na absoluta autonomia de raça sobre classe.

---

[10] SOLOMOS, *apud* REX, 1992. p. 14.

[11] HALL, 1996.

[12] GILROY, 1996.

Alguns terminam por conceder espaço reduzido para que estratégias políticas anti-racistas sejam mais efetivas que simbólicas.[13] A ênfase do modelo adotado por Ben-Tovim reside no processo político, ou seja, nos modos de analisar estruturas institucionais.

Nos textos publicados no *Jornal do MNU,* percebe-se uma certa hesitação dos autores na aceitação de uma idéia da ruptura total com o pensamento marxista, e na concordância com a existência de autonomia absoluta entre raça e classe. Eles tendem mais a aceitar a tese da autonomia relativa e insistem que é preciso mudar as relações de poder nos partidos políticos para que seja dado à questão racial seu devido peso. Exceto o texto de Mota, que propõe uma ruptura e a adoção do Pan-Africanismo, os demais textos investem em sugerir alterações na organização dos partidos e da sociedade para que a questão racial, com suas *nuances* e especificidades, seja apreciada e debatida, fato ilustrado pela matéria publicada em fevereiro/março de 1996, intitulada "Raça e Classe: eis a questão". Nela, Elias Alfredo sugere um exame acurado dos *dois conceitos*, pois a sua compreensão apresenta-se de fundamental importância para o exercício da militância. Para Elias, a discussão da questão relativa a raça e a classe implica "lutar contra a opressão específica sobre o negro, combinando a luta contra a opressão geral aos trabalhadores" (*Jornal do MNU*, n. 22, p. 3). Essa declaração aproxima o autor da tendência que considera a raça como possuindo *relativa autonomia* em relação a classe.

Acredito que, ao se discutirem as relações raciais no Brasil, raça e classe devam ser consideradas categorias intimamente interligadas, sem que se reduza a importância de nenhuma dessas categorias na apreciação do tema. No entanto, vale ressaltar que, na performance das relações sociais no Brasil, a classe social não apaga as marcas de raça ou de cor motivadoras de sofisticadas manifestações de "racismo à brasileira", como ilustra a referência ao "medo da humilhação", feita por Milton Santos.

O racismo, justificado e fundamentado no discurso do cientificismo racista, serviu e continua servindo para excluir "naturalmente" os negros dos direitos à cidadania, das oportunidades educacionais

---

[13] REX, 1992. p. 95.

e de saúde, do mercado de trabalho, desde o período anterior à abolição. Anthias, discutindo as relações de raça e classe no pensamento contemporâneo, cita Solomos para afirmar que as mais comuns formas de racismo são encontradas não como explícitas ideologias ou discursos de inferiorização biológica, mas como diferentes formas de exclusão na base de um grupo não pertencente à cultura de origem do grupo étnico-dominante dentro do aparato do Estado.[14] Assim, quando é notório que as pesquisas promovidas por diversos institutos apontam a presença de uma maioria "negra e parda" nos empregos mal remunerados, nas menores faixas de escolaridade, com as piores condições de saúde e moradia, cabe o questionamento das razões pelas quais o quadro das desigualdades sociais no Brasil é assim delineado. Será mesmo esse quadro decorrente da inabilidade dos afro-descendentes para o trabalho formal, como pensam alguns? Será que não devíamos, como sugere Hall, analisar o modo como o racismo é produzido e reproduzido no interior das relações capitalistas?

As análises históricas e sociológicas mais recentes que tematizam as relações raciais no Brasil, empreendidas por autores como Azevedo, Castro e Guimarães, demonstram algumas das maneiras de que se vale a sociedade brasileira para sofisticar a exclusão, mantida ao lado do discurso da democracia racial. O artigo de Luis Alberto Silva, "Brasil, demagogia racial" (*Jornal do MNU,* n. 19), a partir do relato de dois casos de discriminação racial e racismo no Rio Grande do Sul, demonstra a contradição existente "entre a ideologia da 'democracia racial' e a prática autoritária que culmina na violência racial". Acreditando que a conscientização e a formação ideológica constituem os únicos caminhos para promover alterações significativas nas relações de poder no Brasil, o autor propõe uma agenda para o MNU capaz de "desencadear [...] a conquista das consciências".

O conceito de hegemonia, apropriado anteriormente por Hall e Hanchard[15] para discutir questões raciais, mostra-se fértil para explicar essa contradição da sociedade brasileira que, embora se utilize freqüentemente do discurso da democracia racial, nas práticas sociais

---

[14] ANTHIAS, 1993. p. 14.

[15] MORLEY & CHEN, 1996; HANCHARD, 1994.

cotidianas evidencia uma rigorosa organização hierárquica de bases nitidamente raciais. Desde o período da escravidão, passando pela abolição e posteriormente, as elites brasileiras consideram-se congenitamente superiores aos afro-brasileiros e, por conseguinte, entendem que as suas posições privilegiadas são decorrentes dessa suposta superioridade. Uma vez crendo que os lugares sociais são predeterminados pela ascendência racial, mesmo que consideradas as exceções, certos setores engendrarão discursos justificadores de suas posições e da inferiorização dos negros e mestiços. Em um dado momento, limitar-se-ão a repetir as teses da inferioridade racial e, posteriormente, utilizarão as potentes armas da exclusão dos empregos e das oportunidades educacionais como forma, violenta, não tenho dúvidas, de assegurar os lugares determinados de prestígio ou desprestígio. O insulto, a depreciação, as piadas e provérbios racistas, as repetições cotidianas dos estereótipos inferiorizantes, nos textos e imagens de livros, novelas, publicidade e na mídia em geral, encarregam-se de modo bem pouco sutil de exercer a violência da destruição da auto-estima estimuladora da disputa por mudanças sociais e políticas no plano individual e coletivo.

O quadro acima descrito não objetiva negar a utilização da coerção física pelos grupos hegemônicos, afinal, a violência policial, as mortes, espancamentos e detenções arbitrárias, denunciadas pelo movimento negro e por organismos de direitos humanos e demonstradas nas estatísticas, são exemplos de modos como as elites hegemônicas persuadem e coagem o grupo subalterno a fim de preservar a hegemonia; podendo ainda contribuir para o delinear do quadro, o empenho de grupos privilegiados em demonstrar a improcedência de qualquer ação anti-exclusão que possa vir a beneficiar os afro-brasileiros e a abalar a manutenção total de privilégios das elites brancas.

Ainda, discutindo as propostas contra-hegemônicas de combate ao racismo, o editorial do número 20, intitulado "Projeto político: desafios e perspectivas", retoma alguns dos pontos discutidos pelo artigo de Mota e propõe como desafio para a entidade a demarcação de "um campo de luta capaz de sintetizar o pensamento e as aspirações do povo negro para o Brasil". O editorial ratifica aspectos do artigo de Mota quanto à relação dos partidos políticos com o racismo e a discriminação racial, utilizando, no entanto, uma linguagem menos enfática e mais conformada ao jargão lingüístico marxista. Aponta também a crise do modelos clássicos de base marxistas que "consideram a contradição capital x trabalho como centro da transformação social" e marginalizam os demais aspectos.

O texto insiste na discussão do modo como o pensamento da direita e o da esquerda no Brasil aliam-se no uso das formas de exclusão do negro e, pontuando a situação privilegiada dos brancos na sociedade brasileira, afirma que as lideranças brancas, "inclusive as de esquerda, democratas e progressistas, cumprem um papel importante de convencimento da 'inutilidade' da luta anti-racista" (*Jornal do MNU,* n. 20, p. 3).

O projeto político sugerido parte do pressuposto de que o racismo e a discriminação racial são elementos preponderantes no processo de exclusão do negro das oportunidades educacionais e do mercado de trabalho. Deste modo, a luta contra o racismo e a discriminação devem constituir parte fundamental de qualquer projeto que pretenda viabilizar oportunidades iguais para todos, daí o periódico entender que o significado do projeto político reside em

> [...] propor alternativas globais que se contraponham à lógica racista vigente na sociedade. Não se trata, portanto, de inscrever nossas reivindicações como apêndices de programas que não contemplem uma compreensão sobre a natureza racista das relações sociais no Brasil. (*Jornal do MNU,* n. 20, p. 3.)

A proposta de um projeto político construído do ponto de vista do afro-brasileiro considera a composição plurirracial do País e expressa o desejo de luta pela inauguração de "um período onde os grupos raciais e étnicos possam relacionar-se sem abrir mão de suas diferenças, características e interesses", embora não se detenha em uma discussão teórica maior. O texto detalha as alternativas de caminhos a serem trilhados pelo Movimento Negro na perseguição de um maior espaço de atuação política. Embora os próprios militantes reconheçam que, nos vinte anos de atuação do MNU, ocorreram algumas mudanças no nível da compreensão e da análise da questão racial em alguns estados, é inegável que as condições de acesso e participação ativa dos negros em certas instâncias de poder são ainda muito restritas.

Os afro-descendentes, organizados coletivamente ou não, sempre tiveram alguma participação nas configurações das relações de poder. Afinal, as relações de poder são compostas como intermináveis teias produzidas pelos vários setores da sociedade, num processo de constante movimento que funciona em cadeia: "[o] poder funciona e se exerce em rede. Nas suas malhas os indivíduos não só circulam mas estão sempre em posição de exercer este poder e de sofrer sua ação; nunca são o alvo inerte ou consentido do poder, são sempre centros de transmissão";[16] os grupos hegemônicos não exercem o controle de modo tão pleno.

O periódico sugere a reconfiguração das relações de poder político para atuar e legislar, opinar, intervir nas grandes decisões de interesse geral. Somente através dessa atuação qualificada, os afro-descendentes poderão promover alterações estruturais, proposta que ecoa nas palavras de Foucault: "trata-se de desvincular o poder das formas de hegemonia (sociais, econômicas, culturais) no interior das quais ele funciona".[17] E, no caso em questão, incluo também a hegemonia racial. Na exposição das razões que tornam imprescindível o projeto, os redatores do Jornal criticam as "lideranças, inclusive as de esquerda, democratas e progressistas, [que] cumprem um papel importante de convencimento da "inutilidade da luta anti-racista".

As configurações das relações de poder passam a constituir uma tônica nos textos publicados nos últimos números do *Jornal do MNU*. Ocorreu, de fato, um acentuado deslocamento do foco de resistência cultural para o da ação política e disputa pelo poder. Os membros da entidade veiculam no seu jornal o entendimento de que, sem uma intervenção ativa nas malhas do poder, o grupo étnico não conseguirá ganhos políticos ou sociais significativos. Segundo Lélia Gonzalez, em entrevista publicada no *Jornal do MNU*, n. 19,

> [...] o MNU levou a questão negra para o conjunto da sociedade brasileira, especialmente na área do poder político e nas áreas relativas à questão cultural.[...] O que a gente percebe é que o MNU futucou a comunidade negra no sentido de ela

---

[16] FOUCAULT, 1993. p. 183.
[17] FOUCAULT, 1993. p. 14.

dizer também qual é a dela, podendo até nem concordar com o MNU. (*Jornal do MNU*, n. 15, p. 8-9)

No entanto, se é impossível discordar da entrevistada, também é impossível deixar de perceber que o Movimento Negro Unificado e o Movimento Negro em geral precisam ainda conseguir a adesão de muitos negros e mestiços, afro-brasileiros que, embora excluídos dos direitos de cidadãos, não conseguem perceber as motivações mais freqüentes para a exclusão em nosso país.

O número 21 publica artigo, de página inteira, intitulado "Mestiçagem como Mito", no qual o autor, J. C. Gomes dos Anjos (MNU-RS), formula críticas à utilização dos conceitos de mestiçagem/mestiço para explicar a composição étnico-racial do Brasil. Tomando de empréstimo um aspecto do conceito de mito proposto por Roland Barthes em *Mitologias*,[18] o autor discute a validade do uso da expressão *"uma parte dos brasileiros são mestiços"*, caracterizando-a como frase mítica, uma vez que fixa a mestiçagem como acontecimento natural, apagando-lhe as contingências históricas. Operando com um conceito de mito enquanto discurso que aplaina as diferenças e domestica os pontos de conflito e confronto, Anjos acredita que, mesmo depois de atestada a improcedência das teorias que defendiam a superioridade de uma raça, manteve-se o conceito delas derivado, segundo o qual o mestiço é o "produto de cruzamento de raças humanas", uma definição que, ainda segundo ele, alicerça-se no aspecto biológico, ignorando o aspecto sociocultural da questão.

O tema da mestiçagem tem sido bastante discutido por pensadores, intelectuais e artistas brasileiros desde o século XIX. Destaco duas publicações recentes, primeiramente, um estudo de a *Revista do Brasil*, realizado a partir da análise dos exemplares publicados entre 1916 e 1925, de autoria de Tania Regina de Luca. "Etnia: um desafio para a construção da Nação" é o título de um dos capítulos no qual ela discute a "Arqueologia do preconceito" e o "Estigma da mestiçagem".

---

[18] O autor cita a seguinte definição proposta por Barthes em "O mito hoje", texto escrito em 1956, do qual retira a seguinte definição: "[...] o mito não nega as coisas; sua função é, pelo contrário, falar delas; simplesmente, purifica-as, inocenta-as, fundamenta-as em natureza e em eternidade, dá-lhes uma clareza, não de explicação, mas de constatação [...] " (*Jornal do MNU*, n. 21, p. 10).

Segundo a autora, "foi a partir da Abolição e da Proclamação da República que a construção de laços de pertencimento, capazes de difundir um sentimento de brasilidade, assumiu um caráter de urgência".[19] O estudo de Luca evidencia que os escritores procuram estabelecer critérios e ordenações desse pertencimento que explicitam suas fortes ligações com as teorias evolucionistas e deterministas. Para a historiadora, em síntese, as análises da revista

> que tentavam avaliar os componentes que integravam o estoque étnico da nação normalmente continham uma boa dose de confiança, caucionada menos nos méritos ou atributos individuais de cada um dos elementos do que na certeza de que a superioridade inata do branco acabaria, mais cedo ou mais tarde, por também triunfar nos trópicos.[20]

Ou seja, a *Revista do Brasil*, nos números citados, procurava descobrir e sugerir modos de ultrapassar os limites que as teorias do evolucionismo e do determinismo colocavam aos anseios dos intelectuais de inscreverem um país tropical e miscigenado nos mesmos níveis de progresso das sociedades européias, tidas como modelos de civilização. Com tal empenho, forja-se, no Brasil, um discurso de coesão nacional promissor, crente no embranquecimento e conseqüentemente na possibilidade de o país tornar-se semelhante às nações européias, ainda que o discurso nacional não consiga insurgir-se ou negar as teses científicas do determinismo biológico.

O outro livro, também publicado em 1999, de autoria de Kabengele Munanga, intitula-se *Rediscutindo a mestiçagem no Brasil*. Suas idéias aproximam-se bastante das defendidas, por Gomes dos Anjos, no tocante à compreensão dos riscos que a tese da mestiçagem traz para os "movimentos negros e outras chamadas minorias, que lutam para a construção de uma sociedade plural e de identidades múltiplas".[21]

O texto publicado por Gomes dos Anjos, no *Jornal do Movimento Negro* (Jornal do MNU, n. 21, p.10), fixa-se na discussão do modo como, no Brasil e em Cabo Verde, o conceito de mestiçagem e

---

[19] LUCA, 1999. p. 33.
[20] LUCA, 1999. p. 175.
[21] MUNANGA, 1999. p. 16.

do mestiço são usados como "peças-chaves" para a constituição do discurso de dominação, "sem que as tensões sociais daí derivadas possam emergir em termos de confronto racial". A proposição de uma análise do Brasil como país biológica e culturalmente mestiço, com *predomínio da cultura de origem européia,* tem produzido uma série de textos que apontam para o futuro embranquecimento do país e o conseqüente apagamento das demais culturas que também compõem o quadro identitário nacional. Gomes dos Anjos participa desse debate, ressaltando que os vários discursos institucionais dividem os afro-descendentes no Brasil em duas categorias: pardos e negros, divisão que, segundo o autor, "fabrica pardos ao nível ideológico. No socioeconômico, em que todos são reconhecidos e esmagados enquanto negros", funciona como um elemento enfraquecedor de todo movimento de solidariedade e união dos afro-brasileiros, uma vez que estende, para os categorizados como pardos, a possibilidade de escapar da discriminação e exclusão, desde que se afastem de ligações com suas heranças culturais africanas. Esse fato é responsável por algumas dificuldades encontradas pelo movimento negro para arregimentar adeptos em uma população majoritariamente composta de *pardos,* que acatam a hierarquia racial e sonham com as possibilidades de embranquecimento.

O autor levanta pontos que considero importantes para que se discutam os riscos que traz, à proposição de uma identidade afro-brasileira, o uso do conceito de mestiçagem tal como vem sendo proposto pelas análises das relações raciais no Brasil. Em primeiro lugar, é muito difícil construir-se um discurso identitário para os afro-descendentes em um país que faz da democracia racial um traço delineador da sua singularidade; em segundo lugar, são vários os equívocos interpretativos e estratégicos a que o conceito de mestiçagem tem sido conduzido pelo discurso hegemônico.

A mestiçagem, desde os primórdios do seu uso no Brasil, teve em vista uma perspectiva eurocêntrica que a concebia como o caminho para a fixação de uma ascendência européia e para o apagamento das "maléficas influências" de índios e, principalmente, dos negros à personalidade nacional. Os textos sobre os mestiços nos trabalhos literários e científicos apontam para a proeminência da cultura e tradição ocidentais e a transformação da população do país em majoritariamente branca.

O discurso da mestiçagem apresenta-se ambíguo em sua organização que, por um lado, incorpora e até valoriza aspectos das culturas de origem africana no discurso institucional, mas por outro, tem se especializado em promover, em camuflar e negar as desigualdades e exclusões de base racial.

Se concordo com Gomes dos Anjos quanto aos pontos ressaltados, não posso deixar de discordar do que me parece uma certa crença na possibilidade de pureza cultural, a meu ver descabida na discussão das identidades negras em países da diáspora. O autor afirma que "[n]ão enfatizar os referenciais negros, construir a ambigüidade suicida de uma identidade nacional mestiça, enquanto cresce o xenofobismo europeu, é no mínimo TRAIÇÃO para com mais da metade da população cabo-verdeana que, cotidianamente, é vítima do racismo". (Jornal do MNU, n. 21, p. 10)

É indiscutível a necessidade de que os referenciais de origem africana sejam retomados para a construção de uma identidade negra, no Brasil ou em outro país. Entretanto, não se pode perder de vista que a imagem que se fixou como pertencente à África e aos africanos é resultante de uma produção discursiva híbrida. Primeiramente, a escravidão forçou o convívio de povos africanos de etnias diversas, algumas das quais estavam vivendo conjuntamente pela primeira vez; em segundo lugar, o que o discurso ocidental denomina África compõe um desenho geográfico arbitrário e do interesse exclusivo dos projetos e convenências das ditas nações colonizadoras. Mais ainda, nem as culturas e as tradições africanas, nem as ocidentais podem ignorar as trocas culturais ocorridas durante séculos, as quais apagam qualquer possibilidade de se pensar em "pureza" cultural.

Desse modo, a mestiçagem existe e não se dá apenas no plano biológico, ela é igualmente notada no plano cultural a partir do qual se poderia dizer que, em certo sentido, todos os negros da África e da diáspora são culturalmente híbridos, daí a pertinência da utilização das identidades hifenizadas (afro-brasileiro, afro-americano, *black-british*, entre outras).

Acredito, concordando com autores africanos como Appiah, que "África é também uma existência múltipla", atualmente já marcada pela cultura ocidental, de modo "que não existe mais uma cultura africana autóctone, pura, à espera dos artistas".[22] A identidade africana/identidade negra foram construídas como homogêneas em uma estratégia de dominação, embora na verdade os povos negros não constituíssem um conjunto étnico monolítico e sem arestas.

Discutindo a segregação racial, Anjos afirma que "a constituição de uma fronteira clara (e negra) em termos de identidade racial é uma conquista do povo negro norte-americano, numa conjuntura específica de confronto racial". Não acredito que os movimentos negros afro-americanos estivessem interessados em demarcar deste modo as fronteiras entre negros e brancos; *I am too America* fixou-se como expressão do desejo do negro evidenciar sua participação na construção do país e sua identidade afro-americana.

Ora, uma identidade negra, seja ela em Cabo Verde, Brasil ou Estados Unidos, a pensar como Hall,[23] não pode prescindir de suas ligações com as variadas matrizes de origem africana e as de origem não africana. O que se denomina cultura ou identidade negra é um recurso retórico-político para congregar indivíduos com perfis não homogêneos e, na verdade, constitui a aceitação e a recusa simultâneas da planificação cultural imposta pelo discurso ocidental. Aceitação porque implica incorporar o conceito de que existe um povo negro único habitante do "continente negro", um ato de apagamento das diferenças e diversidades culturais e políticas presentes nos vários grupos étnicos do espaço denominado continente africano pelos discursos imperialistas. Todavia, pode ser visto como recusa, porque propõe também a valorização da África enquanto espaço cultural diversificado em que habitam identidades étnicas diversas na língua, costumes e tradições. A ressignificação da categoria negro conduz, estrategicamente, à aceitação parcial ou crítica da homogeneidade e do essencialismo e diversidade vistos como necessários para a conformação de um discurso identitário que viabilize as reivindicações sociais e políticas.

Em tempos de revisão de conceitos e significados, descentramento de narrativas totalizadoras e de insistente participação das margens no deslocamento de lugares e concepções, torna-se viável

---

[22] APPIAH, 1997. p. 217.

[23] HALL, 1997.

uma proposta de ressignificação da expressão "negro", de modo a despi-la de qualquer intenção purificadora ou de camuflar a exclusão dos afro-brasileiros, propostas que acentuem a troca de influências e negociação entre as culturas.

Por outro lado, não se pode perder de vista que o discurso da democracia racial e a teoria do embranquecimento constituem instrumentos poderosos utilizados pelos discursos instituídos com o intuito de preservar e de fixar posições hegemônicas e subalternas na estruturação dos papéis de cada grupo étnico que compõe a população do país.

A diversidade de temas relacionados à cultura, tradição, identidade e participação dos afro-descendentes na vida política, discutidos e apontados pelo *Jornal do Movimento Negro,* pode ser vista como indicativo de um movimento interno e externo do questionamento das questões étnicas na contemporaneidade. Denominamos movimento interno às discussões empreendidas em torno da especificidade das relações étnico-raciais no Brasil, aos estudos e às análises efetivados tanto pelo universo acadêmico como pela militância. Por outro lado, numa relação de mão dupla, as discussões travadas no Brasil participam dos debates que alguns setores de países da diáspora africana têm promovido também, com o intuito de combater e diminuir os efeitos do racismo e da discriminação racial na manutenção das desigualdades sociais.

Além do esforço de conscientizar os leitores da necessidade de reconfigurar a auto-imagem e redefinir o papel do negro na história de construção do Brasil, o periódico também aborda aspectos socioeconômicos da vida cotidiana dos afro-descendentes na sociedade brasileira. Procede à denúncia de atos de racismo e discriminação racial, incentivando e acompanhando as medidas jurídicas adotadas pelas vítimas, encampa as reivindicações pela reforma agrária, faz-se porta-voz das aspirações da mulher negra contra os preconceitos e discriminações de que é vítima, denunciando ainda a exclusão de homens e mulheres afro-descendentes do mercado de trabalho e dos benefícios e direitos sociais do cidadão, como educação, saúde etc.

A denúncia e o combate à violência têm sido temas privilegiados pelo *Jornal do Movimento Negro Unificado.* O próprio Movimento Negro Unificado tem sua criação ligada ao ato de protesto contra a morte de um jovem operário negro, torturado em uma delegacia de S. Paulo. O *Jornal do MNU* dedica-se, em vários números, à denúncia e à investigação de casos de violência policial contra negros e mestiços em várias das grandes cidades, como Salvador, São Paulo, Belo Horizonte, Goiânia, entre outras. São relatados episódios, realizados atos públicos de protesto e são feitos apelos a outras entidades civis para protestarem contra essa violência. O periódico insiste na necessidade de *o povo negro* reagir à marginalização e à violência policial. Diferentemente de outros jornais anteriores à década de setenta, o *Jornal do MNU* não propõe a acomodação ou luta silenciosa dos negros e mestiços. Pelo contrário, imbuídos da necessidade de expor e contestar as fragilidades e inconsistências da perversa versão brasileira de democracia racial, os militantes, além de denunciarem o racismo, sugerem que o grupo étnico se organize politicamente para combater a exclusão e a violência. O editorial do número 18 conclama:

> O POVO NEGRO precisa reagir à violência racial *coletivamente em todas as frentes onde sua sobrevivência* estiver comprometida: reagir contra o desemprego e a recessão do governo Collor; a ação violenta da polícia e dos esquadrões da morte, as políticas municipais de abandono e descaso para com os bairros negros; os assassinatos de crianças e adolescentes; as políticas estaduais e federais de desmantelamento do ensino e saúde pública; a manipulação e folclorização das culturas negras.
> SOMENTE ASSIM NÃO SEREMOS UM POVO EM EXTINÇÃO.
> (*Jornal do MNU*, n. 18, p. 3.)

A tentativa de, insistentemente, introduzir na agenda de discussão as formas e os casos de discriminação racial e de contestar com veemência a democracia racial têm incentivado outros setores da sociedade a analisar as especificidades do "racismo à brasileira" e tem motivado alterações no modo como a mídia e outros setores da sociedade representam os negros nos seus discursos.

Pesquisas desenvolvidas por vários estudiosos[24] indicam que os afro-brasileiros encontram-se majoritariamente em situação de

---

[24] SILVA & HASENBALG, 1992; CASTRO & SÁ (Orgs.), 1998; SCHWARCZ & QUEIROZ (Orgs.), 1998.

desemprego constante, o que os deixa em maior vulnerabilidade quanto à ação dos policiais que, em suas abordagens, exigem carteira profissional assinada como prova de insuspeição – uma espécie de reinstalação da prática dos fins do século XIX, quando os negros eram obrigados a comprovar residência e trabalho fixo, sob pena de serem enquadrados na Lei de Vadiagem.

Os citados estudos têm chegado a conclusões similares às do movimento negro quanto à desvantagem dos negros e mestiços não apenas no mercado de trabalho mas também nos episódios envolvendo a polícia e a justiça. Em texto intitulado "Violência e racismo: discriminação no acesso à justiça penal", Sérgio Adorno apresenta dados da pesquisa que coordena no Núcleo de Estudos da Violência em São Paulo[25] os quais, juntamente com os dados recolhidos por outras pesquisas do Núcleo de Estudos da Violência da USP, confirmam a suspeita de serem os afro-brasileiros as vítimas da maior parte de homicídios registrados nas periferias das grandes cidades do país.

Por outro lado, no tocante às dificuldades no mercado de trabalho, as pesquisas no campo da Sociologia demonstram a contínua exclusão dos negros e mestiços. Se hoje são raros os anúncios de emprego com a expressão *somente para brancos* ou o seu eufemismo, *exige-se boa aparência,* o próprio mercado de trabalho incumbiu-se de "naturalmente" dificultar o acesso dos negros às posições de melhor remuneração, como ilustram as pesquisas sobre o negro e o mercado de trabalho realizadas em cidades como Salvador e São Paulo.

A divulgação e a preservação das práticas religiosas afro-brasileiras comporão também o projeto de constituição da identidade negra contra-hegemônica proposto pelo *Jornal do MNU* o qual, com certa freqüência, ressalta o significado e a importância das religiões afro-brasileiras na concretização desse projeto. Como já referi, a prática

---

[25] Segundo o pesquisador, "[q]uanto ao andamento do processo penal, os resultados alcançados, até este momento indicam que: a) réus negros tendem a ser mais perseguidos pela vigilância policial; b) réus negros experimentam maiores obstáculos de acesso à justiça criminal e maiores dificuldades de usufruírem do direito de ampla defesa, assegurado pelas normas constitucionais vigentes; c) em decorrência, réus negros tendem a merecer um tratamento penal mais rigoroso, representado pela maior probabilidade de serem punidos comparativamente aos réus brancos." (In: SCHAWRCZ & QUEIROZ, 1998. p. 273).

Coleção Cultura Negra e Identidades

religiosa de macumba, umbanda ou vodu, ou mesmo a simples adoção de rituais derivados das práticas religiosas funcionaram, por mais de dois séculos, como mecanismo de coesão de escravos, libertos, ex-escravos e afro-descendentes em geral. Mesmo perseguido, o grupo étnico via nas religiões de origem africana a possibilidade de disputar um espaço social de reconhecimento e respeito, inexistentes para o grupo fora desse contexto. A imposição da religião católica aos escravos não impediu que os africanos e afro-descendentes utilizassem, de modo competente, variados mecanismos de negociação que viabilizassem a prática de seus cultos. Através da religião, eles conseguiram preservar não somente os rituais e histórias sagradas mas ainda a língua, a organização dos espaços, os cantos, as danças e tudo o que a memória decidiu e conseguiu reter.

É evidente que a memória dos escravos africanos que vieram para o Brasil não conseguiu reter todos os dados culturais de suas etnias. O que foi preservado e adequou-se à nova realidade sociocultural foi diretamente determinado pelas relações de poder e negociações estabelecidas entre os indivíduos e os grupos e pelas condições e recursos da terra onde os escravos deveriam fixar-se. Resultou, pois, do processo de reinvenção da identidade étnica dentro das possibilidades de ressignificação encontradas.

Desse modo, as religiões de origem africana que encontramos no Brasil são recriações efetivadas no diálogo entre as religiões dos vários grupos étnicos e as religiões indígenas e, ainda, o catolicismo, que foi imposto ao grupo como religião obrigatória. As recriações consistem na produção de mecanismos de negociação com vistas a preservar a memória histórica.

Alguns escravos ou libertos viam na prática da religião católica um meio de angariar simpatias e vantagens pessoais, chegando mesmo a introjetarem a depreciação e o preconceito contra as religiões africanas. Até mesmo o Movimento Negro no Brasil, nos seus momentos iniciais, voltado para a integração do negro na sociedade brasileira, desaconselhava as práticas religiosas por serem proibidas e por considerá-las empecilho para a pretendida ascensão social.

Por outro lado, as camadas de afro-descendentes menos favorecidas econômica e socialmente, com apoio de simpatizantes, continuavam a prática religiosa, não obstante as críticas e a perseguição da polícia.

Em texto de 1950, Edison Carneiro aponta a inconstitucionalidade da perseguição sistemática às "religiões mais populares, mais do agrado da massa – o espiritismo e a macumba – [que] são vítimas quase cotidianas da influência *moralizadora*"[26] dos órgãos da imprensa e da polícia, e apela para a união dos adeptos das religiões perseguidas, *por além das divergências e das diferenças de concepção de mundo* na luta pela liberdade de culto.[27] Apesar de o governo de Getúlio Vargas ter proibido a repressão policial, ela só deixará de ocorrer efetivamente a partir de Decreto assinado em 1976.

O Jornal do *MNU* contesta o comportamento intolerante e autoritário das religiões mais prestigiadas, que usam sua influência junto às instâncias do poder para, ainda nos tempos atuais, tentar impedir ou desqualificar os cultos e rituais de origem africana. O texto salienta que a prática religiosa tem um significado importante para o desenho identitário do afro-brasileiro, mas, ao defender-se da intransigência das religiões cristãs, acaba por incorrer em críticas que também evidenciam preconceito e intolerância.

Em lugar de desconstruir o discurso autoritário dos representantes das religiões cristãs, o texto apenas transfere a religião afro-brasileira do lugar de objeto da crítica para o lugar de sujeito. Invertendo as posições, mantém o mesmo tom acusatório intolerante e não efetiva a desconstrução; proposta radical, pois, "apenas desloca o centro por inversão, quando a proposição radical é a de anulação do centro como lugar fixo e imóvel".[28] As religiões e as práticas simbólicas de qualquer grupo têm, por lei, espaço assegurado no contexto cultural do país. E o reconhecimento do direito de expressá-las e praticá-las constitui modo de explicitar o respeito e a possibilidade de conviver com o Outro e com a diferença.

O número 17 volta ao tema com a matéria intitulada "Guerra Santa", na qual Lindinalva Rosa protesta contra uma passeata realizada por seguidores de uma religião evangélica, os quais desqualificam as religiões de origem africana, acusando-as de praticarem o

---

[26] CARNEIRO, 1964. p. 185-186.

[27] *Ibidem.*

[28] SANTIAGO, 1976. p. 17.

sacrifício-ritual de crianças. A autora denuncia a dificuldade da religião protestante em conviver com a diferença e sugere: "os descendentes da Diáspora Africana devem unir-se para fazer valer os seus direitos de professar decentemente sua religião"(*Jornal do MNU*, n. 17, p. 2). O convívio pacífico de religiões diversas parece ser bastante difícil, haja vista que a maioria das religiões considera-se o centro da verdade absoluta, desconhecendo sempre o direito de expressão e de práticas rituais das demais. A outra religião é quase sempre tratada como pagã e herética, e seus seguidores vistos como passíveis de punição. Uma rápida leitura da história ocidental pode facilmente ilustrar a situação. Torna-se quase impossível, para o arcabouço do pensamento ocidental e metafísico, abandonar a idéia de fundamento único e conceber a existência de vários outros, diferentes e mutáveis centros, como propõem os estudos contemporâneos. Não posso deixar de registrar que, no final do segundo milênio, já se percebe um movimento de setores das várias religiões africanas e cristãs em direção a uma convivência fundamentada no respeito mútuo e na compreensão de que cada religião pode ser considerada um entendimento diferente do modo como o ser humano busca estabelecer ligações com seus deuses e com o sobrenatural.

Marco Aurélio Luz assina o artigo "A importância da religião negra no processo de descolonização" (*Nêgo*, n. 9, p. 8), no qual ressalta a importância da religião negra como forma de resistência ao processo de dominação. Procede a uma síntese histórica das lutas da rainha Nzinga, soberana de Ndongo (Angola), para manter a paz do seu reino. O texto mostra como a rainha, constatando sua desvantagem bélica, recorre a acordos com outros reinos, e até com a Igreja Católica, como recurso estratégico de sobrevivência ao autoritarismo colonial.

Para ele, a "estratégia" ensinada pela rainha Nzinga foi utilizada pelos negros no Brasil com a finalidade de promover a reorganização de suas tradições religiosas e culturais. Uma estratégia que "garantiu a continuidade do seu [negro] processo civilizatório, baseado nos valores da religião, que se constituiu numa verdadeira teologia da libertação" (*Nêgo,* n. 9, p. 8*).* O texto aponta a "fusão" com rituais e práticas de outras religiões como alternativa de sobrevivência ensinada pela rainha. Negociar com outros rituais termina sendo uma alternativa para "rememorar continuamente os valores de ancestralidade e realeza africana" (*Id., loc.,cit.*).

A prática religiosa, por diversas vezes, foi utilizada como exercício de poder tanto nas relações entre os negros, como entre negros e brancos. A tradição popular tem registrado vários momentos em que os saberes ligados às plantas medicinais e práticas mágicas foram utilizados por alguns escravos de maneira contrária ou favorável aos senhores. A estudiosa Mary Karasch, discorrendo sobre a vida escrava no Rio de Janeiro, atesta este aspecto das relações interraciais durante a abolição e afirma que os portadores de saberes mágicos:

> [...] eram vistos, tanto pelos escravos quanto pelos senhores que deles compartilhavam as crenças, como poderosos líderes religiosos, hábeis para manipular o sobrenatural exorcizando o mal, incluindo senhores cruéis e brutais, elaborar feitiços para tornar os escravos invulneráveis, fazer predições, e acima de tudo curar doenças, detectando e expulsando feiticeiros e feitiçarias.[29]

Devido a esses poderes, alguns escravos receberam privilégios ou punições, a depender do crédito ou descrédito dos senhores. Por outro lado, a convivência entre as religiões africanas e cristãs motivou uma atitude ambígua dos senhores quanto à eficácia das práticas religiosas africanas e, ainda, que as religiões africanas absorvessem aspectos da religião cristã como forma de negociar a sobrevivência. Essas "negociações" resultaram em incorporações de aspectos da religião cristã à religião de origem africana que, no Brasil, receberam o nome de sincretismos.

Leio o sincretismo religioso no Brasil não como uma livre troca de influências, mas como recurso deliberadamente utilizado para garantir a resistência cultural e a preservação das crenças religiosas africanas contra o autoritarismo dos discursos dos senhores. Entendendo o Candomblé como forma de resistência. Stella Azevedo (Stella de Oxossi), ialorixá do Terreiro Axé Opô Afonjá, e Cleo Martins assinam o artigo "Para que o candomblé sobreviva", em que criticam a folclorização e a utilização indevida de elementos das práticas e dos rituais religiosos pela indústria cultural e até por iniciados. Preocupadas com a preservação do sagrado e das tradições, as autoras conclamam os

---

[29] *Apud* Machado, 1994. p. 98.

fiéis do Candomblé a repelirem a "profanação religiosa" e justificam o apelo: "a religião, como tudo, passa por um processo dinâmico, mas não pode e não deve perder sua pureza e sua identidade" (*Jornal do MNU*, n. 17, p. 4). Para as autoras, a "pureza" e a "identidade" do Candomblé residiriam na preservação das exigências específicas das práticas rituais que não devem nem podem ser modificadas de acordo com as conveniências ou prestígios socioeconômicos dos participantes. Elas condenam a incorporação simbólica de tradições afro-brasileiras pelo discurso nacional, que destitui o culto dos orixás, as danças e cantos rituais de seus significados sagrados. Pregam uma espécie de "limpeza" religiosa que se desvencilhe das marcas do sincretismo hoje, segundo as mesmas, desnecessárias. Posteriormente, em entrevista publicada na revista *Neon*, Stella de Oxossi, mãe Stella, volta ao tema da preservação da "pureza" do Candomblé de origem nagô e manifesta-se contrária ao sincretismo, afirmando que o sincretismo não tem mais valor na atualidade. Uma vez que você tenha consciência do que você pratica, consciência da

> [...] força de cada orixá, logo, da força das obrigações que você faz, você vê que para que sua religião tenha valor não é necessário que se misture com outra e outra que lhe repele. Isso é resquício da escravidão. Antigamente, quando a repressão policial era intensa, a maioria dos candomblés tinha missa de São Jorge, etc e tal.[30]

Representando o pensamento de outras ialorixás (sacerdotisas da religião dos Orixás) que divulgaram uma carta aberta contra o sincretismo na Conferência Mundial da Tradição dos Orixás, mãe Stella não deixa, porém, de perceber a necessidade de o Candomblé atualizar algumas de suas práticas a fim de preservar sua tradição. Prova dessa preocupação é o livro de sua autoria, *Meu Tempo é agora*, publicado em 1992, definido pela autora como *um manual de orientação para a turma aqui do Axé;* e ainda a *Home page* do terreiro Axé Opô Afonjá, que ela dirige. Ainda segundo ela, o livro e a *home page* configuram-se como "uma forma de mostrar ao mundo o que é o candomblé [...]. Isso também possibilita diálogo com pessoas de várias partes do mundo".[31]

---

[30] NEON. Salvador, abr. 1999, ano 1, n. 4, p. 6.

[31] NEON, 1999. p. 6.

Os estudiosos e os praticantes das religiões afro-brasileiras vêem-se colocados entre duas diferentes situações: de um lado, a apropriação de cantos e danças religiosas pelo universo do não-sagrado, procedendo ao que alguns chamam de folclorização da tradição cultural e religiosa; de outro, a impossibilidade de negar os vínculos já existentes e indestrutíveis, creio eu, entre a tradição religiosa afro-brasileira e as religiões dos outros povos que constituem a população do país; por outro lado, ainda, a convivência com a necessária atualização dos rituais, que ocorre em todo discurso e prática míticos, como forma de garantir a vitalidade do universo sagrado. As diferenças existentes entre os rituais religiosos praticados no Brasil e aqueles das religiões praticadas na África constituem sintomas desta atualização dos mitos e rituais.

O texto de Maria de Lourdes Siqueira, publicado no número 16, intitulado "Ser negro no candomblé", propõe-se a repensar os caminhos da construção da identidade negra no Brasil, estuda a religião negro-africana e explica alguns aspectos da religião do candomblé, definida por ela como "uma expressão religiosa de origem africana trazida pelos escravos, criada no Brasil em tempos de resistência à escravidão e à colonização" (*Jornal do MNU*, n. 16, p. 8). Siqueira reporta-se às modificações sofridas pelas religiões africanas como responsáveis pelas diferenças básicas existentes entre o Candomblé de origem iorubá praticado no Brasil e na África. Seu texto reporta-se às modificações, "de natureza histórica", impostas às tradições religiosas e considerando que as mudanças não afetaram os vínculos com a África, conclui que "há uma continuidade histórico-cultural africana no Brasil, apesar de quatro séculos de história separando esses dois continentes aparentemente distantes" (*Idem*).

Como quase todos os escritores negros que militaram nos partidos de esquerda, Siqueira evidencia, em texto publicado em 1989, seu vínculo com o pensamento marxista tradicional, uma vez que destaca a questão da classe como *a questão maior,* mesmo na discussão de como ser negro no Candomblé.

Por meio dos textos publicados regularmente durante aproximadamente quinze anos, o *Jornal do MNU* testemunhou e registrou as configurações diversas assumidas pelo discurso do MNU na sua busca da afirmação e encaminhamento de propostas alternativas para a inserção do afro-brasileiro na vida cultural e política do país.

As atividades, preocupações, dificuldades e angústias, vivenciadas pelos militantes e pelo movimento, transparecem nos textos que discutem os lugares sociais destinados ao afro-descendente e à sua cultura na sociedade brasileira.

Militantes de partidos de esquerda, os escritores dispõem-se a produzir um pensamento crítico a respeito das configurações do poder e da configuração das relações raciais nesses partidos. É sabido que, durante muito tempo, os partidos de esquerda de orientação marxista acreditaram que a luta de classe contemplaria todos os anseios e desigualdades sociais. Desse modo, questões relacionadas diretamente às mulheres e aos afro-descendentes foram colocadas à margem da discussão de classe. Os textos publicados no *Jornal do MNU*, a partir de sua fase nacional, explicitam a compreensão dos afro-brasileiros militantes dos partidos e do MNU de que reduzir a análise social a fatores econômicos representava prejuízo para os afro-brasileiros, vivendo em uma sociedade em que o grupo étnico estava sempre em posição de desvantagem.

O *Jornal do MNU* constitui marco textual importante de um processo que se concentra, inicialmente, na afirmação da diferença, no incentivo à construção de auto-imagem positiva dos afro-descendentes e na valorização da cultura de origem africana, mas que se empenha, posteriormente, de modo incessante em escavar espaços para suas vozes e atuação na vida política nacional. De maneira mais evidente a partir do número 12, os textos fixam-se em uma discussão eminentemente política que tem por meta compreender e explicar o modo como os partidos de esquerda, nomeadamente o Partido dos Trabalhadores, interpretam as relações de poder entre os "brancos" e afro-descendentes na sociedade brasileira e nos próprios partidos. Esses textos tanto expressam o desejo de os militantes interpretarem o discurso da unidade e harmonia das relações étnico-raciais no país e também evidenciam a intenção de criar um modo de análise engendrado a partir da experiência e fora do discurso hegemônico.

O empenho deliberado das várias entidades do movimento negro em "ativar a consciência racial dos afro-brasileiros"[32], embora não tenha produzido ainda significados proporcionais ao esforço dos militantes, nem ao número de afro-brasileiros no país, viabilizaram, entre outras mudanças, a eleição de vereadores e deputados interessados na discussão e proposição de alternativas para minimizar os efeitos da discriminação e da exclusão racial dos afro-brasileiros, propiciando também a inserção do tema nas agendas de alguns partidos e de políticos de esquerda.

Os escritores do *Jornal do MNU* propõem uma análise da questão racial para além das perspectivas institucionalizadas, escrevendo a partir do ponto de vista de afro-brasileiros que são, elaboram um projeto político de inserção dos afro-descendentes no universo de cidadãos brasileiros e forjam um pensamento modelado e organizado em torno das discussões e problemas concretos enfrentados, tais como a exclusão, a violência, a discriminação, a fixação de uma imagem inferiorizada e a recusa de uma discussão das relações raciais no país, problemas encontrados tanto no cotidiano quanto no interior dos partidos e de suas tendências. Parece existir por parte do escritores e editores do *Jornal do MNU* um interesse na formação político-ideológica do leitor, um embasamento para discussão e debates. No entanto, acredito que, devido à extensão e complexidade de alguns textos, talvez os objetivos de alcançar um público maior dentro do movimento negro não tenham sido alcançados.

---

[32] Utilizo aqui consciência racial no sentido de união e solidariedade motivadas pelas dificuldades e discriminações sofridas por um ou mais grupos étnicos no interior de uma sociedade; o grupo alia-se na tentativa de desestabilizar o discurso hegemônico e produzir um contradiscurso de reação à dominação. A consciência racial resultaria, pois, da necessidade de intervenção do grupo na economia assimétrica das relações de poder.

Deslocando o silêncio

Este livro analisa os modos mediante os quais os *Cadernos Negros* e o *Jornal do MNU* discutem as representações dos papéis e funções atribuídos e exercidos pelos afro-brasileiros na história e no cotidiano das redes de relações simbólicas e políticas do Brasil. Por meio da construção de um discurso identitário fincado em heranças das tradições de origem ocidental e africana, os textos apresentam-se como vozes afro-brasileiras de proposição de mudanças na estrutura social na textualidade

Afro-descendência em Cadernos Negros e *Jornal do MNU* participa de uma aspiração de suplementar o arquivo nacional brasileiro, com a inserção de informações, imagens e histórias recolhidas por aqueles que acreditaram/acreditam que o discurso ocidental hegemônico é apenas *uma* versão institucionalizada, que precisa ser suplementada pela dissonância das vozes dos grupos minoritários. Com a inserção de fichas e arquivos recalcados, abrem-se à textualidade, no Brasil, distintos caminhos de entrada para a pesquisa e leitura de uma memória, étnica e culturalmente multifacetada, composta de identidades passíveis de serem, sempre, renegociadas.

Desde as últimas décadas do século XX, as reconfigurações de nação, de língua, sentidos e identidade têm sido uma das tônicas dos debates produzidos pelos meios intelectuais e políticos. A partir daí, as chamadas minorias reforçam os investimentos na produção de discursos e estratégias que alterem e modifiquem a sua posição. Tal intensificação impele os discursos hegemônicos a redesenhar mapas e recompor fronteiras devido à insurgência das margens, seus comportamentos e falas. Dentre as chamadas margens, os afro-brasileiros constituem um segmento numericamente significativo, embora de pouquíssima força nas relações dos macropoderes. Essa parca interferência, enquanto grupo étnico, nas esferas decisórias de poder, tem suscitado a manutenção e a sedimentação da "naturalidade" com que são analisadas, ainda hoje, as desigualdades étnico-raciais no Brasil.

Os *Cadernos Negros* e o *Jornal do MNU* sobressaem-se no conjunto de uma produção textual afro-brasileira explicitamente interessada no estabelecimento de uma rede de comunicabilidade, a qual tem em mira objetivos que extrapolam os limites de "correção" do sistema representacional, pois as suas pretensões são mais amplas que a invenção/produção de contra-imagens. Seus autores desejam produzir políticas de diferença que viabilizem a obtenção de um espaço discursivo e político que lhes habilite a angariar adeptos e interferir ativamente nos vários contextos simbólicos, políticos e sociais. Para tanto, enfatizam nos seus discursos a necessidade de serem engendradas identidades direcionadas sobretudo para o estabelecimento de metas e planos de organização e atuação do grupo, para concretizar seus objetivos emancipatórios de acesso à cidadania e de intervenção na esfera político-social. Assim, elaboram um projeto constantemente renegociado, tendo os seus objetivos reconsiderados à proporção que os discursos e a conjuntura social vão procedendo ajustes e realinhamentos.

Ressaltei como propostas mais relevantes do projeto dos *Cadernos Negros* e do *Jornal do MNU* (re)construir uma memória para o afro-brasileiro, discutir teorias explicativas da composição étnico-cultural do país, compor uma linhagem textual que favoreça a produção de um imaginário afro-brasileiro, vinculado às tradições de origem africana, propiciar a criação de imagens identitárias híbridas, conscientes de transitarem entre culturas diversas, e favorecer a composição de uma agenda de reivindicações político-culturais. Esses objetivos prioritários modelam um discurso identitário afro-brasileiro concebido como construção histórica e político-cultural gerada nos embates ocorridos na diáspora, entre a cultura ocidental e as culturas africanas e, mais, nos intercâmbios mantidos com outras culturas de origem africana. Nascida da fricção de culturas, essa produção textual, áspera e contestatória, problematiza o discurso de pacificidade da democracia racial no Brasil.

Não há dúvida de que os periódicos, juntamente com outras ações encenadas pelo movimento negro, compuseram um discurso identitário-emancipatório e muito contribuíram para a inserção da questão étnica em setores da mídia e na agenda das discussões sobre políticas culturais no Brasil. Todavia, o caminho para que esses textos sejam apreciados e consigam contribuir para a promoção das aludidas alterações no campo político e social, ainda, se revela árduo e intrincado. Se, hoje, os discursos institucionalizados e os discursos públicos dos não-afro-brasileiros procuram evidenciar um certo respeito pelo grupo étnico, nos campos do mercado de trabalho e das conquistas político-sociais, aos afro-brasileiros continuam a ser disponibilizados os espaços mais desprestigiados. Por outro lado, apesar de o discurso de afro-brasilidade encontrar acolhida em certos setores da população negra e mestiça, ele não consegue, ainda, mobilizar esses setores a ponto de viabilizar a composição de uma representatividade política hábil e competente para encaminhar e defender as reivindicações do grupo.

A publicação continuada de poemas e contos nos *Cadernos Negros* demonstra a eficácia do incentivo à produção literária de escritores como Cuti, Conceição Evaristo, Sônia Fátima Conceição, Jônatas Conceição, Márcio Barbosa, Esmeralda Ribeiro, entre outros. Os textos dos periódicos que analisei, juntamente com as vozes atuantes de outros jornais, como *Maioria Falante, Unegro, A Voz da Raça,* constituem rico material disponível ao olhar do leitor atencioso ou do estudioso interessado em investigar as modalidades de construção de discursos identitários no Brasil. Um debate significativamente proveitoso para o entendimento das configurações e tecidos, contornos e perfis sob os quais podem ser lidas as identidades no universo, não tão amistoso ou igualitário, de encontros de diferenças culturais que é este país.

REFERÊNCIAS

ABIOLA, Irele. *The African Experience in Literature and Ideology*. Bloomington/Indianapolis: Indiana University Press,1990. cap. 4: Negritude and Nationalism. p 67-87.

A CONSTRUÇÃO da cidadania. Brasília: Departamento de Sociologia da Universidade de Brasília, 1986.

AFFERGAN, Francis. *Exotisme et altérité*: essai sur les fondements d'une critique de l'anthropologie. Paris: PUF, 1987.

A IMPRENSA negra. *Leitura*, São Paulo, v. 4, n. 42, p. 26-27, nov. 1985.

ANDREWS, George Reid. *Negros e brancos em São Paulo* (1888-1988). Trad. de Magda Lopes. Bauru: EDUSC, 1998.

ANTHIAS, Floya; YUVAL-DAVIS, Nira. *Racialized Boundaries*: race, nation, Gender, Colour and Class and the Anti-Racist Struggle. London and New York: Routledge, 1993. cap.1: The concept of "race"and the racialization of social divisions, p. 1-20.

APPADURAI, Arjun. Disjuncture and difference in the global cultural economy. In: WILLIAMS, Patrick; CHRISMAN, Laura (Eds.). *Colonial* In: *Discourse and Post-Colonial Theory*: A Reader. New York: Harvester Wheatsheaf, 1993. p. 324-339.

APPIAH, Kwame Anthony. *Na casa de meu pai*: a África na filosofia da cultura. Trad. de Vera Ribeiro. Rio de Janeiro: Contraponto, 1997.

AZEVEDO, Célia Maria Marinho de. *Onda negra medo branco*: o negro no imaginário das elites-século XIX. Rio de Janeiro: Paz e Terra, 1987.

AZEVEDO, Thales de. *As elites de cor numa cidade brasileira*: um estudo de ascensão social & classes sociais e grupos de prestígio. Salvador: Empresa Gráfica da Bahia/EDUFBA, 1996.

AZOULAI, Katya Gibel. Experience, empathy and strategic essentialism. *Cultural Studies*, v. 1, n. 11, p. 89-100, 1997.

BACELAR, Jeferson; CAROSO, Carlos (Orgs.). *Brasil*: *um país de negros*? Rio de Janeiro: Pallas; Salvador: CEAO, 1999.

BAKER, Jr. Houston A. *Blues, Ideology and Afro-American Literature*: A Vernaculartheory. Chicago: The University of Chicago Press, 1984. introdução. p.1-14.

BAKER, Jr. Houston. *et al*. (Eds.) *Black British cultural studies*; a reader. Chicago/London: The University of Chicago, 1996.

BASTIDE, Roger. *Estudos afro-brasileiros*. São Paulo: Perspectiva, 1972.

BASTIDE, Roger. Quatro estudos sobre Cruz e Sousa. In: COUTINHO, Afrânio (Org.). *Cruz e Sousa*. Rio de Janeiro: Civilização Brasileira; Brasília: INL, 1979. p.157-189. (Col. Fortuna crítica, 4).

BENJAMIN, Walter. *Obras escolhidas*: magia e técnica, arte e política; ensaios sobre literatura e história da cultura. 7. ed. Trad. de Sérgio Paulo Rouanet. São Paulo: Brasiliense, 1994.

BENJAMIN, Walter. *Textos escolhidos*; Walter Benjamin *et al*. Trad. de José Lino Grünnewald *et al*. São Paulo: Abril Cultural, 1983. cap. O narrador, p. 57-74.

BERND, Zilá. *Negritude e literatura na América Latina*. Porto Alegre: Mercado Aberto,1987.

BHABHA, Homi. *O local da cultura*.Trad. de Myriam Ávila *et al*. Belo Horizonte: Ed. UFMG, 1998.

BHABHA, Homi. *The location of culture*. London & New York: Routledge, 1995.

BOSI, Alfredo. *A dialética da colonização*. São Paulo: Companhia das Letras, 1992. cap. Colonização, culto e cultura. p. 11-63.

BÍBLIA Sagrada. Trad. de João Ferreira de Almeida. Rio de Janeiro: Imprensa Bíblica Brasileira, 1976.

BROOKSHAW, David. *Raça e cor na literatura brasileira*. Trad. de Marta Kirst. Porto Alegre: Mercado Aberto, 1983.

CADERNOS NEGROS. São Paulo: Ed. dos Autores/Quilombhoje/Anita Garibaldi, 1978-1996.

CÂMARA Jr., Joaquim Mattoso. *Estrutura da língua portuguesa*. Petrópolis: Vozes, 1984. cap. A significação geral das noções gramaticais do verbo. p. 97-103.

CAMARGO, Oswaldo de. *O negro escrito*. São Paulo: Imprensa Oficial, 1987.

CAMARGO, Oswaldo de (Org.): *A razão da chama*, antologia de poetas negros brasileiros. São Paulo: GRD, 1986.

CANCLINI, Néstor Garcia. *Consumidores e cidadãos*. Rio de Janeiro: Editora UFRJ, 1996.

CAROS AMIGOS. São Paulo: Casa Amarela, n. 3 (especial), set. 1998.

CAROS AMIGOS. Entrevista explosiva: Mestre Milton. São Paulo [s.d.], ago. 1998, p. 22-27.

CARNEIRO, Edison. *Ladinos e crioulos*: estudos sobre o negro no Brasil. Rio de Janeiro: Civilização Brasileira, 1964.

CARNEIRO, Edison. *O quilombo dos Palmares*. Rio de Janeiro: Civilização Brasileira, 1966.

CARVALHO, José Murilo de. *Pontos e bordados*: escritos de história e política. Belo Horizonte: Ed. UFMG, 1998.

CASTORIADIS, Cornelius. *A instituição imaginária da sociedade*. Trad. de Guy Reynaud. Rio de Janeiro: Paz e Terra, 1982.

CASTRO, Nadya Araujo. Trabalho e desigualdades raciais: hipóteses desafiantes e realidades por interpretar. In: CASTRO, Nadya Araújo; BARRETO, Vanda Sá (Orgs.). *Trabalho e desigualdades raciais*: negros e brancos no mercado de trabalho em Salvador. São Paulo: Annablume,1998, p. 22-40.

CASTRO, Yeda Pessoa de. *A presença cultural negro-africana no Brasil*: mito e realidade. Salvador: CEAO, 1991.

CASTRO Yeda Pessoa de. Colaboração, antropologia e lingüística nos estudos afro-brasileiros. In: MARTINS, Cleo; LODY, Raul (Orgs.). *Faraimará, o caçador traz alegria*: Mãe Stella, 60 anos de iniciação. Rio de Janeiro: Pallas, 1999. p. 81-97.

CÉSAIRE, Aimé. *Cahier d'un retour au pays natal*. Dakar: Présence Africaine, 1983.

CLIFFORD, James. *Routes*: Travel and Translation in the Late Twentieth Century. Cambridge/London: Harvard University Press, 1997.

COLOMBO, Fausto. *Os arquivos imperfeitos*: memória social e cultura eletrônica. Trad. de Beatriz Borges. São Paulo: Perspectiva, 1991.

CONDÉ, Maryse. Négritude Césairienne, Négritude Senghorienne. In: *Revue de literature comparée*, Paris, 1974.

CRIAÇÃO crioula, nu elefante branco. São Paulo: [s.n.], 1987.

CUNHA, Eneida Leal; BACELAR, Jeferson. ARCANJO Lizir. Bahia: colonização e culturas. In: VALDÉS, M. *et al.* (Orgs.). *Historia comparada de las formaciones culturales*. (no prelo)

CUNHA, Eneida Leal. Jubiabá: leitura em duas vertentes, 1998.

DELEUZE, Giles. *Lógica do sentido*. Trad. de Luiz Roberto Salinas Fortes. São Paulo: Perspectiva, 1974. cap. Platão e o simulacro, p. 259-272.

DEPESTRE, René. *Bonjour et adieu à la négritude*. Paris: Seghers, 1980.

DERRIDA, Jacques. *A escritura e a diferença*.Trad. de Maria Beatriz M. N. da Silva. São Paulo: Perspectiva, 1971.

DERRIDA. Jacques. *Gramatologia*.Trad. de Miriam Schnaiderman e Renato Janine Ribeiro. São Paulo: EDUSP, 1973. cap. Do suplemento à fonte: a teoria da escritura. p. 327-386.

DU BOIS, W. E. B. *The souls of black folk*. New York: Dover, 1994.

ECO, Umberto. *Seis passeios pelos bosques da ficção*. Trad. de Hildegard Feist. São Paulo: Companhia das Letras, 1997.

FANON, Frantz. *Peau noire masques blancs*. Paris: Seuil, 1995.

FANON, Frantz. *Peles negras máscaras brancas*. Trad. Maria Adrian da Silva Caldas. Salvador: Fator, 1983.

FAUSTO, Boris. *História do Brasil*. São Paulo: EDUSP/Fundação do Desenvolvimento da Educação, 1995.

FERNANDES, Florestan. *A integração do negro no Brasil*. São Paulo: Ática, 1978. v. 2.

FERREIRA, Manuel. (Org.). *50 poetas africanos*. Lisboa: Plátano, 1989.

FOUCAULT, Michel. *A ordem do discurso*. Trad. de Laura Fraga de A. Sampaio. São Paulo: Loyola, 1996.

FOUCAULT, Michel. *Microfísica do poder*. Trad. de Roberto Machado. Rio de Janeiro: Graal, 1979.

FOUCAULT, Michel. *Power and Knowledge*: selected interviews and other writings 1972-1977. New York: Pantheon Books, 1980. cap. Power and strategies. p. 134-145.

FONSECA, Maria Nazareth Soares. *Reinos negros em terras de maravilhas*. Belo Horizonte: Faculdade de Letras da UFMG, 1993. (Tese de doutorado em Literatura Comparada).

FRANÇA, Júnia *et al. Manual para normalização de publicações técnico-científicas*. Belo Horizonte: Ed. UFMG, 1998.

FREITAS, Décio. *Palmares*: a guerra dos escravos. Rio de Janeiro: Graal, 1978.

FREUD, Sigmund. *História de uma neuroso infantil e outros trabalhos*. Trad. de Eudoro Augusto Macieira de Souza. Rio de Janeiro: Imago, 1976. v. XVII. cap. O estranho. p.275-314.

GAMA, Luís. *Trovas burlescas*. São Paulo: Editora Três, 1974.

GATES Jr., Henry Louis. A escuridão do escuro: uma crítica do signo e o Macaco significador. In: HOLLANDA, Heloísa Buarque. (Org.). *Pós-modernismo e política*. Rio de Janeiro: Rocco, 1992. p. 205-216.

GATES Jr., Henry Louis. *Figures in Black*: Words, Signs and the Racial Self. Oxford: Oxford University Press, 1989. Cap. Literary theory and the black tradition, p. 3-58.

GATES Jr., Henry Louis. *The Signifying Monkey*: A Theory of Afro-American Literary Criticism. New York: Oxford Universty Press, 1988.

GILMAN, Sander L. Black bodies, whites bodies; toward an inconography of female sexuality in late nineteenth-century art, medicine and literature. In: DONALD, James; RATTANSI, Ali. *"Race", Culture and Difference*. London: Sage/Open University, 1992. p. 171-197.

GILROY, Paul. *"There ain't no Black in the Union Jack"*: The Cultural Politics of Race and Nation. London: Routledge, 1993.

GILROY, Paul. *The Black Atlantic*: Modernity and Double Consciousness. London/NewYork: Verso, 1993.

GILROY, Paul. Route work: The Black Atlantic and the politics of exile. In: CURTI L., CHAMBERS I. (Eds.). *The Post-Colonial in Question*: Commom Skies, Divided Horizons. London: Routledge, 1996. p. 17-29.

GOLDBERG, David Theo. *Racist Culture*: Philosophy and the Politics of Meaning. Oxford: Blackwell, 1994.

GONZALES, Lélia; HASENBALG, Carlos. *Lugar de negro*. Rio de Janeiro: Marco Zero, 1982.

GROSSBERG, Lawrence. Identity and cultural studies – Is that all there is? In: HALL, Stuart; GAY, Paul du (Eds.). *Questions of Cultural Identity*. London: Sage, 1996. p. 87-107.

GUIMARÃES, Antonio Sérgio. Racismo e anti-racismo no Brasil. Salvador: 199[5].

GUIMARÃES, Antonio Sérgio . A desigualdade que anula a desigualdade: notas sobre a ação afirmativa no Brasil. In: SEMINÁRIO INTERNACIONAL MULTICULTURALISMO E RACISMO: O PAPEL DA AÇÃO AFIRMATIVA NOS ESTADOS DEMOCRÁTICOS CONTEMPORÂNEOS. jul. de 1996. Brasília (Comunicação).

HALL, Stuart. Who needs identity. In: HALL, Stuart; GAY, Paul du (Eds.). *Questions of Cultural Identity*. London: Sage, 1996. p. 1-17.

HALL, Stuart. *Identidade cultural*. São Paulo: Fundação Memorial da América Latina, 1997.

HALL, Stuart. Gramsci's relevance for the study of race and ethnicity. In: MORLEY, David; CHEN, Huan-Hsing (Eds.). *Stuart Hall*: Critical Dialogues in Cultural Studies. London: Routledge, 1996. p. 411-440.

HALL, STUART. What is this "black" in black popular culture? In: MORLEY, David; CHEN, Huan-Hsing (Eds.). *Stuart Hall*: Critical Dialogues in Cultural Studies. London: Routledge, 1996. p. 465-475.

HAMILTON, Russel G. *Literatura africana literatura necessária*. Lisboa: Edições 70, 1984. v. 2.

HANCHARD, Michael George. *Orpheus and Power*: The Movimento Negro of Rio de Janeiro and São Paulo, Brazil, 1945-1988. Princeton: Princenton University Press, 1994.

HANNAFORD, Ivan. *Race*: The History of an Idea in the West. Washington: The Woodrow Wilson Center Press; London: The John Hopkins University, 1996.

HASENBALG, Carlos; SILVA, Nelson do Valle. *Estrutura social, mobilidade e raça*. Rio de Janeiro: IUPERJ/ Vértice, 1998.

HOBSBAWM, Eric; RANGER, Terence. A invenção das tradições. Trad. de Celina Cardim Cavalcante. Rio de Janeiro: Paz e Terra, 1997. cap. 1 – A invenção das tradições, p. 9-23.

HOLLANDA, Heloísa Buarque de. *Impressões de viagem*: CPC, vanguarda e desbunde: 1960/1970. Rio de Janeiro: Rocco, 1992.

HOLLANDA, Heloísa Buarque de (Org.). *Pós-modernismo e política*. Rio de Janeiro: Rocco, 1992b.

IANNI, Octavio. A racialização do mundo. In: *Tempo Social*. v. 8, n. 1, p. 1-23. maio 1996.

A IMPRENSA NEGRA. In: *Leitura*, São Paulo. v. 4, n. 42, p. 26-27, nov. 1985.

JAMESON, Fredric. Sobre os "Estudos de Cultura". In: *Novos Estudos CEBRAP*. São Paulo, n. 39, p. 11-48, jul. 1994.

JORNAL DO MOVIMENTO NEGRO UNIFICADO. Bahia, São Paulo, 1986-1996.

KESTELOT, Lilyan. *Black Writers in French*: A Literary History of Negritude. Washington: Howard University Press, 1991. cap.: The poetry of Negritude. p. 119-122.

KRISTEVA, Julia. *Estrangeiros para nós mesmos*. Trad. de Maria Carlota Carvalho Gomes. Rio de Janeiro: Rocco, 1994. cap. Tocata e fuga para o estrangeiro. p. 9-46.

LAPLANCHE, Jean. *Vocabulário da psicanálise*. Trad. de Pedro Tamen. São Paulo: Martins Fontes, 1992.

LEGUM, Colin. *Pan Africanism*, A Short Political Guide. London: Pall Mall Press, [s.d.].

LEITE, Correia; CUTI (Orgs.). *...E disse o velho militante José Correia Leite*. São Paulo: Secretaria Municipal de Cultura, 1992.

LEMELLE, Sidney J.; KELLEY, Robin D. G. (Eds.) *Imagining Home*: Class, Culture and Nationalism in the African Diaspora. London/New York: Verso, 1994.

LOBO, Luiza. Literatura negra brasileira contemporânea. In: *Estudos Afro-asiáticos*, Rio de Janeiro, CEAA, n. 14, p.1 09-139, set. 1987.

LUCA, Tânia Regina de. *A Revista do Brasil*: Um diagnóstico para a (N) ação. São Paulo, Ed. UNESP, 1999.

LUZ, Marco Aurélio. *Agadá*: dinâmica da civilização africano-brasileira. Salvador: Centro Editorial e Didático da UFBA/Sociedade de Estudos da Cultura Negra no Brasil, 1995.

LUZ, Marco Aurélio. *Cultura negra em tempos pós-modernos*. Salvador: SECNEB, 1992.

REFERÊNCIAS

MACHADO, Maria Helena. *O plano e o pânico*: os movimentos sociais na década da abolição. Rio de Janeiro: Ed. UFRJ; São Paulo: EDUSP, 1994.

MAIO, Marcos Chor, SANTOS, Ricardo Ventura (Orgs.). *Raça, ciência e sociedade*. Rio de Janeiro: FIOCRUZ/CCBB, 1996.

MARTINS, Leda Maria . *A cena em sombras*. São Paulo: Perspectiva, 1995.

MATTOSO, Kátia de Queirós. *Ser escravo no Brasil*. Trad. de James Amado. São Paulo: Brasiliense, 1990.

MAUÊS, Maria Angélica Motta. Da "branca senhora"ao "negro herói": a trajetória de um discurso racial. In: *Estudos Afro-Asiáticos*, Rio de Janeiro, CEAA, n. 21, p. 119-129, dez.1991.

MOURA, Clóvis. *Raízes do protesto negro*. São Paulo: Global, 1983.

MUNANGA, Kabengele. *Negritude*: usos e sentidos. São Paulo: Ática, 1986.

MUNANGA, Kabengele (Org.) *Estratégias e políticas de combate à discriminação racial*. São Paulo: EDUSP/ Estação Ciência, 1996.

MUNANGA, Kabengele. *Rediscutindo a mestiçagem no Brasil*: identidade nacional versus identidade negra. Petrópolis: Vozes, 1999.

MURRAY, David. Racial identity and self-invention in North America: the red and the black. In: YOUNG, Tim (Ed.). *Writing and Race*. London: Longman, 1997. p. 81-101.

NASCIMENTO, Abdias. *O genocídio do negro brasileiro*: processo de um racismo mascarado. Rio de Janeiro: Paz e Terra, 1978.

NASCIMENTO, Abdias. *O negro revoltado*. Rio de Janeiro: Nova Fronteira, 1982.

NÊGO – Boletim informativo do Movimento Negro Unificado-Ba. Salvador, 1981-1986.

NEON. Salvador, ano 1, n. 4. abr. 1999

NIETZSCHE, Friedrich. *Obras incompletas*. 3. ed. Trad. de Rubens Rodrigues Torres Filho. São Paulo: Abril Cultural, 1983. cap: Para a genealogia da moral. p. 296-325.

NORA, Pierre. Between memory and History: Les lieux de mémoire. In: FABRE, Geneviève; O'MEALLY, Robert (Eds.). *History and Memory in African-American Culture*. Oxford: Oxford University Press, 1994. p. 284-300.

O'BRIEN, Patricia. A história da cultura de Michel Foucault. In: HUNT, Lynn (Org.). *A nova história cultural*.Trad. de Jefferson Luís Camargo. São Paulo: Martins Fontes. p.33-62.

ORLANDI, Eni Puccinelli (Org.) *Discurso fundador*: a formação do país e a construção da identidade nacional. Campinas: Pontes, 1993. Cap. Vão surgindo os sentidos. p. 11-25.

ORTIZ, Renato. *Cultura brasileira e identidade nacional*. São Paulo: Brasiliense, [198?].

PADILHA, Laura Cavalcante. *Entre voz e letra*: o lugar da ancestralidade na ficção angolana do século XX. Niterói: EDUFF, 1995. cap. Exercícios de sabedoria. p. 15-52.

PATTERSON, Orlando. *Slavery and Social Death*: A Comparative Study. Cambridge: Havard University Press, 1982.

PINHEIRO, Daniela. A classe média negra. In: *Veja*, ano 32, n. 33, p. 62-69, 18 ago. 1999.

POUTIGNANT, Philippe; STREIFF-FENART, Jocelyne. *Teorias da etnicidade*: seguido de grupos étnicos e suas fronteiras de BARTH Fredrik .Trad. de Elcio Fernandes. São Paulo: Ed. UNESP, 1998.

QUERINO, Manuel. *A raça africana e seus costumes*. Salvador: Progresso, 1955.

RAMOS, Arthur. *O negro na civilização brasileira*. Rio de Janeiro: Editora da Casa do Estudante do Brasil, 1971.

RAMOS, Guerreiro. *Introdução crítica à sociologia brasileira*. Rio de Janeiro: Andes, 1957.

RANSOME, Paul. *Antonio Gramsci*: A New Introduction. New York: Harvester Wheatsheaf, [s.d.]. cap. The concept of hegemony: a variable definition. p.133-155.

REIS, Eliana Lourenço de Lima. *Pós–colonialismo, identidade e mestiçagem cultural*: a literatura de Wole Soyinka. Rio de Janeiro: Relume-Dumará, 1999.

REIS, João José. *Rebelião escrava no Brasil*: a história do levante dos malês (1835). São Paulo: Brasiliense, 1986.

REIS, João; GOMES, Flávio dos Santos (Orgs.). *Liberdade por um fio*: história dos quilombos no Brasil. São Paulo: Companhia das Letras, 1996.

REIS, João José; SILVA, Eduardo. *Negociação e conflito*: a resistência negra no Brasil escravista. São Paulo: Companhia das Letras, 1989.

REVISTA DO BRASIL. Rio de Janeiro, ano 2, n. 5, 1986.

REVISTA USP. São Paulo, n.18, jun./ago. 1993. (Dossiê Brasil-África)

REX, John; MASON, David. *Theories of Race and Ethnic Relations*. Cambridge: Cambridge University Press, 1992.

RIBEIRO, Leo Gilson. O negro na literatura brasileira. In: ANAIS da 3. Bienal Nestlé de literatura. São Paulo, 1986, p.169-189.

SAID, Edward. *Cultura e imperialismo*. Trad. de Denise Bottman. São Paulo: Companhia das Letras, 1995.

SAID, Edward. *Orientalismo*: o Oriente como invenção do Ocidente. Trad. Tomás Rosa Bueno. São Paulo: Companhia das Letras, 1990.

SANTIAGO, Silviano. Democratização no Brasil – 1979-1981 (Cultura versus Arte). In: ANTELO, Raul *et al*. (Org.). *Declínio da arte, ascensão da cultura*. Florianópolis: Letras Contemporâneas/ABRALIC, 1998. p. 11-24.

SANTIAGO, Silviano. *Vale quanto pesa*: ensaios sobre questões políticoculturais. Rio de Janeiro: Paz e Terra, 1982. cap. Uma ferroada no peito do pé. p.163-181.

SARTRE, Jean-Paul. *Reflexões sobre o racismo*. Trad. de J. Guinsburg. São Paulo: DIFEL, 1968. Cap. Orfeu negro, p.89-125.

SAYERS, Raymond. *Onze estudos de literatura brasileira*. Trad. de Roberto Raposo. Rio de Janeiro: Civilização Brasileira; Brasília: INL, 1983.

SCHAWRCZ, Lilia Moritz. *O espetáculo das raças*: cientistas, instituições e questão racial no Brasil 1870-1930. São Paulo: Companhia das Letras, 1995.

SCHAWRCZ, Lilia Moritz. *Retrato em branco e negro*: jornais, escravos e cidadãos em São Paulo no final do século XIX. São Paulo: Companhia das Letras, 1987.

SCHAWRCZ, Lilia Moritz; QUEIROZ, Renato da Silva (Orgs.). *Raça e diversidade*. São Paulo: Edusp/Estação Ciência, 1996.

SCHAWRCZ, Lilia Moritz (Org.). *História da vida privada no Brasil*: contrastes da intimidade contemporânea. São Paulo: Companhia das Letras, 1998. cap. Nem preto nem branco, muito pelo contrário: cor e raça na intimidade contemporânea. p. 173-244.

SENGHOR, Léopold Sédar. *Anthologie de la nouvelle poésie nègre et malgache de langue française*. Paris: Quadrige/PUF, 1998.

SILVA, Ana Célia. *A discriminação do negro no livro didático*. Salvador: CEAO/CED, 1995.

SILVA, Nelson do Valle; HASENBALG, Carlos. *Relações raciais no Brasil contemporâneo*. Rio de Janeiro: Rio Fundo/IUPERJ, 1992.

SKIDMORE, Thomas. Preto no branco: raça e nacionalidade no pensamento brasileiro.Trad. de Raul de Sá Barbosa. Rio de Janeiro: Paz e Terra, 1976.

SODRÉ, Muniz. *A verdade seduzida*: por um conceito de cultura no Brasil. Rio de Janeiro: Francisco Alves, 1988a.

SODRÉ, Muniz. *O terreiro e a cidade*: a forma social negro-brasileira. Petrópolis: Vozes, 1988b.

SODRÉ, Muniz. *Samba, o dono do corpo*. Rio de Janeiro: Mauad, 1998.

SOLLORS, Werner (Ed.). *The invention of ethnicity*. New York: Oxford University Press, [s.d.] Introduction: The invention of ethnicity, p. ix-xx.

SOLOMOS, John. Varieties of Marxist conceptions of "race", class and the state: a critical analysis In: REX, John; MASON, David (Eds.). *Theories of Race and Ethnic Relations*. Cambridge: Cambridge University Press, 1992. p. 85-109.

SOUZA, Eneida Maria de. Literatura comparada, o espaço nômade do saber. *Revista Brasileira de Literatura Comparada*. São Paulo, n. 2, p. 19-24, 1994.

SOUZA, Eneida Maria de. *Traço crítico*: ensaios. Belo Horizonte: Ed.UFMG; Rio de Janeiro: UFRJ, 1993. cap. Sujeito e identidade cultural, p.13-22.

SÜSSEKIND, Flora. *Literatura e vida literária*: polêmicas, diários & retratos. Rio de Janeiro: Jorge Zahar, 1985.

TAGUIEFF, Pierre-André. *La force du préjugé*: essai sur le racisme et ses doubles. Paris: La Découverte, 1987.

WEST, Cornel. The dilemma of a Black Intellectual. *In: Cultural Critique*. Minneapolis, v. 1, p. 109-124, 1986.

WEST, Cornel. The new cultural politics of difference. In: RAJCHMAN, John (Ed.). *The Identity in Question*. New York: Routledge, 1995. p. 147-171.

ZURARA, Gomes Eanes de. *Crônica do descobrimento e conquista da Guiné*. Porto: Civilização, 1973.

Conheceça outros títulos da
Coleção Cultura Negra e Identidades

• **Afirmando direitos – Acesso e permanência de jovens negros na universidade**
Nilma Lino Gomes e Aracy Alves Martins
As políticas de Ações Afirmativas, dentro das quais se insere o Programa Ações Afirmativas na UFMG, apresentado e discutido neste livro, exigem uma mudança de postura do Estado, da universidade e da sociedade de um modo geral para com a situação de desigualdade social e racial vivida historicamente pelo segmento negro da população brasileira. A concretização da igualdade racial e da justiça social precisa deixar de fazer parte somente do discurso da nossa sociedade e se tornar, de fato, em iniciativas reais e concretas, aqui e agora.

• **O drama racial de crianças brasileiras – Socialização entre pares e preconceito**
Rita de Cássia Fazzi
O tema central deste livro é o preconceito racial na infância. Entender como crianças, em suas relações entre si, constroem uma realidade preconceituosa é de fundamental importância para a compreensão da ordem racial desigual existente no Brasil. É este o objetivo deste trabalho: descobrir, em termos sociológicos, a teoria do preconceito racial, sugerida pela forma como as crianças observadas estão elaborando suas próprias experiências raciais. A conquista da igualdade racial passa pelo estudo dos mecanismos discriminatórios atuantes na sociedade brasileira.

- **Os filhos da África em Portugal – Antropologia, multiculturalidade e educação**
Neusa Mari Mendes de Gusmão

Ao eleger crianças e jovens africanos e luso-africanos como sujeitos do olhar, esse livro assumiu, como tema central, a condição étnica decorrente da origem e da cor. A mesma razão tornou significativo o desvendar das estratégias de sobrevivência dos indivíduos e grupos frente a crises, dificuldades e rupturas que vivenciam como comunidade ou como membro de um grupo particular, no interior do qual os mecanismos de convivência étnica e racial são elaborados e transformados pelo contato com a sociedade nacional em que se inserem.

- **Rediscutindo a mestiçagem no Brasil – Identidade nacional *versus* Identidade negra**
Kabengele Munanga

É à luz do discurso pluralista ermegente (multiculturalismo, pluriculturalismo) que a presente obra recoloca em discussão os verdadeiros fundamentos da identidade nacional brasileira, convidando estudiosos da questão para rediscuti-la e melhor entender por que as chamadas minorias, que na realidade constituem maiorias silenciadas, não são capazer de contruir identidades políticas verdadeiramente mobilizadoras. Essa discussão não pode ser sustentada sem colocar no bojo da questão o ideal do branqueamento materializado pela mestiçagem e seus fantasmas.

Qualquer livro da Autêntica Editora
não encontrado nas livrarias pode ser
pedido por carta, fax, telefone ou pela Internet.

Autêntica Editora

Rua Aimorés, 981 8º andar – Bairro Funcionários

Belo Horizonte-MG – CEP: 30140-071

PABX: (0-XX-31) 3222 6819

e-mail: vendas@autenticaeditora.com.br

Visite a loja da Autêntica na Internet:
www.autenticaeditora.com.br
ou ligue gratuitamente para
0800-2831322